Lyle W. Dorsett
Voller Leidenschaft für Gott
Das Leben von A. W. Tozer

Aiden Wilson Tozer (1897-1963)

Lyle W. Dorsett

Voller Leidenschaft für Gott

Das Leben von A.W. Tozer

SCM Hänssler

SCM

Stiftung Christliche Medien

Bestell-Nr. 395.011
ISBN 978-3-7751-5011-8

Internet: www.scm-haenssler.de
E-Mail: info@scm-haenssler.de
Übersetzung: Barbara Lux
Umschlaggestaltung: waterproof grafikdesign, Ingo C. Riecker
Titelbild und Abbildungen im Innenteil: © 2008 Lyle Dorsett
Satz: QuadroMedienService, Bergisch Gladbach-Bensberg
Druck und Bindung: CPI – Ebner & Spiegel, Ulm
Printed in Germany

Für meine Frau, beste Freundin und Gefährtin in meinem Dienst, Mary, und für unseren geliebten Sohn Michael und unsere Schwiegertochter Connie, und für unsere lieben Enkelkinder Bill, Daniel, Elizabeth und Henry. Ihre Liebe und ihr Lachen machen unser Leben reich.

Inhaltsverzeichnis

Stimmen zu *Voller Leidenschaft für Gott*

»A. W. Tozer war einer der bedeutendsten geistlichen Männer des vergangenen Jahrhunderts. Auf den Seiten dieser meisterhaften Biografie von Lyle Dorsett wird er wieder lebendig. Dorsett zeigt uns, wie die Juwelen aus Tozers Feder im Schmelztiegel seines Lebens veredelt wurden. Dieses Buch wird jeden Christen näher zu Christus bringen.«

Timothy George
Gründungsdekan der Beeson Divinity School
der Samford University
Führender Herausgeber von Christianity Today

»Lyle Dorsett hat es wieder einmal geschafft. Ich war absolut gefesselt von dieser realistischen Biografie über A. W. Tozer, dessen Schriften uns alle auferbaut haben. Dieses Buch lädt uns ein, einen Menschen zu begleiten, der voller Leidenschaft Gott suchte, aber gleichzeitig offensichtliche Fehler machte, vor allem in der Beziehung zu seiner Familie. Anhand von Tozers Leben werden uns auch die verschiedenen Kämpfe der Kirche in den Vierziger- und Fünfzigerjahren und die jeweiligen Reaktionen der Evangelikalen vorgestellt. Dieses Buch ermutigt uns, weil es uns in Erinnerung ruft, dass Gott unvollkommene, aber auf ihn ausgerichtete Menschen gebraucht, um seine Kirche zu segnen und die Heiligen zu stärken. Lesen Sie dieses Buch und empfehlen Sie es Ihren Freunden.«

Dr. Erwin Lutzer
Autor und Pastor der Moody Church *in Chicago*

»Mit dieser faszinierenden neuen Biografie über A.W. Tozer hat uns Lyle Dorsett einen großen Dienst erwiesen. Dieses Buch erzählt die bemerkenswerte Geschichte eines einfachen Autodidakten aus dem Mittleren Westen, der sein Arbeitsleben in einer Gummifabrik in Akron in Ohio begann und als junger Mann mit christlicher Andachtsliteratur in Berührung kam. Er vertiefte sich in sie und gab dann die Erkenntnisse, die er gewonnen hatte, mit einem einzigartig fesselnden Stil (halb Jeremia, halb Mark Twain) an zahllose Amerikaner mit hungriger Seele weiter. Zwei seiner Werke, *Gottes Nähe suchen* und *Das Wesen Gottes*, sind auch heute noch Klassiker. *Voller Leidenschaft für Gott* ist ein unentbehrlicher Ratgeber für alle, die sich ein großes geistliches Vermächtnis zunutze machen wollen.«

Dr. Glen G. Scorgie
Professor für Theologie am Bethel Seminary San Diego
Verfasser von A Little Guide to Christian Spirituality *(2007)*

»Lyle Dorsetts Biografie über meinen Großvater A.W. Tozer ist eine umfassende Quelle für jeden, der etwas über die Persönlichkeit, das Wesen und die Leidenschaft von Dr. Tozer erfahren und diese nachempfinden möchte. Die ersten zehn Jahre meines Lebens kannte ich ihn als Großvater. Im Lauf der Zeit erfuhr ich immer mehr über sein öffentliches Leben und seine Stellung unter Christen und begann, seine Bedeutung zu verstehen. Je mehr ich erfuhr, desto klarer wurde mir, dass ich nur Bruchstücke der Geschichte kannte. Die gesamte Geschichte und noch mehr bietet Dr. Dorsett mit diesem ausführlichen Blick auf Dr. Tozers Leben und Dienst.«

Paul Tozer
Enkel von A.W. Tozer

»Von Mose bis Petrus und von Luther bis Spurgeon hatten selbst die begabtesten und fähigsten Diener des Herrn ihre Makel (haben wir das nicht alle?), und daraus können wir lernen. Dieses Buch bringt uns einige privatere Seiten von Dr. Tozers Leben und Dienst nahe. Auch wenn es manche vielleicht beunruhigen mag, sollte es uns alle ermutigen, unser eigenes Leben zu prüfen und für Gott nur das Beste gut genug sein zu lassen.«

Warren W. Wiersbe, Schriftsteller
Ehemaliger Pastor der Moody Church *in Chicago*

»Wie für so viele waren A.W. Tozers Schriften auch für mich ein feuriger Meilenstein in meinem geistlichen Wachstum und meiner Liebe zu Gott. Lyle Dorsetts Biografie *Voller Leidenschaft für Gott* ruft dieses Feuer wieder ins Gedächtnis und lässt es neu aufleben. Dieses Buch ist eine faszinierende, angenehme und lohnende Lektüre!«

R. Kent Hughes
Ehemaliger Hauptpastor der College Church *in Wheaton*

»Lyle Dorsett fängt den Herzschlag eines Mannes ein, dessen Leben völlig auf seine Suche nach Gott ausgerichtet war. Nach seiner überwältigenden Leidenschaft, Christus zu kennen, kamen die Meinungen und Gefühle seiner Zeitgenossen, der Menschen in seinen Gemeinden und seiner eigenen Familie erst an zweiter Stelle. Durch dieses sorgfältig recherchierte und objektiv geschriebene Buch bekommen wir einen vertraulichen und unvoreingenommenen Einblick in das Leben eines Mannes, dessen Worte noch heute bei Gottessuchern auf der ganzen Welt nachhallen. Immer wieder streift die Biografie auch die individuelle

Geschichte der *Christian and Missionary Alliance*, weil Tozer sie durch seine Bücher rasant weltweit bekannt machte. Dorsetts Text zeigt uns Tozer als Mann des Gebets, als Mann, der die Welt gar nicht wahrnahm, als Mann mit dem ernsthaften Wunsch, mehr als alles andere Gott zu suchen und zu kennen.«

Janet Kuhns Howard
Missionarin der Christian and Missionary Alliance
in Indonesien und Vorstandsmitglied der
Christian and Missionary Alliance

»Wer Hunger danach hat, den Herrn auf tiefere Weise zu kennen, wird von Lyle Dorsetts gelungenem Bericht über A.W. Tozers geistliche Reise ermutigt, inspiriert und herausgefordert. Dieses Buch ist schlichtweg eine Pflichtlektüre für jeden ernsthaften Christen.«

John Woodbridge
Forschungsprofessor für Kirchengeschichte
an der Trinity Evangelical Divinity School

Danksagungen

Voll aufrichtiger Dankbarkeit führe ich eine lange Liste von Menschen auf, die mir geholfen haben, dieses Buch zu schreiben. Zuallererst danke ich meiner Frau und besten Freundin Mary für ihre grenzenlose Unterstützung. Sie hat mir bei der Recherche geholfen, Freunde von Tozer bewirtet, mit denen ich Interviews führen wollte, drei Fassungen des Manuskripts getippt, viel konstruktive Kritik geübt und mich unglaublich ermutigt.

Niemand außer ihr war mir eine so große Hilfe wie der verstorbene Harry Verploegh. 1996 lernten wir uns kennen. Er bestärkte mich darin, eine Biografie von A.W. Tozer zu schreiben, und drängte mich, schnellstmöglich Interviews mit Dutzenden von Tozers Verwandten und Freunden zu führen. Herr Verploegh wusste zwar, dass ich zuvor noch etliche andere Verpflichtungen hatte und das Buch daher erst in einiger Zeit tatsächlich schreiben konnte, doch er riet mir: »Reden Sie jetzt mit der Familie und den Freunden. Wie ich«, betonte er, »werden auch sie nicht jünger, und es dauert nicht mehr lange, bis der Herr uns heimholt.« Dank seiner Beharrlichkeit und seinen persönlichen Beziehungen zu Tozers Familie, Kollegen und Bekannten konnten mehr als vierzig Personen befragt werden – mehrere von ihnen wurden in den Himmel gerufen, ehe dieses Projekt vollendet war.

Harry Verploeghs Beitrag ging jedoch weit über diesen Anstoß und seine hilfreichen Beziehungen hinaus. Über dreißig Jahre lang war er einer der engsten Freunde von A.W. Tozer und hatte selbst umfassende und reiche Erinnerungen an ihn. Darüber hinaus überließ er mir seine gesamten Ordner mit Dokumenten über Tozer und besorgte von verschiedenen Seiten Briefwechsel und Materialien – darunter umfangreiche Unterlagen von R.W. Battles, der auch einmal beabsichtigt hatte, Tozers Lebensgeschichte aufzuschreiben.

Durch Herrn Verploegh konnte ich Kontakt zu allen sieben Kindern der Tozers herstellen. Jedes von ihnen – Lowell, Forrest, Aiden Wendell jun., Wendell, Rolland (Raleigh), Stanley und Rebecca – gewährte mir ausführliche und offene Interviews. Auch Wendells Frau Connie teilte einige ihrer Erinnerungen mit mir.

Die folgenden Personen – allesamt Freunde, Kollegen oder Bekannte von Herrn Tozer – haben großzügigerweise meine Fragen beantwortet und mir tiefe Einblicke ermöglicht: Jim Adair, Anita Bailey, Robert Battles, R.S. Brown, Amelia Bryant, Gertrude Carlson, Isabelle Chase, David Enlow, Lloyd Erickson, K. Neill Foster, Paul Fromer, James Hay, Janet Kuhns Howard, Bernard King, Louis King and Mrs. Louis King, William Lemke, Mrs. Sir Louis, Ed Maxey, Clara Moore, Victor Oliver, Bill Palmer, Ruth Ranshaw, John Sawin, David Schmidt sen, Gerald Smith, Harry Verploegh und Ethel Wolfe.

Ich hätte eine so umfangreiche Zeitzeugenbefragung in relativ kurzer Zeit niemals durchführen können, wenn ich nicht kompetente Hilfe von zwei wissenschaftlichen Hilfskräften gehabt hätte. Mein Freund Donald Shepson, Hilfspastor in einer Gemeinde der *Christian and Missionary Alliance* in Florida, hat viele Menschen befragt, die in seiner Nähe in Shell Point Village lebten, wo viele Senioren ihren Ruhesitz haben. Außerdem hat mein Freund und ehemaliger Student Robert Henry mehrere Befragungen durchgeführt und transkribiert und viele Primärquellen ausfindig gemacht.

Dank eines Forschungszuschusses des *Wheaton Colleges* konnte ich Studenten zur Datensammlung einsetzen. Ich schulde David Dykes, Jake Hanson und Kristin Kano Dank für ihre Hilfe.

Während des letzten Jahrs seines Theologiestudiums an der

Beeson Divinity School an der *Samford University* hat Marshall Wilmhoff – der Tozers Schriften ebenso sehr liebt wie ich – freiwillig unzählige Stunden damit zugebracht, mir beim Sortieren und Kopieren aller Artikel zu helfen, die Tozer für *The Alliance Weekly* geschrieben hatte. Herr Wilmhoff hat mir nicht nur unzählige Stunden Arbeit erspart, sondern ist mir auch zu einem guten Freund geworden, der mit mir über Tozers Arbeit sprach und hilfreiche Kritik an einer frühen Fassung des Manuskripts für dieses Buch geübt hat.

Eine großzügige Gruppe von Menschen hat auf meine Anfrage in der Zeitschrift *Alliance Life* geantwortet. Die folgenden Personen haben mir ihre alten Ausgaben von *The Alliance Weekly*, Autogramme, Fotos und persönliche Briefwechsel und Andenken an Tozer geschickt: Martha Dougherty, Charles Eumurian, Marilyn Frederickson, Velma Hatoski, Jane Kenney, Ester Lott, Francis Wilson und Homer Yiengst.

Der Verantwortliche für Rundfunktechnik bei *Moody Broadcasting Network*, Phil Shappard, hat sein umfassendes Wissen über Aufzeichnungen von Tozers Predigten mit mir geteilt und mir Kopien von vielen Aufnahmen zur Verfügung gestellt.

Kein Schriftsteller kann mit einem besseren Team zusammenarbeiten als mit den begabten, effizienten und wunderbaren Menschen bei *Moody Publishers*. Zunächst danke ich Greg Thornton, dem stellvertretenden Vorsitzenden des Verlags, für sein Vertrauen in mich und dieses Projekt. Ich bin außerdem dankbar für die exzellente Lektorats- und Korrektoratsarbeit von Lisa Major und Pam Pugh.

Paul Erickson und Bob Shuster von den *Billy Graham Center Archives* und David Malone von den *Wheaton College Archives* waren für mich und meine wissenschaftlichen Hilfskräfte eine wertvolle Hilfe, ebenso wie die Mitarbeiter der *Presbyterian Historical Society* und der öffentlichen Bibliotheken in Indianapolis in Indiana, Toledo in Ohio, Clearfield County in Pennsylvania und Ross County in Ohio. Auch die Belegschaft der *Christian and Missionary Alliance Archives* in Colorado Springs war sehr hilfreich.

Ich danke Catherine Sorich, der eines der Häuser gehört, in denen die Tozers in Chicago lebten. Sie ließ mich Fotos machen und das Haus und das Grundstück besichtigen.

Fehlerhafte Fakten oder Interpretationen sind meine Schuld, doch ich bin Professor Lowell Tozer und seiner Frau Alison Lawrance zu großem Dank für ihre gründliche und kritische Lektüre des Manuskripts verpflichtet. Ich danke auch Aiden W. Tozer jun. und Carol Tozer Delfino für ihre hilfreichen Kommentare.

Schließlich danke ich Dr. Timothy George und Dr. Paul House, meinem Dekan und seinem Stellvertreter an der *Beeson Divinity School* an der *Samford University*, dafür, dass sie mir Mittel aus einem Forschungsfonds zur Verfügung stellten. Dadurch war ich in der Lage, zwei Reisen zu unternehmen und Materialien zu beschaffen, mit deren Hilfe ich diesem Buch den letzten Schliff geben konnte.

Vorwort

Einer der einflussreichsten Sprecher der Evangelikalen des zwanzigsten Jahrhunderts, dem gleichzeitig sehr wenig Anerkennung zuteil wurde, war A.W. Tozer. Er war kein Medienstar, keine Berühmtheit aus einer Megagemeinde. Seine Bedeutung lag in der geistlichen Tiefe seiner in der Bibel gegründeten Botschaft.

Wie einst die Propheten verkündete er kompromisslos das Wort Gottes, so wie er es verstand. Sein Ruf war deutlich – tut Buße für eure Sünden, nehmt das Kreuz von ganzem Herzen an und folgt Jesus in völligem Gehorsam. Er war überzeugt, dass wir durch die Gnade Gottes, durch den Glauben an das kostbare Blut Jesu und durch die heiligende Kraft des Heiligen Geistes jeden Tag siegreich in Christus leben können. Auch wenn es sicherlich nicht leicht sein würde, diesen Weg zu wählen, so würde es doch niemals langweilig werden. Die Freude an einer persönlichen Gemeinschaft mit Gott und der Erfahrung wahrer Anbetung durchdrang sein ganzes Leben.

Tozer wurde manchmal als zu mystisch, als zu radikal kritisiert. Doch sein einfacher Lebensstil, der nicht mit dem Streben nach Ruhm oder Reichtum belastet war, ließ seinen aufrichtigen Wunsch erkennen, gemäß seinen Überzeugungen zu leben. Nahezu unbekannt blieben jedoch die Kämpfe und die Einsamkeit, aus denen sein Predigen entsprang. Viele hörten seine Predigten, noch mehr Menschen lasen seine Bücher, doch nur wenige kannten sein Inneres. Sogar diejenigen, die ihm am nächsten standen, wünschten sich, ihn besser zu kennen.

Deshalb bin ich dankbar für dieses Buch. Der angesehene Historiker und geschätzte Lehrer Dr. Lyle Dorsett hat uns einen tiefen Einblick in Tozers Leben und Werk gewährt. Wir sehen ein sehr menschliches Individuum, seine Stärken und auch seine Schwächen. Und sehr einfühlsam stellt der Autor die Eigenschaften dar, die dazu beigetragen haben, diesen bescheidenen Heiligen zu dem zu machen, was er war.

Durch das Erzählen dieser Geschichte erlaubt er außerdem einen Blick in die Schatzkammer der Gnade und zeigt, was Gott in dem Herzen eines Menschen tun kann, der sich ihm hingibt. Durch dieselbe gewaltige Kraft wird Gott das, was er für Tozer getan hat, für jeden Menschen tun, der für Gottes Herrlichkeit leben möchte und bereit ist, dem selbstsüchtigen Genuss des Fleisches abzusagen.

Eine ernüchternde Lektüre. Sie ist mehr als nur informativ; ich empfehle sie als gute Arznei für die Seele.

Robert E. Coleman
Professor für Evangelisation und Jüngerschaft
am Gordon-Conwell Theological Seminary

Kapitel 1
»Mein Leben war einsam«

Am Freitag, den 17. Mai 1963, besuchten Hunderte von Trauernden einen Gedenkgottesdienst in Chicago, um A.W. Tozer die letzte Ehre zu erweisen. Der Pastor, Lehrer und Schriftsteller war am Sonntag zuvor um 12.45 Uhr im Alter von sechsundsechzig Jahren unerwartet in einem Krankenhaus in Toronto verstorben. Auch wenn Aiden Tozer seit vier Jahren in Toronto gelebt hatte und dort in einer Gemeinde der *Christian and Missionary Alliance Church* tätig gewesen war, sahen die Christen in der Großstadt Chicago ihn immer noch als einen der Ihren. Deshalb entsprach die Familie Tozer dem Wunsch vieler Einwohner von Chicago, Tozer die letzte Ehre zu erweisen. Obwohl bereits zwei Tage zuvor ein Gottesdienst in Toronto stattgefunden hatte, ermöglichte sie ihnen, öffentlich um den Prediger zu trauern, der sie fünfunddreißig Jahre lang betreut hatte.

Alle Trauerreden, Beileidsschreiben, Nachrufe christlicher Organisationen und die gedämpften Worte unter den Trauergästen brachten ein ähnliches Gefühl zum Ausdruck – Dankbarkeit gegenüber dem allmächtigen Gott, weil er einen modernen Propheten gesandt hatte. A.W. Tozer hatte die Menschen zu aufrichtigen Schuldbekenntnissen aufgefordert, zu echter Buße gemahnt, zu radikalem Gehorsam gedrängt und ihnen geholfen, Gott ganz persönlich kennenzulernen. Er hatte sie mit Lobpreis vor Gottes himmlischen Thron geführt.

Mit nahezu jedem Medium, das ihm zu Beginn und in der Mitte des zwanzigsten Jahrhunderts zur Verfügung stand, lenkte Aiden W. Tozer die Aufmerksamkeit der Menschen auf Gott. Er predigte siebenundvierzig Jahre lang von Kanzeln und Podien, verfasste im Lauf von vier Jahrzehnten Hunderte von Zeitschriftenartikeln, leitete acht Jahre lang eine Radiosendung beim Chicagoer Radiosender WMBI und veröffentlichte in den letzten beiden Jahrzehnten seines Lebens neun Bücher.

Mit einem Tiefgang, den man selten bei Bibellehrern und Predigern findet, durchdrang Dr. Tozers Botschaft die Herzen und erhellte den Verstand. Geistlich wache Menschen erkannten, dass er eine einzigartige Ausstrahlung besaß – eine heilige Salbung. Die Menschen, die ihm nahestanden, berichteten, dass der Verkündiger jeden Tag mehrere Stunden im Gebet verbrachte – nicht nur mit Fürbitte, sondern aus dem inbrünstigen Wunsch heraus, Gottes Antlitz zu suchen und in seiner Gegenwart zu sein. Bei Dr. Tozer zeigte sich der geistliche Grundsatz aus 2. Chronik 16,9: »Die Augen des Herrn blicken über die ganze Erde, um die zu stärken, deren Herzen ganz ihm gehören.«

Inzwischen ist es beinahe ein halbes Jahrhundert her, dass Aiden Wilson Tozer, einer der tiefgründigsten, vielschichtigsten und von Gott bevollmächtigtsten Prediger des zwanzigsten Jahrhunderts, im Schlaf an einem Herzinfarkt starb. Bei seinem Tod war er ganz allein im Krankenhaus in Toronto. Kein Mensch war anwesend, nur Jesus Christus durch den Heiligen Geist, den er so gut kannte und leidenschaftlich liebte. Diese letzte Szene aus A. W. Tozers Leben ist bezeichnend für sein Leben seit der Bekehrung zum Glauben an Jesus Christus.

Zwar war Tozer seit seiner Bekehrung 1915 und seiner Berufung zum Prediger 1916 ständig von Menschen umgeben. Er wuchs in einer Großfamilie auf, heiratete eine gläubige Frau, die sieben Kinder zur Welt brachte, und predigte während des Großteils seines Erwachsenenlebens zu großen Menschenmengen. Dennoch vertraute er in den 1950er-Jahren einem Freund an: »Mein Leben war einsam.«[1] Tozer, der Worte nie leichtfertig gebrauchte, enthüllte diese tiefe Traurigkeit in einem der wenigen Momente, in denen er einem anderen Menschen sein Innerstes öffnete. Dabei erscheint es fast ironisch, dass Tozer einsam war. Seine Frau liebte ihn hingebungsvoll und er hatte reizende Kinder. Sie alle hätten sich eine größere Vertrautheit gewünscht. Auch viele Zuhörer seiner Predigten und die treuen Mitglieder der vier von ihm betreuten Gemeinden hätten stundenlange Wartezeiten in Kauf genommen, um sich nur wenige Minuten persönlich und vertraulich mit dem Mann auszutauschen, der ihnen half, Gott kennenzulernen. Doch Tozer lehnte es ab, dass sie ihn kennenlernten.

A.W. Tozer starb nach fünfundvierzig Ehejahren allein in einem dunklen Krankenhauszimmer, weil er seine treue Frau Ada dazu gedrängt hatte, nach Hause zu gehen und ein wenig zu schlafen. Er wollte nie von anderen gesehen werden, wenn er krank im Bett lag. Gerade in Krankheitstagen stieß er andere absichtlich weg, allerdings auch häufig in gesunden Tagen. Seine Familie und seine Freunde berichteten übereinstimmend, dass Tozer zwar geistlich wache Menschen auf der Suche nach Gott anzog wie ein Magnet, doch persönlich beinahe jeden, den er kannte, auf Distanz hielt. Eigentlich war der Heilige Geist der Einzige, der Tozer wirklich *kannte* und mit dem er lange, ruhige Stunden verbrachte – und dann auch der Einzige, der in seinen letzten Stunden auf Erden bei ihm war.

Auch wenn A.W. Tozers Einsamkeit teilweise selbst verschuldet war, gibt es dennoch eine weitere Dimension der Isolation, die einen Menschen zwangsläufig umgibt, wenn er treu alles predigt, was die Heilige Schrift lehrt. A.W. Tozer verkündete die Wahrheit der Bibel. Er liebte Gottes Wort und predigte unerschrocken das, was die Menschen seiner Überzeugung nach hören mussten – ohne Rücksicht darauf, was sie hören wollten. Zudem las er als autodidaktischer Prediger und Lehrer ausgiebig die Schriften der frühen Kirchenväter und versuchte, seine Auslegung der Bibel in einen Zusammenhang mit den Auslegungen und Anwendungen im Laufe der Kirchengeschichte zu bringen. Folglich war Tozer überkonfessionell. Er entdeckte Schätze in der christlichen Tradition – Schätze, die von vielen anderen Lehrern und Predigern übersehen wurden, weil sie überzeugt waren, dass für wahre Jünger Jesu Christi nichts hilfreich sein konnte, was zwischen der Apostelgeschichte und der Reformation verfasst worden war, ausgenommen vielleicht Augustinus.

Tozers Begeisterung für die Schriften der sogenannten christlichen Mystiker war für andere Gläubige Grund zur Sorge. Nach Auffassung vieler seiner Zeitgenossen konnte ein Mystiker kein Christ sein. Sie befürchteten, »Mystik« sei ein Weg, um östliches Heidentum in die Kirche zu schmuggeln. Doch Tozer war anderer Ansicht. Häufig fragte er: »Wie kann heute jemand eine ›persönliche Beziehung‹ zu Jesus Christus haben, die nicht mystisch ist?« Tozer betonte, dass Jesus heute nicht mehr durch unsere Straßen gehe wie damals durch die Straßen Galiläas. »Ewiges Leben ist es, den Vater zu *kennen* und Jesus Christus, den er gesandt hat« (vergleiche Johannes 17,3), und nur eine mystische Beziehung ermögliche einem die Gnade dieser Vertrautheit und Erkenntnis.[2] A.W. Tozers Lehre von dem »tieferen geistlichen Leben» – das heißt von einer Beziehung zu Gott, die nur durch den Heiligen Geist möglich ist und Bestand hat – ließ einige Menschen, die Tozer ansonsten bewunderten, gegenüber seiner Lehre über den Heiligen Geist etwas misstrauisch sein.

Wie die alten hebräischen Propheten stieß Tozer die führenden Geistlichen vor den Kopf. Er tat seine Verachtung für Materialismus, Konsumdenken und Weltlichkeit öffentlich kund, wo auch immer er entdeckte, dass diese Dinge in die Kirche eindrangen. Dies brachte ihm grenzenlose Kritik ein.

Seit Tozers Tod hat sich das Problem der Weltlichkeit in der amerikanischen Kultur und in der Kirche noch verschärft. Folglich sind seine Schriften denen, die dem westlichen Wahn eines Konsum-Christentums verfallen sind, noch immer ein Dorn im Auge. Gemessen an den Maßstäben für Erfolg im zwanzigsten und frühen einundzwanzigsten Jahrhundert verdient Tozer eigentlich kaum Beachtung. In einem Volk, das schnelles, anhaltendes und quantitativ bestimmbares Wachstum als wesentlichen Wertmaßstab ansieht, wird man Tozers Namen auf den Listen der Vorbilder oder in den Ruhmeshallen für Helden vergeblich suchen – selbst in vielen amerikanischen theologischen Hochschulen oder in den Ausbildungsprogrammen der Amtskirchen.

Es gibt verschiedene Gründe dafür, dass A.W. Tozer relativ unbekannt ist. Ein erster Grund ist sicherlich, dass er prophetisch zur Kirche sprach. Die Vergangenheit hat oft genug gezeigt, dass die führenden Geistlichen einer Epoche selten Bewunderung für diejenigen aufbringen, die mit der Wahrheit zu ihnen gesandt werden. Wie die alttestamentlichen Propheten sprach auch er messerscharfe Worte – als magerer Prediger mit Schnurrbart und Brille aus der hügeligen Wildnis von West-Pennsylvania. Er rügte führende Christen dafür, dass sie in die Weltlichkeit abrutschten, indem sie ihren Führungsstil zunehmend nach dem Vorbild des Geschäftslebens gestalteten, und dafür, dass sie verschiedene Formen der Unterhaltung an die Stelle der biblischen Predigt, Lehre und der theozentrischen Anbetung setzten. Schon zu Tozers Lebzeiten missfiel vielen Kirchenführern seine Kritik an ihren Praktiken. Ihren Nachfolgern heutzutage schmecken seine Vorwürfe noch weniger, vor allem deshalb, weil so viele genau die von Tozer verurteilten Methoden voller Begeisterung und ohne zu hinterfragen angewandt haben. Ein zweiter Grund ist, dass der Erfolgskult so fest in der gegenwärtigen Amtskirche verwurzelt ist, dass viele Kirchenführer Tozer schlicht für bedeutungslos erachten. Heutzutage sind wir davon besessen, Menschenmengen anzuziehen und es ihnen möglichst angenehm zu machen, da wir Angst haben, sie könnten wieder fortgehen. Tozers prophetischer Aufruf zu radikalem Gehorsam gegenüber Christus, zu persönlicher Heiligkeit, zu einem zielgerichteten und brennenden Gebetsleben und einem auf Gott ausgerichteten Gottesdienst klingt da für viele Menschen unsensibel, lieblos und manchmal geradezu grob. Die heutige Kirche ist eine marktorientierte Verbindung mit dem Wachstum eingegangen. Diese wird unterstützt von Gottesdiensten für »Suchende«, dem Wunsch, auf der Kanzel keinen Anstoß zu erregen, von Kursen über Gemeindewachstum in der theologischen Ausbildung und von Weiterbildungsseminaren für Pastoren zum Bau größerer Kirchen. Deshalb sind nur wenige gewillt, sich mit dem Leben und dem Dienst eines Mannes zu beschäftigen, der vierundvierzig Jahre lang Pastor war, aber niemals eine Gemeinde von mehr als vier- oder fünfhundert Menschen aufgebaut und dauerhaft erhalten hat.[3]

A.W. Tozer war weder gekränkt noch überrascht darüber, dass er relativ unbekannt war im Vergleich zu einigen seiner hochgelobten Zeitgenossen, die hohe Jahresgehälter und zusätzlich beträchtliche Vortragshonorare bezogen. Ganz im Gegenteil: Tozer machte sich über sich selbst lustig und witzelte, er predige sich selbst vom Podium beinahe jeder Erweckungsveranstaltung und Bibelkonferenz in Nordamerika herunter, wenn er erst einmal zu einer Jüngerschaft aufgerufen habe, die etwas kostet, und zu einer echten geistlichen Erweckung. Wie die Propheten des Alten Testaments zeigte er eine Geringschätzung für Geld und drängte sogar den Verwaltungsrat seiner eigenen Kirche, ihn bei der nächsten Gehaltserhöhung zu übergehen.[4]

Mit seiner scharfen Ausdrucksweise kümmerte er sich wirklich wenig um die Meinung anderer Menschen, wenn es darum ging, was er predigen oder schreiben sollte. Als selbst ernannter »kleiner Prophet» war es Tozers Ziel, für seine Generation ein Jeremia, Amos oder Johannes der Täufer zu sein. Er sah es als seinen Dienst an, die Kirche aus ihrer Gleichgültigkeit und ihrer Bewunderung für die Welt herauszurufen und hineinzuführen in die Gegenwart, Erkenntnis und Anbetung eines heiligen Gottes.[5]

Unerschrocken akzeptierte Tozer eine ähnliche Behandlung wie die unbeliebten Propheten der hebräischen Geschichte. Seine Predigten lockten keine großen Menschenmassen an und von seinen Büchern wurden weitaus weniger Exemplare verkauft als von vielen seiner christlichen Zeitgenossen. Dennoch wirkte er deswegen nie besorgt. Im Gegenteil, er wusste, dass er dazu berufen war, treu zu sein und nicht erfolgreich nach den Maßstäben der Welt. Im Gegensatz zu manchen »marktorientierten« Gemeinden von heute waren Tozers Gemeinden Orte, an denen treue Gläubige zusammenkamen, um Gott gemeinsam anzubeten und aus der Bibel zu lernen, wie sie nach Gottes Willen leben sollten; Orte, von denen aus sie als Boten des Evangeliums Jesu Christi in eine sündige und leidende Welt gesandt wurden.

Da Tozer ein ganz und gar von der Bibel durchdrungener Mensch war – kurz gesagt: ein Mensch, dessen Seele »verbibelt« war –, hatte er vermutlich nie erwartet, dass seine Schriften und ʾredigten von mehr als einem kleinen Teil der Christen ernst enommen würden. Vielleicht hätte es ihn überrascht, dass die seinen Lebzeiten veröffentlichten Bücher heute noch verkauft rden und dass zwei von ihnen, *Gottes Nähe suchen* und *Das sen Gottes*, heute sogar gefragter sind als damals. Zudem len zahlreiche seiner aufgezeichneten Predigten nach seinem ıerausgegeben, viele davon in Buchform. Wie im Fall von ewis wurden auch von Tozer mehr Bücher nach seinem Tod ntlicht als zu seinen Lebzeiten.

ı es schon zu seinen Lebzeiten nötig war, dass A. W. timme Gehör fand, so ist seine Botschaft heute noch wichtiger. Die Probleme, denen er sich im späten zwanzigsten Jahrhundert gegenübersah, bestehen noch immer. Zwar liegt sein Tod nun schon beinahe fünfzig Jahre zurück, doch seine biblische Botschaft ist immer noch aktuell.

Es existieren bereits zwei wichtige Biografien über A.W. Tozer: David J. Fant jun. verfasste *A. W. Tozer: A Twentieth-Century Prophet* (1964) und James L. Snyder *In Pursuit of God: The Life of A. W. Tozer* (1991). Dennoch habe ich aus mehreren Gründen beschlossen, ein weiteres Buch über diesen Mann zu schreiben. Erstens sind seit der Zeit, als Fant und Snyder ihre Bücher schrieben, neue Quellen zugänglich geworden. Inzwischen wurden Zeitzeugenbefragungen mit Menschen durchgeführt, die bisher übersehen worden oder nicht erreichbar waren. Ebenso wurden in den letzten Jahren wichtige Briefwechsel entdeckt. Obwohl die früheren Biografien wichtige Beiträge dazu geleistet haben, Details aus Tozers Leben darzulegen, lässt sich noch mehr über sein Seelenleben sagen. Einige Aspekte sind den Menschen entgangen, die sich bisher mit seinem Leben und Dienst beschäftigt haben. Daher versuche ich in diesem Buch, das Innenleben dieses begabten und vielschichtigen Mannes offenzulegen, der Gott so innig und leidenschaftlich liebte und ihn mit ganzem Herzen, Verstand und mit ganzer Seele kennen wollte, sich aber schwer damit tat, mit derselben Begeisterung auf seine nahen und entfernteren Angehörigen oder auf die Gemeinden einzugehen, die Gott ihm anvertraut hatte.

Da Tozer seit beinahe einem halben Jahrhundert tot ist, haben wir inzwischen den Vorteil einer längerfristigen Perspektive. Aus diesem Blickwinkel können wir seinen Einfluss besser beurteilen. Als Christen zu Beginn des einundzwanzigsten Jahrhunderts leben wir heute in einer Kultur, die andere Fragen stellt und mit zumindest einigen Themen zu kämpfen hat, die typisch für unsere Zeit sind und daher in früheren Biografien nicht untersucht wurden. Tozer starb vor dem Aufkommen der charismatischen Bewegung und der sogenannten Dritten Welle des Geistes unter Christen Ende der 1980er-Jahre[6], doch er hat uns inmitten dieser tief greifenden Veränderungen viel zu sagen. Seine persönliche Geschichte kann uns noch heute beruhigen, trösten und ermutigen.

Aiden W. Tozer hat einen heutzutage sehr beliebten Ausdruck vermutlich nie gehört oder benutzt – geistliches Wachstum. Dennoch war es ihm unendlich wichtig, dass die Seele Christus ähnlicher wurde. Wie viele jüngere Christen vermutete er, dass die Arroganz in der Kirche immer weiter fortschreiten würde. Er vertrat und lebte ein Glaubensleben, das enorm von den Schriften der frühen Kirchenväter profitierte. Wie zahllose junge Erwachsene aus dem frühen einundzwanzigsten Jahrhundert wünschte Tozer sich eine Verbindung mit den reichhaltigen Wurzeln des historischen Christentums. Wie sie wusste er instinktiv, dass die werbeintensive, marktorientierte Bewegung mit ihrer Verachtung für die Vergangenheit und ihrer gleichzeitigen Verehrung aller »neuen und verbesserten« Dinge für Christen tödlich ist. Ihm war klar, dass alles »Neue« im Christentum in wenigen Jahren abgestanden sein würde. Er glaubte, dass die Prediger und Lehrer »der Botschaft [...], die Gott *ein für alle Mal* denen geschenkt hat, die ihm gehören« (Judas 3, Hervorhebung durch den Autor) sich zwar einer gut durchdachten Kontextualisierung widmen, aber nicht unbedingt originell sein müssen. Tozer hätte dem Theologen Thomas C. Oden zugestimmt, der meinte, als Lehrer des Glaubens »verschreibe ich mich der Nicht-Originalität. Ich verpflichte mich der Irrelevanz, wenn Relevanz bedeutet, in der Schuld der korrupten Modernität zu stehen.«[7]

In den folgenden Kapiteln wird A. W. Tozers Leben chronologisch dargestellt, wobei der Schwerpunkt auf der Darstellung und Erläuterung von Menschen, Ereignissen und sonstigen Faktoren liegt, die seine Seele aufgerüttelt haben und für sein geistliches Reifen wichtig waren. Es wird dargelegt, wie Tozer beständig auf den Ruf des Heiligen Geistes reagiert hat und wie der Herr ihn begabte und seinen Dienst formte und veredelte.

Für Menschen, die in Christus wachsen wollen, ist es lehrreich, sich ein Beispiel am Leben der Heiligen zu nehmen, die ihr Ziel gut erreicht haben. Mit diesem Ziel im Hinterkopf habe ich darauf geachtet, Tozers Unvollkommenheiten ebenso darzustellen wie seine Stärken; denn die meisten Menschen schöpfen Hoffnung, wenn sie erfahren, dass Gott Leute mit Fehlern benutzt. Ich wollte zeigen, dass A. W. Tozer lieber aus seinen Fehlern lernte, als nie Fehler zu machen – so wie alle Männer und Frauen, die Gott in den Dienst seiner Herrlichkeit stellt. Die Feststellung, dass der Weg der Jüngerschaft keine glatte Kurve nach oben ist, war schon für viele hilfreich. Wie alle Jünger stieß auch Tozer unterwegs auf Nebel und Hürden. Der Weg des Christen ist nie im Voraus klar. Wie der Zöllner Matthäus wird der Jünger einfach aus seinem alten Leben herausgerufen. Ihm wird nicht sofort gesagt, wohin es geht, doch er kennt den Einen, der ihn gerufen hat und der ihm versprochen hat, mit ihm zu gehen. Daher ist die Reise – auch wenn sie niemals einfach ist – doch fröhlich und fruchtbar. Das erlebte auch der junge Mann, der die Stimme Gottes erstmals in West-Pennsylvania hörte.

Kapitel 2
»Das Landleben im Blut«
Die frühen Jahre im ländlichen Pennsylvania (1897–1912)

Jeder, der Gott deutlich hört, wird zumindest teilweise ein Einzelgänger sein. Man braucht Zeiten der Einsamkeit, um die Bibel aufzuschlagen, zu beten, über Gottes Wort nachzudenken und dann aufzuschreiben, was Gott einem offenbart hat. Doch man braucht auch Mut und eine von Gott verliehene innere Stärke, um die Gelassenheit der Einsamkeit zu verlassen und in die Öffentlichkeit hinauszugehen und den gleichgültigen und sogar feindseligen Kindern dieser Welt Gottes Wort zu verkünden. Sonst hält man die unvermeidlichen Beschimpfungen und die Isolation nicht aus.

Aiden Wilson Tozer besaß diese Eigenschaften. Seine innere Stärke und sein Charakter gingen zum Teil auf seine Kindheit in der schroffen Landschaft des mittleren Pennsylvania zurück. Er wuchs in den Ausläufern der Allegheny Mountains auf. An diesem Ort musste man hart sein, wenn man überleben wollte. In späteren Jahren sagte er, er sei unter einem »genügsamen Menschenschlag« groß geworden, für den er »nur aufrichtige Achtung und warme Bewunderung« verspüre. Diese Menschen, schrieb Tozer, »entrissen ihr Brot der felsigen Erde«, sie »fällten die Macht [Bäume] des Waldes zur kommerziellen Verwendung«, und sie züchteten Vieh, um Milch, Rindfleisch und Leder zu gewinnen.[8]

Clearfield County, der Landkreis, in dem Tozer geboren wurde, umfasste vor allem kleine Bauernhöfe und ein paar Dörfer und Kleinstädte, die als Dienstleistungszentren für die Bauern, Holzfäller, Gerber und Arbeiter in den Kalksteinbrüchen der Umgebung dienten. Die Wurzeln der Familie Tozer in jener Gegend gehen zurück bis ins Jahr 1830. Gilbert S. Tozer, Aidens Großvater, wurde 1810 in England geboren. Als Jugendlicher wanderte er nach Amerika aus und zog in den Staat New York. Dort wurden für den Bau des Eriekanals – den weltbekannten »Graben«, der sich knapp 600 Kilometer lang zwischen Buffalo am Eriesee und Albany am Hudson River erstreckt – Tausende von Arbeitern benötigt, die sich einen guten Start ins Leben erhofften. Gilbert Tozer heiratete jung, doch seine Frau Isabelle starb kurz darauf. Die Trauer um sie und die hohen Preise für Land veranlassten ihn, mit zwanzig Jahren nach Pennsylvania zu ziehen. Tozer erwarb Land im Kreis Clearfield County, verdiente aber seinen Lebensunterhalt hauptsächlich mit Holzfällerei. Er fällte Bäume, bearbeitete Baumstämme und fertigte Flöße aus ihnen, die man auf dem Fluss Susquehanna oder einem seiner Seitenarme zu den geschäftigen Sägewerken treiben ließ.

Zwanzig Jahre nach seiner Ankunft in Clearfield County heiratete Gilbert Tozer erneut. Es gelang ihm, die neunzehnjährige und damit zwanzig Jahre jüngere Margaret Weaver zu umwerben und ihre Hand zu gewinnen. Margaret war in Westmoreland County aufgewachsen und sorgte dafür, dass niemand dies vergaß. Sie prahlte damit, dass es in ihrem Heimatlandkreis besseres Land und ein zivilisierteres Umfeld gab. Sie gab damit an, presbyterianisch erzogen worden zu sein. Das war für sie ein Zeichen für Ehrbarkeit. Die meisten Menschen im Amerika des nenzehnten Jahrhunderts – vor allem in den frisch besiedelten Gebieten der Alleghenies – waren sich einig, dass neben den Schulen vor allem die Kirche den von Klima und Armut abgehärteten Menschen die Zivilisation nahebringen konnte. Wie im Buch Richter tat dort jeder, was ihn recht dünkte.

Margaret Weaver Tozer mag aus einer Gegend gekommen sein, in der es mehr Kirchengemeinden gab als in Clearfield County und wo der Boden einfacher zu bearbeiten war, doch sie stammte sicherlich nicht aus einer mittelständischen städtischen Familie von Kopfarbeitern. Ganz im Gegenteil, ihre vorgetäuschte Fassade entglitt ihr manchmal; besonders, wenn sie sich ihrer Geschicklichkeit mit einer Sense brüstete – eine Fähigkeit, die sie von ihrem Vater gelernt hatte. Da dieser keine Söhne hatte, schickte er jedes Jahr zur Erntezeit alle sieben Töchter zur Arbeit auf die Felder.[9]

Auf jeden Fall verbrachte Margaret Weaver nach ihrer Hochzeit mit Gilbert Tozer nur wenig Zeit auf den Feldern. In rascher Folge schenkte sie ihm acht gesunde Kinder und verbrachte den Großteil ihrer Zeit damit, für diese zu kochen und zu nähen. Gilbert lebte lieber in der Stadt, wo er in der Nähe der Sägewerke und seiner eigenen geschäftlichen und kommunalpolitischen Unternehmungen war, die allmählich immer umfangreicher wurden. Trotzdem brachte er seine Frau und seine wachsende Familie auf dem Bauernhof unter. Er war der Meinung, die ländliche Umgebung sei am besten für die Kinder. Kurz nach der Hochzeit hatte er ein Haus und eine kleine Scheune auf seinem Land errichtet und führte nun an den Wochenenden ein Landleben, während er unter der Woche seine Familie verließ und in der Stadt arbeitete.

Gilbert Tozer scheint ein charmanter Exzentriker gewesen zu sein. Er liebte Bücher, las regelmäßig die Zeitung und Zeitschriften und brachte seiner Familie auf dem Bauernhof jedes Wochenende Lesestoff mit. Deshalb bezeichneten ihn die Einheimischen als den »Gentleman-Bauern«. Ihre Bewunderung für ihn war so groß, dass sie ihn 1872 in die Kreisverwaltung von Clearfield County wählten.

Jahrelang kümmerte sich Margaret Tozer pflichtbewusst um Herd und Heim, während ihr Mann zwischen Stadt und Bauernhof pendelte. Die acht Kinder erreichten alle das Erwachsenenalter, und die vier Söhne trugen dazu bei, die Produktivität des

Bauernhofs zu steigern. Doch 1878, als alle Kinder außer Jacob geheiratet hatten, wurde die Familie Tozer von einer Tragödie ereilt. Gilbert und zwei weitere Männer steuerten ein kleines Floß den westlichen Seitenarm des Susquehanna nahe Wood Rock hinunter. Dort gab es starke Stromschnellen und gefährliche Wasserfälle. Ein größeres Floß überholte versehentlich das kleinere, wodurch Gilbert Tozer und seine beiden Kollegen zwischen die Felsen gezwungen wurden. Das Floß zerschellte, und Tozer wurde auf die Felsen geschleudert und ertrank. Seine beiden Begleiter sagten, ihr achtundsechzigjähriger Freund sei in dem Moment gestorben, als das Floß auseinanderbrach.

Gilbert Tozer war bei seinem Tod wohl kaum ein junger Mann – schon gar nicht nach den Maßstäben des späten neunzehnten Jahrhunderts. Doch er war körperlich und geistig noch stark, und niemand hatte damit gerechnet, dass er Margaret im Alter von achtundvierzig als Witwe hinterlassen würde. Ihr Leben hatte auf jeden Fall eine unerwartete Wendung genommen. Eine Tatsache machte die Lage noch schwieriger: Gilbert Tozer war trotz all seiner Geschäfte und seines Rufs als »Gentleman-Bauer« relativ arm gewesen, selbst für damalige Zeiten. Daher benötigte Mutter Tozer Hilfe, und sie überredete ihren Sohn Jacob, auf dem Hof zu bleiben, ihn weiterzuführen und für sie zu sorgen.

Jacob Tozer blieb pflichtbewusst mit seiner Mutter auf dem Bauernhof. Schließlich kaufte er seiner Mutter das Gehöft ab und heiratete eine schüchterne junge Frau aus einer benachbarten Stadt, Prudence Jackson. Prude, wie sie von allen genannt wurde, stammte nicht aus einer Bauernfamilie. Ihr Vater war Schmied und ein Nachfahre von General Thomas »Stonewall« Jackson, der im amerikanischen Bürgerkrieg Berühmtheit erlangt hatte. Doch wie es für die Siedler im mittleren Pennsylvania typisch war, stellte sich Prudence den Herausforderungen des Landlebens. Schon bald war sie geschickt darin, Kühe zu melken, Butter und

Käse herzustellen, Hühner zu züchten und einige ihrer Erzeugnisse bei den örtlichen Händlern gegen Grundnahrungsmittel und Stoff einzutauschen, damit sie für ihre wachsende Familie Nahrung und Kleidung hatte. Jacob bewirtschaftete den felsigen Boden und besserte den Ertrag mit dem auf, was er durch Jagen und Fischen nach Hause bringen konnte.

Schließlich waren auf dem Hof der Tozers neun hungrige Mäuler zu stopfen. Außer der Großmutter Margaret Tozer und Jacob und Prude folgten sechs Kinder in rascher Folge: Zene (1890), Essie (1893), Aiden Wilson (1897), Francis Mildred (1900), Margaret (1903) und Hugh (1905).[10]

Die Familie Tozer ähnelte anderen Familien um die Jahrhundertwende in dieser Gegend von Pennsylvania. Sie mussten gegen harte Winter mit bitterer Kälte und viel Schnee kämpfen. Die Blockhäuser und einfachen Fachwerkhäuser waren zugig, und die einzigen Wärmequellen waren ein offener Kamin, ein eiserner Holzofen in der Küche und ein gusseiserner, dickbäuchiger Kohlenofen im Wohnzimmer oder der guten Stube.

Die Winter in Clearfield waren schwierig, doch die Sommer waren eine ebenso große Herausforderung. Im Vorgebirge wurde es heiß, und Moskitos und andere Insekten bevölkerten die Gegend. Sie flogen zuhauf durch die geöffneten Fenster ohne Insektenschutz, da sie von Kerzen und Öllampen angelockt wurden. Abhilfe gab es nur, wenn man die Lichter frühzeitig löschte. Damit löste man nicht nur das Problem mit den Fluginsekten, sondern bekam auch genügend Schlaf, den man so dringend brauchte, wenn man noch vor der Morgendämmerung aufstehen musste.

Prude Tozer kam mit den Anforderungen des Landlebens gut zurecht. Sie jammerte nie viel. Sie wusch, kochte und nähte; mit ihrem Nachwuchs im Schlepptau legte sie viele Male pro Tag den ausgetretenen Weg zum Plumpsklo zurück, bei Sonnenschein,

Mondschein, völliger Dunkelheit, Regen, Schnee oder jenem allgegenwärtigen, gespenstischen Nebel, der beinahe jeden Abend in die Hügel eindrang.

Im Alter von beinahe sechzig Jahren erinnerte sich Aiden Wilson Tozer voller Stolz an seine Kindheit und Jugend am Rande der Armut, wo ihm sowohl die Natur als auch seine Familie viel an harter Arbeit und Entschlossenheit abverlangten. Statt voller Selbstmitleid zurückzublicken, betrachtete er sein frühes Leben als Segen. Nostalgisch schrieb er: »Da ich in den Ausläufern der Alleghenies geboren wurde und meine Entwicklungsjahre in einer Gegend verbrachte, wo nur wenig moderner Komfort angekommen war, weiß ich zufällig ganz genau, wie das Landleben bei den einfachen Leuten aussieht.«[11]

Auf dem Höhepunkt seines Dienstes dachte er über die harten Umstände und Anforderungen nach, denen die Menschen ausgesetzt waren, die auf den felsigen und hügeligen Gehöften und in den kleinen Dörfern mitten in Amerika aufwuchsen. Er sagte: »Gott sei Dank, dass die Amerikaner noch immer das Landleben im Blut haben. Es verleiht uns einen Großteil des Muts, der Schlichtheit, der beharrlichen Entschlossenheit, die uns zu einem großen Volk gemacht hat. Ich habe Angst um unser Volk, wenn je die Zeit kommt, in der es bei uns keine Leute mehr gibt, die die Berge stark gemacht haben.«[12]

An Aiden Tozer zeigte sich die Kraft und Unabhängigkeit, die den Einwohnern des mittleren Pennsylvania zu eigen war, doch auch seine engsten Angehörigen und die Dorfgemeinschaft hatten einen besonderen Einfluss auf ihn.

Er wurde am 21. April 1897 geboren. Sein großer Bruder Zene war mehrere Jahre älter und beinahe wie ein zweiter Vater für die anderen Kinder. Zene arbeitete hart auf dem Bauernhof, doch er fand immer Zeit, um zu lesen und sich mit um seine Geschwister zu kümmern. Zene war lebhaft, intelligent und erfinderisch, und seine drei Jahre jüngere Schwester Essie sprach in späteren Jahren mehr über ihn als über ihren Vater. Er trug nicht nur seine Schwestern zur Schule, wenn der Schnee so tief war, dass sie nicht mehr laufen konnten, sondern verblüffte auch jedermann mit seinem Einfallsreichtum. Sein handgefertigter Holzschlitten, der sogar Kufen aus Metall hatte, versetzte die Kleinen in ehrfürchtiges Staunen und schenkte ihnen viele Stunden voller Winterfreuden. Zweifellos lernte Aiden von Zene, seine Hände zu gebrauchen. Und sicherlich regte Zenes vielleicht von seinem Großvater Gilbert geerbte Liebe zum Lesen und Denken den jüngeren Bruder an, eine positive Einstellung gegenüber geistigen Dingen zu entwickeln. Das war ein krasser Gegensatz zu dem Anti-Intellektualismus, der in Dorfgemeinschaften um die Jahrhundertwende häufig verbreitet war.[13] Zene bestärkte Aiden auch in der Liebe zur Flora und Fauna von Clearfield County. Zene wurde eine Vaterfigur für Aiden und die anderen Kinder, doch er zog ein halbes Jahrzehnt vor dem Rest der Familie nach Akron in Ohio, um bei den dortigen Reifenherstellern zu arbeiten.

Der Vater Jacob Tozer, oder Jake, wie er von den meisten Leuten genannt wurde, lebte seiner Familie Distanziertheit und Gefühllosigkeit vor. Er schien nicht willens oder nicht fähig zu sein, persönliche Nähe oder Zuneigung zu zeigen. Vater Jake hatte einen großen Appetit auf harte Arbeit, aber keinen Sinn für Rücksichtnahme oder Freude. Essie, die älteste Schwester, sagte, die einzige Geburtstagsfeier, an die sie sich erinnern könne, sei die zu ihrem neunzehnten Geburtstag gewesen – und das nur, weil sie von einigen Cousinen abgeholt und zu einer Überraschungsparty in deren Haus mitgenommen wurde. Ansonsten waren Feiern und Feste eigentlich kein Bestandteil ihrer Jugenderinnerungen. An Weihnachten sorgte Mutter Prude dafür, dass man im Wald einen perfekten Tannenbaum fand, ihn nach Hause brachte und schmückte. Sie bastelte Christbaumschmuck aus Popcorn und verkleidete sich selbst als Weihnachtsmann, um ihre selbst gemachten Geschenke an die Kinder zu verteilen. Vater Tozer saß ein wenig abseits. Er mischte sich nicht ein, fühlte sich aber offensichtlich unwohl bei fröhlichen Feierlichkeiten, und so weigerte er sich schlichtweg, daran teilzunehmen.

Jacob Tozer wollte nicht nur Feste vermeiden. Was seinen Kindern am deutlichsten in Erinnerung blieb, waren seine Disziplin und seine Liebe zu harter Arbeit. Er war nicht gemein, aber er legte Wert auf eiserne Disziplin. Das Leben ist hart, behauptete er, und jeder muss seinen Teil dazu beitragen, dass es gelingt.

Die Tozer-Kinder erinnerten sich auch daran, dass ihr Vater keine Feiertage mochte, weil diese der harten Arbeit im Weg standen, die er allen abverlangte. Dennoch erwähnt Aiden den Sinn seines Vaters für Humor. Interessant ist dabei jedoch, dass sein Vater nur sarkastische Geschichten erzählte, die sich über jemanden lustig machten. 1957 erinnerte sich Aiden beispielsweise an eine Geschichte über einen alten Bauern und dessen Hund, »die mein Vater früher in Clearfield County erzählte. ›Ein Bauer räumte ein, dass es ihm nicht gelang, seinem Hund etwas beizubringen. Er sagte, er wolle nichts lernen. Und der stadtbekannte Penner, der zufällig gerade nüchtern war, spie Tabak und Spucke aus und sagte: »Naja, du musst schon mehr als dein Hund wissen, wenn du ihm was beibringen willst.«‹«[14]

Essie erwähnt den Humor ihres Vaters nicht, doch ihre Erinnerung an den Vorfall mit der blauen Milch spricht für sich:

> Zu den Mahlzeiten stand bei der Familie frische, sahnige Milch auf dem Tisch. Wenn Prude morgens die Milch filterte, goss sie die Milch in zwei kleine Krüge – ein Krug war für das Mittagessen, der andere für das Abendessen bestimmt. Sie kühlte sie, indem sie sie in dem kleinen hölzernen Kühlhaus in fließendes

Quellwasser stellte. Dort lagerte sie auch Krüge mit Milch, von der sie die Sahne abgeschöpft hatte, um daraus Butter zu machen. Diese Milch nahm einen leichten Blaustich an. Eines Morgens brachte das Kind, das hinausgeschickt worden war, um die Milch für den Tisch zu holen, in der Eile aus Versehen den falschen Krug. Als die Mahlzeit kaum begonnen hatte, rief Vater in seinem strengsten Tonfall: »Wer hat diese blaue Milch auf den Tisch gestellt? Schafft sie mir aus den Augen.«

Sie erinnerte sich daran, dass das schuldige Kind zum Kühlhaus rannte und schnell mit der Vollmilch zurückkam. »Vater wartete«, bis es wieder da war. »Wenn er [Vater] redete, hörten die Kinder zu. Auf dem Hof herrschte eine strenge Disziplin, aber die Kinder hatten auch viel Freiheit, um sich zu äußern und Spaß zu haben.«[15]

Anders als sein Vater war seine Mutter in Aidens Erinnerung schüchtern, schön und bescheiden. Ganz gleich, was er und andere in ihr sahen: Sie fühlte sich so unattraktiv, dass sie sich jahrelang nicht fotografieren lassen wollte.[16] Zweifellos waren Aiden die liebevollen Weihnachtsszenen für immer im Gedächtnis geblieben. Eine Begebenheit im Jahre 1936, als Tozer neununddreißig Jahre alt war, berührte das Herz und die Seele eines kleinen Mädchens und gibt uns Aufschluss über Tozers zärtliche Gefühle für seine Mutter. Jane Kenney schrieb, im Alter von zehn Jahren habe sie an einem Ferienlager für Familien von der *Christian and Missionary Alliance* in Delta Lake in der Nähe von Rome im Staat New York teilgenommen. Sie sagte, in jenem Jahr habe sie ein Poesiealbum zum Geburtstag bekommen. »Ich machte mich auf, von jedem, den ich kannte, einen Eintrag in dieses Album zu bekommen ... Bei meiner Mission kannte ich keine Furcht ... *Niemand* wurde ausgelassen« von der Bitte, in dem Album zu unterschreiben und etwas hineinzuschreiben. Sie erinnert sich daran, dass sie A.W. Tozers Predigten zwar nicht ganz verstand, ihn aber trotzdem als »Zielobjekt für eine Seite in diesem ... Poesiealbum« betrachtete. Eines Tages sah sie ihn allein und ging mit einem Stift in der Hand auf ihn zu. Freundlich nahm er ihr Buch und »schrieb eilig etwas auf die Seite ... Was Dr. Tozer dann tat, ist mir ebenfalls im Gedächtnis geblieben. Er streckte die Hand aus und strich mir sanft über mein volles goldbraunes Haar und sagte so etwas in der Art, es würde ihn an das Haar seiner Mutter erinnern. Als ich mir später ansah, was er geschrieben hatte, sah ich, dass er den Teil eines Zitats eingefügt hatte: ›Sie ist wertvoller als die kostbarsten Edelsteine‹, was ich damals kaum verstand.«[17]

Der Einfluss von Großmutter Tozer auf Aiden und den Rest der Familie lässt sich schwer beurteilen. Laut der Überlieferung der Familie war sie eine fromme Presbyterianerin, es gibt jedoch keine Hinweise darauf, dass sie nach ihrer Hochzeit mit Gilbert Tozer jemals den Gottesdienst besuchte. In den entlegeneren Gebieten von Clearfield County gab es nur wenige hauptamtliche Pastoren. Reitende Methodistenprediger waren in der Gegend unterwegs und besuchten die kleinen Landkirchen mindestens alle drei oder vier Wochen. Doch die Tozers gingen in Pennsylvania nicht in die Kirche. A.W. Tozer sagte selbst, dass er »durch die Gnade Gottes bekehrt wurde, als ich siebzehn Jahre alt war. In meiner Familie gab es keine weiteren Christen ... Was den Glauben anbelangt, war ich völlig allein.«[18] Natürlich lebte er zu diesem Zeitpunkt in Akron in Ohio, doch das taten Großmutter Tozer und die gesamte Tozer-Sippe ebenfalls.

Es ist gut möglich, dass die Großmutter mit ihrer Familie über ihren Glauben gesprochen hat, doch anscheinend gab es unter den Menschen in ihrem Einflussbereich keine Bekehrungen oder kein großes Interesse. Vielleicht hat sie etwas ausgesät, wofür die Zeit erst nach 1912 oder 1913 in Ohio reif war. Es kann auch sein, dass sie zwar ihrer Familie gegenüber Zeugnis von Jesus Christus gab, dies aber aufgrund dessen, was man sah, kein Gehör fand.

Prudes und Jakes zweites Kind Essie hielt einige ausgesprochen unattraktive Seiten der Matriarchin des Tozer-Hofs fest. Essie erzählte ihrer Tochter, dass Großmutter Margaret an Prudes Haushaltsführung herumkritisierte, vor allem an ihrer Kochkunst. Der Übereifer der Großmutter war mehr als nur lästig; einmal hatte er katastrophale Folgen. Es war Samstag, und Prude war mit ihrem ältesten Kind Zene in die etwa anderthalb Kilometer entfernte Kleinstadt La Jose gegangen, um dort Eier, Milch und Butter zu verkaufen. Essie war die Verantwortung für das Backen übertragen worden. Mehrere Brotlaibe waren im Ofen, und die Temperatur war genau richtig. Essies Anweisungen lauteten, vor dem Ofen zu sitzen und die Brotlaibe herauszuholen, sobald sie braun genug waren. Dann sollte sie den übrigen kleinen Laib in den Ofen schieben, für den kein Platz mehr gewesen war. Essie »saß pflichtbewusst und geduldig in der Sommerhitze der Küche, betrachtete die Brote und wartete, umgeben von dem köstlichen Duft, als Großmutter Tozer auftauchte.«

Weil das Bauernhaus ursprünglich der Großmutter gehört hatte und sie dort immer noch mit Jake und seiner Familie lebte, beanspruchte sie für sich das Recht, zu tun, was sie wollte. Essie erinnerte sich, dass »sie einen starken Willen hatte und als Matriarchin nicht besonders freundlich war und in jeder Diskussion immer das letzte Wort hatte.« Ob sie die Situation falsch eingeschätzt hatte oder einfach wild entschlossen war, etwas an Prudes Kochkunst zu beanstanden: »Sie war davon überzeugt, dass der Kochherd nicht heiß genug war und fing an, Hackspäne ins Feuer zu werfen. Die Flammen schnellten im Ofenrohr nach oben und Funken flogen aufs Dach, ... bis das Haus in Flammen stand.«

Jake Tozer arbeitete mehrere Morgen weit entfernt auf dem Feld. Ehe er das Feuer entdeckte und vor Ort war, war der größte Schaden bereits angerichtet. Essie erinnerte sich, dass ihre Großmutter als Erstes »zu ihrem Schlafzimmer im ersten Stock eilte ..., einen Arm voll ihrer persönlichen Habseligkeiten zusammenraffte und sie mir in die Hand drückte, mit der Anweisung, die Sachen nach draußen und weg vom Feuer zu bringen.« Jedes Mal, wenn Essie ins Haus zurückkehrte, drückte ihr Großmutter mehr von ihren persönlichen Sachen in die Hand »mit der Anweisung, die Sachen nach draußen und weg vom Feuer zu bringen.« Arlene hat die Geschichte ihrer Mutter Essie folgendermaßen in Erinnerung:

> Jedes Mal, wenn Mutter zurückkehrte und vorhatte, Sachen von anderen Familienmitgliedern zu retten, bekam sie eine weitere Ladung von Großmutter Tozers Sachen gereicht, die sie nach draußen tragen sollte. Essie hatte drei wunderschöne, neue Sommerkleider, die ihre Mutter für sie genäht hatte, und ein nagelneues Paar Schuhe, das sie noch nie getragen hatte. Doch sie konnte an jenem furchtbaren Tag nichts von ihren eigenen Sachen retten, genau genommen auch nichts von den Sachen der anderen, außer Großmutter Tozers Besitztümern.

Als Jake beim Haus ankam, zählte er sofort die Kinder. Nachdem er sich versichert hatte, dass sie in Sicherheit waren, stürmte er hinein, um Geld aus einem Versteck zu holen, das er für ein kleines Bauvorhaben beiseitegelegt hatte. Er konnte das Geld retten, doch als er im Wohnzimmer nach einem großen Spiegel griff, zersprang das Glas in Hunderte Stücke. Unverletzt, aber rußbedeckt gelangte er aus dem brennenden Haus.[19]

Aiden Tozer war erst zwei oder drei Monate vor dem Brand zehn Jahre alt geworden. Während des Jahrzehnts auf dem Bauernhof hatte er unzählige gute, aber auch schlechte Lektionen von seinen Eltern und Großmutter Tozer gelernt. Prudes Eltern lebten so weit weg, dass ihr Einfluss weniger stark war, aber Großvater Jackson brachte den Jungen dazu, über Träume nachzudenken. Die Tozers erinnerten sich daran, dass Prudes Mutter zwar weder generell religiös noch besonders christlich war, aber trotzdem die mystische Seite ihrer Seele durch Traumdeutungen nährte. Die Leidenschaft seiner Großmutter dafür, sich an ihre nächtlichen Träume zu erinnern und diese dann durch das »Traumbuch«, das sie irgendwoher hatte, zu deuten, tat Aiden Tozer lange nach ihrem Tod als Unsinn ab. Dennoch ist es wahrscheinlich, dass Aiden von ihrer Leidenschaft für Träume und deren Bedeutung in gewissem Maße beeinflusst wurde. Mehrere Monate vor dem Hausbrand träumte er, das Bauernhaus wäre abgebrannt. Laut Essie »rettete er in seinem Traum seine beiden jüngeren Schwestern und den kleinen Bruder Hughie.« Als das Haus tatsächlich brannte, »ging er vor wie in jenem schrecklichen Traum; er brachte die drei Kleinen über die Straße, über den Hügel und auf die Weide.« In späteren Jahren erzählte Margaret »oft, wie sie mehrmals aufstand, um das heftige Feuer zu sehen, aber umgehend von Aiden wieder heruntergezogen wurde, der versuchte, ihnen allen den Schrecken und die Hysterie zu ersparen.«[20]

Offensichtlich wurden Aiden und seine Geschwister von ihren Eltern, Großeltern und voneinander zutiefst geprägt. Die Tozers waren zwar keine besonders christliche Familie, doch es gab einen anderen Mann, der Einfluss auf alle sechs Kinder nahm, auch wenn sie ihn nie kennenlernten. Er hieß William Holmes McGuffey.[21] McGuffey war ein außergewöhnlich einflussreicher

Schriftsteller und Pädagoge, der Millionen Exemplare seiner Bücher veröffentlichte. Die Amerikaner kauften zwischen 1850 und 1900 einhundert Millionen neue Exemplare seiner Lesebücher. Diese Schulbücher wurden bis zum zwanzigsten Jahrhundert in den öffentlichen Schulen in weiten Teilen Amerikas verwendet, vor allem in den ländlichen Gegenden des westlichen Pennsylvania und allen Gebieten westlich davon. So auch in dem kleinen roten Schulgebäude, das die Tozer-Kinder besuchten. Es gab sechs Bände der Lesebücher: *McGuffey's First Eclectic Reader* und fünf Folgebände. Ab 1857 erschienen neue Lesebücher unter dem Titel *McGuffey's New Eclectic Readers.*

Essie Tozer berichtete, dass der *McGuffey's Reader* das Lehrbuch war, das in den Schulen in Clearfield County benutzt wurde.[22] Sie sagte zwar nicht, ob ihre Schule die alten oder die neuen Lesebücher hatte, doch das spielt keine Rolle. Die von McGuffey zusammengestellten, bearbeiteten und erläuterten Inhalte sind in beiden Ausgaben der sechs Bände auffallend ähnlich. McGuffey war ein Apostel der Bildung, Moral und Religion. Ein Historiker drückte es so aus: Er gestaltete die Bücher – sowohl die Ausgabe vor als auch nach 1857 – bewusst so, dass sie »die Einwohner des mittleren Westens vor den Gefahren schützten, die neuen Grenzüberschreitungen innewohnten. Da sich seine Lesebücher an eine Gesellschaft richteten, die klassenlos sein sollte, sprachen die Bücher alle an. Aus ihnen ergab sich eine Reihe von Grundsätzen.« Laut der Aussage eines Experten wurden diese »im Denken des gemeinen Volkes« bis ins frühe zwanzigste Jahrhundert »nicht in Frage gestellt«.[23]

Die *McGuffey's Readers*, anhand derer alle sechs Tozer-Kinder lesen lernten, leisteten viel mehr, als die Kinder nur beim Ausbau ihres Wortschatzes und dem Entwickeln ihres Textverständnisses zu unterstützen. Sie verbreiteten ein Weltbild, zu dem jüdisch-christliche Werte, jedoch keine bestimmte Konfession gehörte.

Die Bücher ließen ländliche Werte hochleben. Wie die vielen Philosophen der Aufklärung lehrte auch McGuffey, die Nähe zur Natur mache den Menschen besser und frömmer. Von Wetter, Regen, Schneestürmen, Vieh sowie von kleinen Tieren und Pflanzen lerne der Mensch wichtige Lektionen für sein Leben. McGuffey betonte die Unsterblichkeit des Menschen und stellte Jesus als Gott dar. Folglich stand Jesus über anderen Philosophen wie Platon und Sokrates, deren Schriften auch in den Lesebüchern zitiert wurden.

Gut und böse waren in den Geschichten in den Lesebüchern stets eindeutig zugeordnet. Die Jungen und Mädchen konnten frei entscheiden, auch in kleinen Dingen gehorsam und ehrlich zu sein. In diesen Geschichten wurden immer die Kinder belohnt, die ehrlich oder großzügig handelten. Die Verlierer waren die, die sich dafür entschieden, zu lügen, zu stehlen, zu betrügen oder selbstsüchtig zu sein. Waisen fanden aufgrund tugendhafter moralischer Entscheidungen ein Zuhause, und unglückliche, arme Straßenkinder bekamen Arbeit oder Geschenke, weil sie richtig gehandelt hatten. Zwar machten die Kinder in den *McGuffey's Readers* manchmal Unfug, doch nur unmoralische Entscheidungen hatten schlimme Laster oder sogar Gefängnis zur Folge. Die Kinder lernten, ihre Eltern zu ehren und ihnen zu gehorchen. Vor allem die Mütter wurden als besonders wichtig und lobenswert dargestellt. Die Lesebücher enthielten kleine Geschichten und Gedichte zum Auswendiglernen. Um Schreiben zu lernen, mussten die Erklärungen auf Schiefertafeln abgeschrieben werden. Dabei wurde zugleich der Grundsatz eingeübt, dass man immer das erntet, was man sät.

Lewis Atherton hat das Leben auf dem Land und in den Kleinstädten im Amerika der Jahrhundertwende untersucht. Er bemerkte, dass die *McGuffey's Readers* lehrten, dass »sowohl in der Schule als auch in der Familie Gottes Plan und Gesetz in Ehren gehalten wurde, da alles zu seinem großen Plan gehörte.« Aus diesen Lesebüchern lernten Kinder und Jugendliche ab fünf oder sechs Jahren bis ins Jugendlichenalter, dass »es allerorten Beweise für Gottes Macht und Weisheit gab. McGuffey belegte dies mit einfachen Geschichten.« Atherton gab eine Geschichte aus dem vierten Lesebuch folgendermaßen wieder:

> George Washingtons Vater ... säte heimlich Samen in einer Form aus, die die Buchstaben von Georges Namen ergaben, nachdem sie aufgegangen waren. Obwohl George überrascht war, weigerte er sich, die Erklärung seines Vaters zu akzeptieren, dass dieses Phänomen zufällig aufgetreten sei. Nun gab sein Vater zu, dass er die Samen gesät hatte, um George etwas beizubringen und mahnte den Jungen, Gottes Plan überall in seiner Umgebung wahrzunehmen. Und daher, so McGuffey mit seiner üblichen überzeugenden Art, bezweifelte George von jenem Tag an nie wieder die Existenz eines Gottes, der Schöpfer und Besitzer aller Dinge war.[24]

Auf ähnliche Art und Weise wurde im vierten Lesebuch das Problem des Bösen »in einem von göttlichen Gesetzen gelenkten Universum Schuljungen anhand einfacher Geschichten erklärt [...]. Alles geschah zum Besten, und jede Sache hatte einen Zweck in dem großen Plan.« Als zwei Jungen beispielsweise in ein schweres Gewitter gerieten, sagte der eine, er hasse den Blitz, denn dieser sei böse. Doch der klügere Junge korrigierte seinen Kameraden und erklärte, dass »der Blitz notwendig ist, um die Luft von schlechten Dämpfen zu reinigen, wobei ein größerer Nutzen ein geringeres Übel aufwiegt.« Atherton belegte anhand des dritten Lesebuchs, dass sogar die jüngeren Kinder durch Darstellungen, die sie verstehen konnten, mit diesen Moralthemen in Berührung kamen:

> Ein aufmerksamer Junge bat seinen Vater um Hilfe dabei, Dornenbüsche und Disteln zurückzuschneiden, die Wolle aus dem Fell der vorbeilaufenden Schafe rissen. Da in den *McGuffey's Readers* die Eltern immer klüger waren als die Kinder, tat der Junge wohl daran, dem Rat seines Vaters zu folgen und bis zum Morgen zu warten. Weil er das tat, stellte er fest, dass Vögel die Wolle zum Nestbau verwendeten und dass Gott wirklich gut und weise war und alles zum Besten geschaffen hatte.[25]

Aiden Tozer und seine Geschwister erhielten eine stetige Nahrung mit McGuffeys Weltanschauung über Gott, die Kirche, Eltern und die Natur. Kinder, die mit McGuffeys Material unterrichtet wurden – selbst fünf- bis zehnjährige – lernten etwas über das Gebet, den Tod und die Unsterblichkeit. In *McGuffey's First Reader* wurde der Segen der Unsterblichkeit dargestellt:

> Wenn kleine Kinder gerne beten,
> und lesen in der Bibel,
> werden sie einmal den Himmel betreten
> und wie die Englein singen,
> in der Welt dort oben leben
> in lauter Liebe, Freude und Frieden.[26]

Letzten Endes erlernten also alle Tozer-Kinder das Lesen und Schreiben durch diese Reihe von sechs Lesebüchern, die das Universum als auf Gott ausgerichtet, geordnet und persönlich darstellten. Das war ein deutlicher Unterschied zu dem, was ihre eigenen Kinder nach und nach in den öffentlichen Schulen erleben würden, wo ein unpersönliches und auf den Menschen und die Wissenschaft ausgerichtetes Universum propagiert wird und wo die Unterordnung unter Gott und die Eltern ebenso wie die

Wirksamkeit des Gebets entweder übergangen oder bewusst untergraben werden.

Um Aiden Tozers geistliche und intellektuelle Entwicklung zu verstehen, muss man wissen, dass seine Familie zwar nicht christlich war, den christlichen Glauben aber auch nicht ablehnte. Tozers Schulbildung war zwar nach modernen Maßstäben primitiv, aber bewusst von einem jüdisch-christlichen Weltbild durchdrungen. Obwohl er die Schule mit fünfzehn Jahren verließ, war er in Sachen Bildung nicht zu kurz gekommen. Er machte zwar nie einen Highschool-Abschluss, doch das brachte ihm im Vergleich mit den meisten seiner Zeitgenossen keine Nachteile. Vor dem Ersten Weltkrieg besuchten nur wenige Kinder acht, geschweige denn zwölf Klassen. Es wurde viel darüber geredet, dass Tozer als Kind und Jugendlicher bildungsmäßig benachteiligt war, doch die Wahrheit sieht anders aus. Im Gegensatz zu vielen jungen Amerikanern seiner Generation – darunter auch Stadtbewohner – wurde er von seinen Eltern sogar darin bestärkt, die Schule zu besuchen. Er begann das Schuljahr wohl jeden September mit ein oder zwei Wochen Verspätung, weil er und Zene beim Worfeln der Ernte helfen mussten. Dennoch wurde er ermuntert, seine Ausbildung fortzusetzen.[27] Es sollte auch beachtet werden, dass er zwar nur sechs Lesebücher in der *McGuffey's*-Reihe bewältigen musste. Dies bedeutet aber nicht, dass er nur den Stoff der Klassen eins bis sechs beherrschte. Im Gegenteil, diese Lesebücher wurden mit zunehmendem Niveau immer anspruchsvoller und am Ende recht kompliziert. Was Aiden in den Lesebüchern fünf und sechs las und durchnahm, bewegte sich sowohl moralisch als auch intellektuell auf einem deutlich höheren Niveau als das, was der typische Schüler einer öffentlichen Highschool im einundzwanzigsten Jahrhundert liest. Ein Beispiel aus dem sechsten Lesebuch verdeutlicht dies:

> Wenn man eine Gemeinschaft dazu bringen kann, die Echtheit und Authentizität der Heiligen Schrift anzuzweifeln, die Realität und Verpflichtung der Religion zu hinterfragen, zu zögern, unschlüssig, ob es so etwas wie Tugend oder Untugend gibt, ob es jenseits des Grabes einen ewigen Zustand der Vergeltung gibt oder ob ein solches Wesen wie Gott existiert, hat man die Hürden der Moral niedergerissen und der Unmoral und Kriminalität Tür und Tor geöffnet.[28]

A.W. Tozer hatte einen außergewöhnlich starken Verstand geerbt. Seine Familie bestärkte ihn darin, zur Schule zu gehen, und seit der Zeit seines Großvaters väterlicherseits wurde gern gelesen. Wenn man diesem Erbe seine offizielle Schulbildung, die *McGuffey's*-Lesebücher und laut Essies Erinnerung einige ganz ausgezeichnete Lehrerinnen hinzufügt, zeigt sich, dass Aiden Tozers Verstand nach den Maßstäben seiner Zeit gut ausgebildet war. So konnte er selbstständige Lektüre betreiben und wurde als Autodidakt einer der nachdenklichsten und gebildetsten christlichen Geistlichen der Mitte des zwanzigsten Jahrhunderts.

Die Versuchung besteht, sich ein Bild von dem jungen Aiden Tozer zu machen, das so schön sentimental ist wie ein Großteil der viktorianischen Kunst – besonders wenn Tiere und Kinder das Thema sind. Ein solches Bild würde den jungen Aiden während der fünf Jahre nach dem Feuer in Frieden inmitten der Nutztiere und der Natur zeigen. Er würde in der Lehre von McGuffeys Geschichten ruhen, dass alle Dinge ein Teil von Gottes perfektem Plan sind und dass sogar das, was böse scheint, ganz bestimmt vom Guten aufgewogen wird. Doch solche Kunst hätte nicht viel mit der Realität zu tun. Denn ein solcher Glaube wäre angesichts der harten Umstände und Probleme, denen die Familie nach dem Brand gegenüberstand, selbst einem Jungen mit Aiden Tozers Intellekt und Reife nahezu unmöglich gewesen.

Es gibt Hinweise darauf, dass Aiden und die meisten seiner Geschwister viele Jahre später zurückblicken und erkennen konnten, dass Gott diesen Brand zugelassen hatte. Die Tragödie der Familie Tozer brachte sogar Gutes hervor. Der Glaube daran, dass denen, die Gott lieben, alle Dinge zum Besten dienen, ist eine – von einem reifen Heiligen bezeugte – biblische Wahrheit. Doch am deutlichsten erkennt man sie im Rückblick, wenn der Schmerz geheilt ist.

Der Brand ereignete sich im Jahr 1907, als Aiden zehn und sein ältester Bruder Zene siebzehn Jahre alt war. Bis auf das Fundament des Hauses wurde alles zerstört. Das Inferno, das sämtliche Möbel und allen Besitz außer den von Großmutter Tozer verzehrte, trennte auch die Familie. Da die Eltern und Geschwister keinen Ort hatten, an dem sie gemeinsam leben konnten, mussten sie sich trennen und bei Nachbarn und Verwandten in einiger Entfernung unterkommen. Jahrzehnte später erinnerte sich das jüngste Mädchen, Margaret, daran, wie sie sich aus Kummer über die Trennung von ihrer Mutter nachts in den Schlaf weinte. Obwohl Zene und sein Vater mit Hilfe des kleinen Aiden arbeiteten, so schnell sie nur konnten, dauerte der Bau eines neuen Hauses mehrere Monate.

Sobald das Haus fertig war, nahm die Diaspora der Tozers ein Ende, und die Flüchtlinge pilgerten aus den Häusern von Nachbarn, Freunden und entfernten Verwandten nach Hause. Obwohl nun alle wieder vereint waren, hatte sich etwas grundlegend verändert. Auch wenn sie es nicht ganz verstanden, wussten alle, dass das Feuer das Ende einer Epoche markierte. Zumindest machte es deutlich, dass das Heim der Tozers weder ein dauerhafter noch ein heiliger Wohnsitz der Familie war. Tatsächlich waren kaum wieder alle vereint, als Zene verkündete, er wolle fortgehen. Er gab zu, schon vor dem Brand den Wunsch gehegt zu haben, in die schnell wachsende Stadt Akron in Ohio zu ziehen. Dort stellten mehrere Fabriken Gummireifen für diese neumodischen Automobile her, von denen es hieß, sie würden eines Tages alle Pferdefuhrwerke verdrängen.

Nur wenige Monate nach dem Brand siedelte Zene um nach Akron. Die Verantwortung für den Hof lag nun noch schwerer auf dem Vater Jacob und er war gezwungen, Aiden für Arbeiten heranzuziehen, für die dieser kaum alt genug war. Diese zusätzlichen Schwierigkeiten führten zu einer weiteren Zersplitterung der Familie. Vor dem Winter 1907/1908 erlitt Jake Tozer aufgrund der großen Belastung einen Nervenzusammenbruch. Ein Arzt riet ihm zu einem Krankenhausaufenthalt und Ruhe, um ihn aus seiner schweren und beinahe lähmenden Depression herauszuführen.

Nun lastete der Druck, für die Familie zu sorgen, auf den Schultern von Aiden, der noch nicht ganz elf Jahre alt war. Offenbar akzeptierte der Junge seine neuen Pflichten klaglos. Er musste auf dem Hof sowohl den Bruder als auch den Vater ersetzen. Trotzdem beschloss er, weiterhin zur Schule zu gehen. Anfangs schien das neue System zu funktionieren, da die Arbeit in der Landwirtschaft in den Spätherbst- und Wintermonaten am wenigsten anstrengend war. Doch dann kam der Frühling, man musste pflügen und pflanzen, und das Ausmaß der neuen Pflichten drohte den Jungen beinahe zu erschlagen.

Jake kam rechtzeitig nach Hause, um bei der Aussaat des Getreides zu helfen, doch es stellte sich heraus, dass er sich nur vorübergehend von den Depressionen erholt hatte. Sein Zusammenbruch vom Herbst 1907 erwies sich als der erste in einer ganzen Reihe von Zusammenbrüchen und Krankenhausaufenthalten innerhalb der nächsten fünf Jahre.

All dies hatte starke Auswirkungen auf Aiden. Jahre später fasste es eine seiner Schwestern so zusammen: »Er war nie wieder ein Kind.«[29]

Die heiteren Stunden, in denen er müßig dem Kreischen der Blauhäher und dem Gezwitscher der Meisen gelauscht hatte, waren nun vorbei. Freizeit, um Fallen für Murmeltiere zu bauen, hatte er nicht mehr. Geschichte waren nun auch kostbare Begebenheiten wie jene, als Aiden sich stundenlang mit einem von seiner Mutter verstoßenen dreiohrigen Lamm beschäftigt und es mit der Flasche aufgezogen hatte.

Zwar zerstörte die Arbeitsbelastung der nächsten Jahre das Feingefühl des Jungen für Tiere nicht, doch sie raubte ihm die Freiheit, weiterhin ein barmherziger Samariter für verwundete Tiere zu sein.

Eine von Essies Erinnerungen schenkt uns einen kurzen Blick auf die idyllische ländliche Vergangenheit des Jungen, die ihm der Brand von 1907 raubte:

> [Vater] hielt ein paar Schweine auf dem Bauernhof. Ein ganz bestimmtes Mutterschwein gebar ein Ferkel mehr, als es ernähren konnte. Der Kümmerling wurde von den anderen, größeren Ferkeln beiseite geschoben und bekam nur selten etwas zu fressen ab. Wie gewöhnlich berührte diese Situation Aidens weiches Herz, und er hatte Mitleid mit dem kleinen Kerl. Er kramte bald die altbewährte Flasche mit Sauger heraus und zog ihn mit der Flasche auf. [Wir] Kinder nannten das Ferkel Mickey, und Mickey durfte im Stall und auch auf dem Hof frei herumlaufen. Wenn ihn jemand begrüßte, grunzte er zweimal, als wolle er antworten. Als Mickey größer wurde, lag Aiden immer lesend im Gras mit seinem Kopf auf Mickey, als wäre das zahme Schwein ein Hund. Mickey wusste einfach, dass er geliebt wurde, und fand es toll.[30]

Aiden verlor seine Kindheit in dem Tempo, in dem die psychische Gesundheit seines Vaters zerbrach. Doch er fand schnell in seine neuen Pflichten hinein, ohne sich zu beklagen. Seine Mutter und seine ältere Schwester Essie übernahmen ebenfalls mehr Aufgaben, die sie würdevoll erledigten. Dennoch wurde es Aiden, Essie und ihrer Mutter bis 1910 oder 1911 klar, dass es kontraproduktiv und geradezu schädlich für das Wohlergehen aller geworden war, den Bauernhof weiterzuführen. Auch Zene stimmte in den Chor der nach Veränderung rufenden Stimmen mit ein. Er war inzwischen verheiratet und erfolgreich in die Stadt integriert und drängte die Familie, sich ihm in Akron anzuschließen. Er verdiente gut in der Reifenfabrik der B.F. Goodrich Company, und er war zuversichtlich, dass er dort auch Arbeit für Aiden und den Vater organisieren konnte.

Großmutter Margaret war die einzige, die sich dafür aussprach, auf dem Bauernhof zu bleiben. Sie war nun Anfang achtzig und hatte seit ihrer Hochzeit mit Gilbert im Jahr 1850 dort gelebt. Für sie war es ein Verrat an der Familie Tozer, alles zu verkaufen und in die Stadt zu ziehen. Trotz des Widerspruchs der Großmutter überzeugten Prude und Zene gemeinsam mit Aiden und Essie den Vater Jacob, dass es nicht klug war, das bisherige Leben weiterzuführen. Schließlich hatte sich nun eine Alternative aufgetan, die attraktiver war als die Kombination aus Landarbeit und den regelmäßigen ermüdenden Fahrten nach La Jose, um Milch, Eier und Butter zu verkaufen, zu denen noch die anstrengenden Zugfahrten zum Krankenhaus und zurück hinzukamen.[31]

1912, als Aiden fünfzehn war, mietete Zene daher für seine Eltern und Geschwister ein großes Haus in Akron. Wie er es versprochen hatte, besorgte er auch seinem Vater und Aiden Arbeit bei B.F. Goodrich. Bis Oktober war der Bauernhof verkauft, die Habseligkeiten waren gepackt, und Jake, Prude, Essie, Aiden, Mildred, Margaret, Hughie – und Großmutter – stiegen in einen Zug nach Akron in Ohio.[32] Was auch immer sie sich erhofften: Keiner von ihnen hätte sich vorstellen können, welche Herausforderungen und welches Schicksal sie dort erwarteten.

Kapitel 3
»Ich hörte seine Stimme – ganz schwach«
Die Berufung zur Hingabe, zum Prediger und zur Ehe (1912–1918)

Im Oktober 1912 bestiegen acht Tozers – vom kleinen Hughie mit sieben Jahren bis zur Großmutter mit zweiundachtzig Jahren – den gen Westen fahrenden Zug nach Akron in Ohio. Die Familie hatte viele aufregende Geschichten von Zene gehört, seit er vor fünf Jahren dorthin gezogen war. Aber keiner von ihnen hatte eine klare Vorstellung davon, wie groß die Veränderungen waren, die sie in der Industriestadt im Osten Ohios zu erwarten hatten. So etwas wie diese Stadt hatten sie noch nie gesehen.

Sicherlich wäre der Kulturschock, der den Tozers bevorstand, bei jeder anderen Familie vom Land gleich groß ausgefallen. Sie waren intelligent, und nach den Maßstäben ihrer Zeit und in Anbetracht der Landgemeinde, die sie hinter sich ließen, waren sie gebildet. Außerdem versetzten ihre Rauheit und Eigenwilligkeit – Eigenschaften, die durch die harte Umgebung des Hügellands herausgebildet und durch persönliche Not wie mit einem Meißel ausgeformt worden waren – sie in die vorteilhafte Lage, den amerikanischen Traum verwirklichen zu können. Dennoch kann man das, was vor ihnen lag, mit einer schweren gesellschaftlichen, kulturellen und psychologischen Operation vergleichen. Schließlich waren die Tozers Leute aus der Provinz.

Als sie neugierig aus dem Fenster schauten, während der Zug sich über dreihundert Kilometer durch West-Pennsylvania und Ost-Ohio schlängelte, sahen die meisten von ihnen zum ersten Mal eine andere Landschaft als die, die sie bisher gekannt hatten. Nachdem der Zug um die Hügel herum und aus den Ausläufern der Alleghenies hinausgedampft war, bildeten die Schienen einen geraderen Pfad gen Nordwesten, und die Strecke wurde ebener. Allmählich konnten die Tozers einen breiteren Horizont und flacheres Ackerland sehen. Da es Oktober war, war auf den meisten Bauernhöfen wenig los, und sie waren geschmückt mit den Herbstfarben der fallenden Blätter und hellbraunen Überbleibseln der Ernte des vorigen Sommers. An einigen Stellen hatten ehrgeizige Bauern bereits unter den toten Stängeln gepflügt, und man konnte den schwarzen Mutterboden sehen, der viel fetter und tiefer war als der, den die Tozers in Clearfield County bestellt hatten.

Die meisten Passagiere, die auf dem Weg zu den aufkeimenden Industriestädten in der Mitte Amerikas waren, spähten ähnlich fasziniert wie die Tozers mit großen Augen hinaus. In dem Buch *The Farmer's Last Frontier* schätzte Fred Shannon, dass in dem Zeitraum zwischen 1860 und 1900 achtzehn Millionen Amerikaner aus ländlichen Gebieten wegzogen. Im Laufe der folgenden beiden Jahrzehnte verließen viele weitere Millionen die Bauernhöfe und Kleinstädte Amerikas. Sie waren auf der Suche nach einem höheren Lebensstandard, den sie sich durch die industrielle Revolution in den Städten erhofften. Die Tozers waren an diesem inneren Exodus beteiligt, aufgrund dessen am Ende des Ersten Weltkriegs zum ersten Mal über fünfzig Prozent der Amerikaner in Städten lebten.[33]

Die Bewegung von den Bauernhöfen in die Städte war nur ein Teil der gesellschaftlichen Umbrüche, die im späten neunzehnten und frühen zwanzigsten Jahrhundert stattfanden. Zwischen dem Ende des Bürgerkriegs im Jahr 1865 und 1890 hatten zehn Millionen Einwanderer Amerikas Küsten betreten. Die meisten dieser Neuankömmlinge stammten aus Nord- und Westeuropa, sodass ihre Anwesenheit ländliche Amerikaner wie die Tozers nur wenig erschüttert hatte. Schließlich lagen ihre

Wurzeln in ähnlichen Ländern. Zwischen 1890 und dem Ersten Weltkrieg strömten dagegen fünfzehn Millionen Neuankömmlinge aus Süd- und Osteuropa in die Vereinigten Staaten. Diese Flut von Menschen stellte einen tüchtigen Schock für Auswanderer aus dem ländlichen Amerika dar. Auch die Tozers würden einigen von ihnen in den Städten entlang der Bahnlinie und in den Industriezentren Ohios begegnen.

Solch ungeheure Bevölkerungsverschiebungen machten aus alten Städten wie New York, Boston und Philadelphia riesige Metropolen. Innerhalb weniger Jahre entstanden wie von Zauberhand neuere Städte wie Denver, Kansas City, Chicago und Akron und wurden rasch zu lokalen Ballungsgebieten, die durch die Eisenbahn miteinander verbunden wurden. Einwohner von Städten wie Akron erlebten tief greifende Veränderungen – manche waren gut, manche unschön, aber alle waren sie verwirrend. Auf der positiven Seite standen Arbeitsplätze und ein höherer Lebensstandard für die neuen Stadtbewohner. Amerikas Städte boten wirtschaftliche Möglichkeiten, die es weltweit noch nie zuvor gegeben hatte. Mit dem Wirtschaftswachstum gingen höhere Einkommen und neue politische und gesellschaftliche Chancen einher. Negativ war jedoch, dass die Kriminalität auf engem Raum stieg, Elendsviertel wie Pilze aus dem Boden schossen, die Lesefähigkeit der Bevölkerung abnahm und es zu Streit und Durcheinander kam, wenn verschiedene Volksgruppen um Arbeitsplätze oder Wohnungen konkurrierten.[34]

Als die Tozers in Akron eintrafen, war dies eine der am schnellsten wachsenden Städte der Vereinigten Staaten. Aufgrund der Lage dreißig Meilen südlich von Cleveland und am Ohio-Erie-Kanal lockte die Gummiindustrie sowohl Einwanderer aus Europa als auch von amerikanischen Bauernhöfen an. Bald verdrängte die Eisenbahn den Kanal als Haupttransportader, über die Menschen und Rohstoffe in die Stadt und Industriegüter hinaus in alle Richtungen geschafft wurden. Als die Familie Tozer 1912 aus dem Zug stieg, hatte Akron ungefähr 80 000 Einwohner. Acht Jahre später, im Jahr 1920, lebten und arbeiteten über 210 000 Menschen in der Stadt. Kurz gesagt lebten innerhalb der Grenzen der Stadt Akron mehr als doppelt so viele Menschen wie in ganz Clearfield County.[35]

Die acht Tozers erlitten bei ihrer Ankunft sicher einen Kulturschock, und nichts, das Zene ihnen hätte erzählen können, hätte sie auf ihr dicht besiedeltes und belebtes neues Zuhause völlig vorbereiten können. Trotzdem erging es ihnen viel besser als den meisten Neuankömmlingen. Zene und seine Frau nahmen sie in Empfang, hatten ein großes Haus für sie gemietet und vorbereitet und konnten ihnen alle Tricks und Kniffe beibringen, zum Beispiel wo man einkaufen konnte und wie man in verschiedenen Situationen zurechtkam. Außerdem sprachen sie im Gegensatz zu vielen anderen Zuwanderern alle Englisch.

Innerhalb weniger Tage hatte Zene seinem Vater, Essie und Aiden geholfen, Arbeit zu finden. Jake ging mit Zene zur Arbeit bei der B. F. Goodrich Reifen- und Gummifabrik, wo er an einem Tag mehr Geld verdiente als in einem Monat auf dem Bauernhof. Essie bekam eine Stelle bei Quaker Oats. Aiden, der immer die ausgefalleneren Wege einschlug, sicherte sich schon bald eine Stelle bei der *Vicksburg and Pacific*-Eisenbahnlinie. Indem er auf Kommissionsbasis den Passagieren Süßigkeiten, Erdnüsse und Bücher verkaufte, konnte er einen beträchtlichen Teil Amerikas aus dem Blickwinkel eines Eisenbahnpassagiers erkunden. Eine Saison lang befriedigte diese Verkaufstätigkeit sein Fernweh. Und auch wenn er immer von vielen Menschen umgeben war, konnte er in der Menschenmenge ein Einzelgänger sein. Eigentlich verbrachte er mehr Zeit mit Lesen als mit Verkaufen. Daher währte dieses Leben, bei dem er lesen und von der relativen Einsamkeit eines Schienenfahrzeugs aus das Land entdecken konnte, auch nicht lange. Er hasste es, auf Leute zuzugehen und sie zu fragen, ob sie seine Waren kaufen wollten. Der Großteil seines Erlöses stammte sogar von Kunden, die auf ihn zukamen. Deshalb endete Aidens Karriere als Verkäufer nach wenigen Monaten, und er fing an, bei B.F. Goodrich in der Nachtschicht zu arbeiten. Dort verrichtete er auf Stundenlohnbasis die monotone Aufgabe, groben Gummi von Hand in kleine Stücke zu schneiden, die dann für die Weiterverarbeitung in der Reifenherstellung eingeschmolzen wurden.[36]

Diese Arbeit erwies sich zwar als langweilig, doch sie hatte auch gute Seiten. Während er den Gummi schnitt, konnte er einen Gedichtband vor sich aufstellen und Strophen auswendig lernen. Außerdem verdiente er so viel, dass er die Familie unterstützen konnte und trotzdem noch einen kleinen Betrag für eigene Belange zur freien Verfügung hatte. Und da er nun nicht mehr auf dem Bauernhof war und nicht mehr in einem Zug leben und nachts arbeiten musste, hatte Aiden mehr Freizeit als seit Jahren. Da er stets wissbegierig war, schrieb er sich bei einer Highschool ein. Doch dieses Streben nach offizieller Bildung war nur von kurzer Dauer. Er fand den Unterricht und die Klasse langweilig und kam zu dem Schluss, dass er mehr lernen könne, wenn er allein Bücher las.[37]

Aidens autodidaktische Bildung setzte sich nicht nur aus Büchern und dem Leben in einer Industriestadt zusammen. Sein Intellekt erhielt wertvolle Anregungen durch regelmäßige Zusammentreffen mit einer Menge Essensgäste, die seit dem Frühjahr 1913 zwei Mahlzeiten pro Tag mit der Familie Tozer einnahmen. Damals hatte die Familie gefunden, was Essie als »wieder ein richtiges Zuhause« bezeichnete. Im März, nach fünf Monaten in ihrem ersten Haus in der Laurel Street, ließen sintflutartige Regenfälle einen nahegelegenen Teich überlaufen. Aus Angst, noch einmal ihr Haus und ihren Besitz zu verlieren, zogen die

Tozers bei einer großzügigen Frau ein, deren Haus etwas höher gelegen war. Auch wenn das Wasser dort nie höher stieg als bis zur Veranda, war dies ein Alarmsignal für die Tozers, die durch das Erlebte übervorsichtig geworden waren. Bald fanden sie ein größeres Haus, das sie mit dem Erlös aus dem Verkauf des Bauernhofs erwarben. Ihr neues Zuhause lag im Osten von Akron in der Nähe der Fabrik *Goodyear Tire and Rubber Company*. Das war vorteilhaft für Jake, der bereits von der Firma Goodrich zu Goodyear gewechselt war. Auch wenn andere Familienmitglieder jetzt länger mit der Straßenbahn pendeln mussten, hatte niemand etwas dagegen, vor allem, da sich ihr neues Haus als recht geräumig und komfortabel erwies. Außerdem stellte es eine unerwartete zusätzliche Einkommensquelle dar.

In dieser Gegend gab es viele alleinstehende Arbeiter, die bei Goodyear tätig waren. Als mehr Fremde zuzogen, wurden ständig Unterkünfte gesucht. Kurz nachdem die Tozers sich eingelebt hatten, klopften zwei Männer aus dem ländlichen West Virginia an die Tür und fragten, ob die Tozers ein Zimmer zu vermieten hätten. Die Tozers hatten tatsächlich ein freies Zimmer, das sie daher an diese Männer vermieteten. Diese fragten auch an, ob sie ihre Mahlzeiten mit der Familie einnehmen könnten, denn – wie sie es ausdrückten – das Essen in der Gaststätte ließ sich mit Hausmannskost einfach nicht vergleichen. Prude hatte ein weiches Herz für die aus ihrer Heimat verpflanzten Männer, und außerdem brauchte sie das Geld. Deshalb willigte sie ein, die Mieter zweimal pro Tag mit der Familie essen zu lassen. Nach Essies Erinnerung bot das Haus der Tozers »eine gute Küche, weshalb auch andere anfingen, sich nach Mahlzeiten zu erkundigen ..., [und] bald war das Haus zu Essenszeiten übervoll von Essensgästen.«[38]

Nicht die gesamte Familie Tozer aß gemeinsam mit diesen Arbeitern. Prude schützte ihre Töchter und deren Privatsphäre, indem sie einen großen Vorhang über den Torbogen hängte, der den Wohnraum vom Esszimmer trennte. Sie und die Mädchen waren immer unter sich, während sie kochten und das Essen ins Esszimmer stellten. Die Männer warteten solange auf der Veranda und im Wohnzimmer. Wenn die Mahlzeit fertig war, rief Prude oder eine ihrer Töchter: »Die Suppe ist fertig!« Dann öffneten sie den Vorhang und zogen sich in die Küche zurück. Natürlich waren die Frauen nicht völlig isoliert von den Männern. Ein Bursche namens John Jefferson erhaschte flüchtige Blicke auf Essie, und sie bekannte, dass es für beide Liebe auf den ersten Blick war. Nach einer Zeit der Brautwerbung heirateten sie und zogen in eine Wohnung in der Nähe der Tozers.[39]

Vermutlich trug Aiden dazu bei, seine Schwester und den Essensgast zusammenzubringen, denn er hielt sich gerne bei den Arbeitern auf und aß mit ihnen. Besonders gerne hörte er den Gesprächen von Männern aus anderen Staaten zu. Essensgäste zu beobachten, wurde zu einem wichtigen Teil von Aidens Ausbildung. Sein Biograf James Snyder formulierte es folgendermaßen: »Diese Essensgäste boten dem jungen Aiden die Gelegenheit, Menschen zu taxieren – eine Fähigkeit, die er schnell entwickelte. In seinem späteren Leben schätzte er Menschen beinahe instinktiv und mit einer verblüffenden Treffsicherheit ein.«[40]

Das Haus der Tozers war noch mehr als eine Einkommensquelle, inoffizielle Schule für Aiden und Ehestifter für Essie; es wurde zu einem Wegweiser für Aidens frühes religiöses Leben. Es lag in einem Teil Akrons, in dem es mehrere Kirchen gab, und die Tozers lebten ganz in der Nähe einer Bischöflichen Methodistengemeinde, die Aidens erstes kirchliches Zuhause sein sollte.

Mehrere Wochen vor Aidens ersten Schritten in Richtung der *Grace Methodist Episcopal Church* ereigneten sich noch weitere wichtige Dinge. Es war Anfang 1915, ein paar Monate vor

Aidens achtzehntem Geburtstag. Er war allein unterwegs und hörte einen Straßenprediger Gottes Wort verkündigen. Diese Begegnung veranlasste ihn, in eine nahe gelegene Kirche hineinzugehen. Tozer erinnerte sich: »Ich hörte dort einen Mann eine Bibelstelle zitieren: ›Kommt alle her zu mir, die ihr müde seid und schwere Lasten tragt, ich will euch Ruhe schenken. Nehmt mein Joch auf euch. Ich will euch lehren, denn ich bin demütig und freundlich, und eure Seele wird bei mir zur Ruhe kommen.‹ Eigentlich«, fuhr er fort, »war ich nicht viel besser als ein Heide, jedoch mit einem spärlichen biblischen Hintergrund. Ich war sehr aufgewühlt, denn ich begann, Gottes gnädige Gegenwart zu fühlen und wahrzunehmen und anzuerkennen. Ich hörte seine Stimme – ganz schwach. Ich merkte, dass da ein Licht war – ganz schummerig.« Im Rückblick auf diesen Zeitpunkt der Erleuchtung gestand er: »Ich war immer noch verloren, doch Gott sei Dank kam ich näher. Der Herr Jesus weiß, dass heute solche unter uns sind, von denen er sagt: ›Du bist nicht weit vom Reich Gottes entfernt.‹« Ein paar Tage später, berichtete Tozer, »ging ich wieder einmal die Straße entlang. Ich blieb stehen, um einem Mann zuzuhören, der an einer Straßenecke predigte, und er sagte zu seinen Zuhörern: ›Wenn ihr nicht wisst, wie man betet, geht heim, setzt euch hin und bittet: »O Gott, sei mir gnädig, denn ich bin ein Sünder.«‹ Und genau das habe ich getan.«[41]

Aiden Tozer gab ganz allein auf dem Dachboden der Familie sein Leben Jesus Christus hin. Diese Zeit der Einsamkeit bewirkte zwar seine Erlösung, seinem Wachstum als Christ war sein Einzelgängertum jedoch nicht dienlich. Jahre später blickte Tozer zurück und gab zu, dass er in seinem Leben mit Christus nicht unmittelbar vorankam. Im Gegenteil, obwohl »ich mir wünschte, ich wäre gleich vorwärts gegangen, ... tat ich das nicht, und die meisten von uns tun das auch nicht. Wir schlagen auf unserem Weg gen Himmel einen Zickzackkurs ein, statt einen geraden

Weg zu nehmen. Das tut mir leid. Ich will mich nicht dafür rechtfertigen, aber ich versuche, es zu verstehen.«[42]

Tozer hat nie erklärt, warum er bald wieder vom Glauben abkam. Es gibt nur spärliche Hinweise auf die Ursachen, doch seine Einsamkeit war wohl ein entscheidender Faktor. »Ich bekehrte mich durch Gottes Gnade, als ich siebzehn Jahre alt war, und es gab keinen weiteren Christen in meiner Familie.«[43] Das ist schon für reife Menschen ein schwieriges Umfeld, und Tozer war erst ein Teenager. Zum deutlichen Bruch kam es, als Tozer einen Kumpel aus seiner Kindheit in Clearfield County wiedertraf. Dieser Junge schlug vor – offensichtlich ein bisschen wie Mark Twains Huck Finn –, ihre Arbeit, Familien und die Zivilisation hinter sich zu lassen und auf einem Floß den Fluss Ohio River hinunterzufahren. Sie brachen auch tatsächlich auf, ohne ihre Arbeitsstellen zu kündigen oder daran zu denken, sich von ihren Familien zu verabschieden.

Der Ohio River führt im Frühjahr viel Wasser und hat tückische Strömungen. Selbst erfahrene Schiffer behandeln ihn mit größtem Respekt. Doch der achtzehnjährige Aiden und sein Kindheitsfreund waren auf ihre Reise bedauerlicherweise schlecht vorbereitet. Auch wenn sie einige Erfahrung auf dem westlichen Arm des Susquehanna River hatten, waren die beiden Teenager den Anforderungen des Ohio River nicht gewachsen. Irgendwo in der Nähe der Grenze zwischen Ohio und West Virginia legten sie mit einem Floß ab. Sie waren erst wenige Stunden auf ihrer Reise nach Süden unterwegs, als das Floß kenterte und beide Jungen beinahe ertranken.[44]

Aiden und sein Freund hielten es auf dem Ohio River nicht so lange aus wie Huck Finn auf dem gewaltigen Mississippi. Aber wie Huck aus Missouri hatten auch Aiden und sein Kumpel eine Lektion gelernt, die einem Teil ihrer jugendlichen Unschuld ein Ende setzte. Die zwei Pennsylvanier machten sich langsam auf den Rückweg nach Ohio. Wir wissen zwar nicht, wie die Geschichte für Aidens Freund weiterging, doch wir wissen, dass der junge Tozer schließlich wie der verlorene Sohn von seinem Abenteuer heimkehrte. Er entschuldigte sich bei seiner Familie und besorgte sich schon bald eine neue Arbeitsstelle bei der näher gelegenen Firma Goodyear.

Die Irrwege des Herumpilgernden endeten mit dem Vorfall auf dem Ohio River, und er beschloss bald, sich einer christlichen Gemeinschaft anzuschließen. Im Blick hatte er die *Grace Methodist Episcopal Church*, scheinbar aus keinem anderen Grund, als dass sie in der Nähe seines Hauses lag. Im Rückblick ist es offensichtlich, dass der Heilige Geist Aiden dorthin geleitet hat. Doch selbst dieser Schritt im christlichen Glauben ließ sich nicht ohne Schwierigkeiten verwirklichen. Essie erinnerte sich, dass Aiden seiner Mutter von seinem Wunsch erzählte, in die Kirche zu gehen. Doch sie räumte ein: »Er war zu schüchtern, um alleine zu gehen.« Offenbar wollte niemand den frisch gebackenen Christen begleiten, weshalb »die kleine Margaret, die damals zehn Jahre alt war, angezogen und mitgeschickt wurde.« Auch dies erwies sich als Vorsehung. »In der Methodistengemeinde gab es eine gläubige, fromme Frau, die sich für die beiden interessierte. Sie hatte selbst eine kleine Tochter«, was ein natürlicher Berührungspunkt zwischen ihnen wurde.[45]

Die mütterliche Fürsorge dieser Heiligen, deren Name seit Langem vergessen ist, kam gerade richtig zu einer kritischen Zeit. Tozer hatte diese Tage als schwierig in Erinnerung. Da es keine weiteren Christen in der Familie gab und zum Frühstück und Abendessen jede Menge Essensgäste da waren, »hatten wir ein Haus, das ständig voller Menschen war, und was meinen Glauben anging, war ich doch völlig allein. Ich darf nicht den Eindruck erwecken«, erinnerte er sich ehrlich, »dass ich so edel durchhielt wie Stephanus in der Apostelgeschichte, aber ich hielt durch – und es war hart. Niemand sonst wollte in die Kirche gehen. Niemand sonst wollte vor dem Essen beten. Niemand wollte die Bibel lesen. Aber durch Gottes Gnade«, fuhr er fort, »hielt ich alleine durch, und ich habe Gott immer für die Folgen danken können.« Es geschah nicht schnell, aber »meine Mutter und mein Vater bekehrten sich beide, ebenso zwei meiner Schwestern. Ein Schwager bekehrte sich vor seinem Tod, und mehrere andere lernten den Heiland kennen.«[46]

Aiden ging auf seinen neunzehnten Geburtstag zu, als die Frau, die versuchte, ihn und Margaret im Glauben zu stärken, gedrängt wurde, die Methodistengemeinde zu verlassen, weil sie nach Meinung einiger Mitglieder »fanatisch« war. Aiden und Margaret behielten daher ein Bein in der Methodistengemeinde (wo er Ada Pfautz kennenlernte, die eines Tages seine Frau werden sollte) und ein Bein draußen auf der Suche nach der Gemeinde, in der sie sich zu Hause fühlten. Gelegentlich besuchte Aiden eine nahe gelegene Gemeinde der *Christian Church*, und der dortige Pastor drängte ihn, sich im Gehorsam gegenüber Christus taufen zu lassen. Innerhalb weniger Monate wurden er und Margaret von ihrer ehemals methodistischen Freundin und deren Tochter zu der Gemeinde der *Christian and Missionary Alliance Church* in der Locust Street geführt, wo man den Eifer der Dame für den Herrn Jesus Christus eher teilte als ablehnte. Diese Gläubige, die maßgeblich daran beteiligt war, Aiden in das Leben einer Kirchengemeinde zu integrieren, kam zu der Überzeugung, dass ihre neu entdeckte Gemeinde ein besonderer Ort war – und ein Ort, an dem Aiden die geistliche Fürsorge erhielt, die er ihrem Eindruck nach brauchte, aber noch nicht gefunden hatte. Aiden besuchte also die *Alliance Church*. Auch war sie nicht weit von seinem Haus entfernt. Umgehend »nahmen ihn mehrere der Männer unter ihre Fittiche und luden ihn ein, mit zu ihren Straßeneinsätzen zu kommen, ... um sein Zeugnis zu geben.«[47]

Der umherirrende junge Christ hatte endlich ein kirchliches Zuhause gefunden. Er hatte nicht nur einen Ort, an dem er wirklich Freude an der Anbetung hatte, sondern traf in Pastor Samuel M. Gerow auch auf einen Pastor, der Christus liebte und ihm nachfolgte. Dieser Hirte merkte schnell, dass Aiden ein junger Mann war, den er unter seine Fittiche nehmen sollte. Einem jungen Prediger zufolge, der Gerow kannte und Tozer 1919 kennenlernte, war dieser Allianz-Mann ein »herausragender Prediger und Pastor«, der vielversprechenden jungen Männern zur Seite stand und »ihnen beibrachte, wie man auf der Straße, im Gefängnis und bei Missionseinsätzen Zeugnis gibt und predigt.«[48]

Gerow sah in Tozer einen jungen Mann von ungewöhnlichem Intellekt und wachem Geist, der zudem zielgerichet und lernwillig war. Der Pastor nahm Tozer unter seine Fittiche und brachte ihm bei, wie man die Bibel studiert, wie man die ganze Bedeutung des Textes erfasst und diese dann deutlich und einfach predigt und lehrt. Er prägte seinem jungen Schüler auch ein, sich durch das Gebet demütig auf den Herrn zu verlassen. Von Gerow lernte Tozer, dass das Gebet eine Bibelstelle erhellt, dass es die Herzen der Zuhörer vorbereitet und dass es die Macht des Herrn freisetzt, sein Königreich jetzt und bis zu Jesu Rückkehr zu verwirklichen. Gerow war derjenige, der Tozer erstmals die biblischen und theologischen Grundlagen der *Christian and Missonary Alliance (CMA)* nahebrachte: Christus ist der Erlöser, er ist derjenige, der uns heilig macht, der Heiler und der kommende König. Diese christozentrische Grundlage der CMA erwies sich als das Wasser, das Tozer gesucht hatte, um den Durst seiner Seele zu stillen. Gerow stellte schnell fest, dass Tozer sehr gerne las und machte ihn mit den Werken des Gründers der CMA, Albert B. Simpson, bekannt. Neben der Bibel waren Simpsons

Bücher diejenigen, die Tozers Seele in den Entwicklungsjahren am stärksten nährten. Von besonderer Bedeutung waren dabei *The Life of Prayer* (Das Gebetsleben) und *The Holy Spirit* (Der Heilige Geist).

Die persönliche Anleitung von Gerow, die Bücher von A.B. Simpson und die frühen Gelegenheiten, Zeugnis zu geben und evangelistische Ansprachen zu halten – alles durch die Führung des Heiligen Geistes ausgeführt –, machten es möglich, dass A.W. Tozer den Ruf vernahm, sein Leben mit dem Predigen über den Herrn Jesus Christus zu verbringen.

Man erliegt leicht der Versuchung, das Leben von A.W. Tozer nach seiner Bekehrung und Berufung zum Prediger sauber und geordnet darzustellen. Die Wahrheit war jedoch sehr viel komplizierter. Wie die meisten neuen Christen konnte auch dieser junge Gläubige nur Tag für Tag herausfinden, was Gottes Wille war. Es gab viel Auf und Ab, Zeiten des Zögerns und der Verwirrung. Er bekam keine Visionen von dem Herrn. Wie er oft sagte: »Ich hörte seine Stimme – ganz schwach.«

Im Rückblick kann man Gottes Führung deutlich erkennen. Doch Tozer erlebte als eifriger, aber noch unreifer Christ viele Tage voll beunruhigender Unsicherheit. Das Thema der Gemeinde – oder Gemeinden – ist da ein offenkundiges Beispiel. Aiden und Margaret waren von einer Frau, die sie bewunderten, in die Methodistengemeinde geführt worden. Doch diese Frau musste sich unter hässlichen Umständen von der Gemeinde trennen. Das brachte die beiden jungen Christen sicherlich durcheinander. Über ein Jahr lang zog Aiden von einer Gemeinde zur nächsten. Inmitten dieser Reise wurde er zur *Christian Church* geführt, wo er sich taufen ließ.[49] Als er schließlich Samuel Gerow kennenlernte und unter seiner hilfreichen Anleitung die Berufung zum Prediger vernahm, konnte er sich immer noch nicht völlig von der *Grace Methodist Episcopal Church* lösen. Er wurde vielmehr Mitglied der methodistischen Kirche und blieb zumindest teilweise dort, obwohl er aufgrund der Erlebnisse seiner Freundin zwiespältige Gefühle gegenüber dieser Gemeinde hatte.

Jeder objektive Beobachter hätte Aiden Wilson Tozer für einen verwirrten jungen Mann halten können, der erst einmal erwachsen werden, eine Entscheidung treffen und an einem Ort heimisch werden musste, um dort Gott anzubeten und zu dienen. Doch der Herr ließ nicht zu, dass er sich von Gerow oder von der Methodistengemeinde trennte, denn es mussten, bildlich gesprochen, noch weitere Fäden in den Stoff seines Lebens hineingewoben werden. Tozer sollte sich letztlich auf die Seite von Gerow und der Allianz schlagen, doch er musste lang genug in der Methodistengemeinde bleiben, um eine Beziehung zur Familie Pfautz aufzubauen.[50]

Aiden W. Tozers über vierzig Jahre dauernder fruchtbarer Dienst wäre ohne seine Frau Ada Cecelia und ihre Mutter Kate Browning Pfautz undenkbar gewesen. Ada kam am 23. September 1899 in einer »halb ländlichen Gegend« in der Nähe von Marietta in Ohio zur Welt.[51] Der Bauernhof der Familie Pfautz lag am linken Ufer des Ohio Rivers gegenüber der Grenze zu West Virginia. Der Hof stand auf fruchtbarem Land und lag in der Nähe einer Stadt, die ausreichend Dienstleistungsangebote und Bildungsmöglichkeiten bot. Ada wurde als siebtes von acht Kindern in einem Blockhaus geboren.

Adas Vater Jacob stammte von deutschen und schweizerischen Eltern ab und wurde in der konservativen Tunker-Gemeinschaft in pietistisch-mennonitischer Tradition erzogen. Als junger Mann verließ er seine Kirche und wurde daraufhin von seiner Familie enterbt. Er zog allein in das Tal des Ohio Rivers und lernte Kate Browning kennen, deren Familie an der Gründung der Stadt

Marietta beteiligt war. Kate war für die damalige Zeit und ihren Teil des Landes eine außergewöhnlich gebildete Frau. Ihre Eltern sorgten dafür, dass all ihre Kinder mindestens die Highschool besuchten. Kate hatte einen exzellenten Verstand, erbrachte in der Schule gute Leistungen und entwickelte ein großes Interesse für Poesie. Sie war selbst sehr belesen und veröffentlichte Dutzende ihrer eigenen Gedichte in Regionalzeitungen.[52]

Anscheinend stand Ada Cecelia Pfautz ihrer Mutter näher als ihrem Vater. Die Briefe, die sie in den 1970er-Jahren als Antwort auf Fragen über ihr Leben vor ihrer Hochzeit schrieb, stecken voller Erinnerungen an ihre Mutter. Von ihrem Vater ist dagegen wenig die Rede. Ada erinnerte sich, dass »an der Ecke des Bauernhofs unserer Familie [in Ohio] eine kleine Methodistengemeinde war, die Mutter und ich besuchten, weil sie in der Nähe war. Während einer Erweckungsversammlung mit Herrn [William Edward] Biederwolf gab ich dem Herrn mein Leben und mein Herz.«

Kurz nach Adas Bekehrung zog ihre Familie nach Akron. Wie die Tozers waren sie auf der Suche nach einem besseren Leben fern von der Mühsal der nicht mechanisierten Landwirtschaft. Jacob fand eine Stelle bei dem Reifenhersteller Goodyear. Eine Weile lebte die Familie in dem Viertel Goodyear Heights in einem Haus, das ihr Sohn John, der schon vor ihnen nach Akron gezogen war, der Firma Goodyear abgekauft hatte. Es lag ganz im Osten von Akron in der Nähe der Tozers, und Kate Pfautz und ihre Tochter Ada konnten zu Fuß zur *Grace Methodist Episcopal Church* gehen.

Ada erinnerte sich sehr gut an den Sonntag, als sie sich der *Grace Church* anschloss. Anscheinend wurde jedes neue Mitglied von jemandem, der bereits Mitglied war, Arm in Arm nach vorne geführt. »An dem Sonntag, als ich der Gemeinde beitrat [traf ich Aiden Tozer zum ersten Mal]. Er war Platzanweiser, und er begleitete mich nach vorne. Ich war ein naives Mädchen vom Lande, und es war mir peinlich, mit ihm zu gehen. Und ich sagte zu einem Mädchen, neben dem ich saß: ›Das war schlimmer als eine Hochzeit.‹ Das hörte er.«

Damals war sie fünfzehn, und er war etwas mehr als zwei Jahre älter als sie. Ein paar Wochen später »war die Jugendgruppe zu einem netten Sonntagnachmittag in der Kirche eingeladen. Ich ging mit meiner Freundin hin, und dort wurde ich Aiden Tozer offiziell vorgestellt.« Sie schrieb: »Ach, war er ein gut aussehender, adretter junger Mann.« Nach dem Mittagessen und der Bibelstunde begleitete Aiden Ada nach Hause. Ada sagte, ihre Mutter »hatte gebetet, dass ich einen christlichen jungen Mann kennenlernen würde und freute sich, ihn kennenzulernen.«

Kate Pfautz fand sofort Gefallen an dem großen, schlanken jungen Mann mit dem dichten Haar, großen Händen und Füßen, einem tiefen Grübchen in seinem Kinn und durchdringenden klaren Augen. Sowohl sie als auch Ada freuten sich sehr darüber, dass er von nun an oft bei ihnen vorbeikam. Ada sagte, ihre Mutter »betete jedes Mal mit ihm, wenn er mich besuchte, und ich bin mir sicher, dass [sie] ein Leitstern war, der ihn dazu führte, den Willen des Herrn für sein Leben herauszufinden.«[53]

Frau Pfautz wurde bald Aidens geistliche Mutter. Ehe sich die Methodisten wegen der Doktrin der Geistesgaben spalteten, war sie pfingstlerische Methodistin. Sie hörte ihm zu, betete mit ihm und teilte ihre Bücher aus ihrer ansehnlichen Bibliothek mit ihm. Aiden selbst berichtete, wie der Herr Kate Pfautz gebrauchte, um ihn zu unterweisen und zu ermutigen. Eine seiner mächtigsten frühen Erfahrungen mit dem Heiligen Geist hatte er während einer Gebetszeit mit ihr. Viele Jahre später erinnerte er sich: »Ich war neunzehn Jahre alt, betete ernsthaft und kniete im vorderen Zimmer im Haus meiner Schwiegermutter, als ich mit einer ge-

Ada Cecelia und Aiden W. Tozer zur Zeit ihrer Heirat 1918

waltigen Gabe des Heiligen Geistes getauft wurde. Mich hatte nach Gottes Willen verlangt, und ich hatte mit nahezu allen Gruppen und ›-ismen‹ mit ihren Formeln und Theorien und Lehren zu tun gehabt.« Weiter beschrieb er die Bedeutung dieser gesegneten Zeit:

> Sie hatten versucht, es mir auszureden. Manche sagten, ich ginge zu weit; andere sagten, ich wäre nicht weit genug gegangen. Doch lassen Sie mich Ihnen versichern, dass ich weiß, was Gott für mich und in mir getan hat und dass nun nichts Äußeres mehr wirklich wichtig war. Verzweifelt machte ich einen Glaubenssprung weg von allem Unwichtigen hin zu dem, was am wichtigsten ist – vom Geist des lebendigen Gottes beherrscht zu sein!
>
> Und jede winzige Tat, die Gott je durch mich und durch meinen Dienst für ihn getan hat, geht zurück auf jene Stunde, als ich mit dem Geist erfüllt wurde.[54]

Zweifellos war Aiden Wilson Tozer aus vielen Gründen in der

Methodist Episcopal Church in der Market Street im Osten Akrons geblieben. Doch von äußerster Wichtigkeit ist, dass er dort eine Frau kennenlernte, die ihn als erster Mensch in das tiefere geistliche Leben führte. Sie ermutigte ihn auch in seinem frühen Dienst und erteilte ihm begeistert ihren Segen, als er um Adas Hand anhielt.

Ada Pfautz Tozer schrieb: »A. W. und ich heirateten am 26. April 1918. Er war seit sechs Tagen einundzwanzig«, und sie war noch nicht ganz neunzehn.[55] Ungefähr drei Jahre waren sie miteinander ausgegangen. Ada war eine attraktive junge Frau mit schönem braunen Haar, eleganten Augenbrauen und auffallenden Augen, in denen sich ihr glänzender Geist zeigte. Wie ihre Mutter war sie mehr als bloß intelligent. Sie war gebildet, selbstsicher und hatte eine viel ausgefeiltere Redeweise und bessere Manieren als Aiden. Da sie von einer geisterfüllten Mutter erzogen worden war, wies sie sicherlich eine größere geistliche Reife auf als ihr junger Ehemann. Im Rückblick auf ihre Zeit der Freundschaft schrieb Ada: »Da Aiden im Glauben noch neu war und nur eine geringe Schulbildung hatte, war er ganz von dem Herrn abhängig.« Mit der Führung und Salbung des Geistes ging er mit einem Schwager »ein paar Wochen zu den Leuten in den Bergen« in West Virginia. Gott legte seinen Segen auf die Predigten und »viele sagten, sie seien gerettet oder wiedergeboren worden.«[56] Sie erinnerte sich ehrlich daran, dass »sein Englisch sehr schlechtes, reines Pennsylvanisch war, und er benutzte natürlich viele umgangssprachliche Ausdrücke.« Doch diesen »Leuten in West Virginia fiel das nicht auf.«[57]

In den zwei Jahren vor ihrer Hochzeit gab es mindestens zwei Menschen, die sich eifrig darum bemühten, A. W. Tozer Türen zu öffnen, damit er predigen und lehren konnte. Zum einen nahm ihn Samuel Gerow mit zur Stadtmission und zu Straßeneinsätzen, außerdem öffnete Frau Kate Pfautz ihr Haus für Versammlungen und holte Aiden als Redner dazu. Ada sagte: »Meine Mutter ... hielt ständig Versammlungen ab, sobald sie eine Gruppe von Menschen zusammenbringen konnte. Sie freute sich sehr darüber, dass ich einen christlichen jungen Mann gefunden hatte, und sie ließ ihn Andachten bei Gebetsversammlungen halten, wann immer sie die Leute zusammenbrachte.«[58]

Mindestens ein Jahr vor der Hochzeit sammelte Frau Pfautz Geld, um eine Gemeindegründung in Newton Heights voranzutreiben, einem neuen Arbeiterviertel in der Nähe von Goodyear Heights. Aiden unterstützte sie bei dieser Anstrengung und übernahm einen Teil der Predigten. Bezeichnenderweise erfolgte dieser Einsatz mit einem Team aus Samuel Gerows Gemeinde. Daran zeigt sich, dass sich Kate Pfautz 1917 bereits im Umfeld der *Christian and Missionary Alliance* bewegte, wo innere und äußere Mission sowie der Einsatz der Geistesgaben ernster genommen wurden als in ihrer Heimatgemeinde in der Market Street.[59]

Als Ada und Aiden im April 1918 heirateten, waren die scheinbar losen Fäden des Lebens von mehreren Menschen zu einem außergewöhnlich schönen und brauchbaren Stoff verwoben worden. Aus dem Jungen, der aus den Ausläufern der Alleghenies nach Akron kam und zunächst auf der *Vicksburg and Pacific*-Eisenbahnlinie Erfrischungen verkaufte und ohne Gott durch die Straßen ging, war innerhalb von weniger als sechs Jahren ein Mensch geworden, der Frieden mit Jesus Christus gefunden hatte und zum Prediger berufen wurde. In kaum mehr als einem halben Jahrzehnt fand er zahlreiche Gelegenheiten zum Predigen und war kein isolierter Christ mehr, sondern wurde Teil von zwei ganz unterschiedlichen Kirchengemeinden, wo er Mentoren, Freunde, eine geistliche Mutter und eine wunderschöne Frau fand.

Kurz nachdem sich das junge Paar das Eheversprechen gegeben hatte, hatte Aiden so viele Gelegenheiten zu predigen, dass er kaum noch Zeit und Kraft für seine Arbeit bei Goodyear aufbringen konnte. Vielmehr hatten er und Ada das Gefühl, dass Gott ihn möglicherweise zu einer hauptamtlichen Tätigkeit als Evangelist berief. Gottes Führung schien noch deutlicher zu werden, als Aiden in die Hügel von West Virginia eingeladen wurde, um eine unbefristete Reihe von Erweckungsversammlungen durchzuführen.

Folglich kündigte Aiden Ende August bei Goodyear. Dann verabschiedete sich das hübsche und hoffnungsvolle Paar von seiner Familie und machte sich mit dem Zug auf in die ländlichen Städte in der Umgebung von Clarksburg in West Virginia. Die Strecke war ihnen beiden vertraut. Sie fuhren Richtung Süden nach Marietta in Ohio, wo Ada aufgewachsen war, und reisten dann weitere siebzig oder achtzig Kilometer nach West Virginia in die Gegend, in der Aiden ein Jahr zuvor gepredigt hatte.

Schon kurz nach Beginn der Versammlungen im August stellten Ada und Aiden Tozer einmal mehr fest, dass Gottes Wege anders sind als menschliche Wege. Mitten in einer fruchtbaren Erweckung, während sie sich an dem freuten, was einer Hochzeitsreise am nächsten kam, brach ihre kleine Welt zusammen. Aiden erhielt die Meldung, dass er sich bei der Armee zum Dienst melden sollte, um seinen Beitrag an den Anstrengungen der Amerikaner im Ersten Weltkrieg zu leisten.

Diese Nachricht war schlimm genug. Doch da es mehrere Tage gedauert hatte, seine Einberufung von Akron in einen entlegenen Teil von West Virginia weiterzuleiten, musste er sich bereits am nächsten Tag in Chillicothe in Ohio bei der Armee melden.

Diese überraschende Einberufung zum Wehrdienst war bloß der erste Teil einer Reihe von schmerzhaften Herausforderungen, die auf die Frischvermählten warteten.

Kapitel 4
»Ich hatte meine erste furchtbare, wunderbare, hinreißende Vision von Gott«
Gottes Willen erkennen
(1918–1928)

Das junge glückliche Paar war zu einer Reise aufgebrochen, von der es sich verspätete Flitterwochen erhofft hatte. Doch weniger als eine Woche später brachten Verwirrung, Ärger und Angst ihr Leben durcheinander. Nachdem sie sowohl ihre Erwerbstätigkeit als auch Familie und Freunde hinter sich gelassen hatten, machten sich Ada und Aiden im Glauben auf, um eine Reihe von Erweckungsversammlungen in Mount Pleasant in West Virginia zu halten. Da sie den Großteil ihres Geldes für die Zugfahrkarten ausgegeben hatten, gingen sie davon aus, dass sie in Gottes Willen lebten, und vertrauten darauf, dass er sich um künftige Bedürfnisse kümmern würde.

Ein an Aidens Anschrift in Akron adressierter Brief erreichte ihn schließlich am 4. September 1918, ungefähr fünf Tage nach ihrer Ankunft in West Virginia. In dem Brief von der Bundesregierung wurde Tozer aufgefordert, sich am 6. September bei einer Meldestelle in Akron zu melden, von wo aus er für seine Grundausbildung zum Armeelager Camp Sherman in Chillicothe in Ohio gebracht werden sollte.

Fünfundfünzig Jahre später erinnerte sich Ada Tozer an diesen niederschmetternden Schicksalsschlag, der sie beide betäubte und durcheinanderbrachte. Die Einberufung zur Armee war sicherlich schlimm genug, doch die Begleitumstände machten ihre missliche Lage noch schlimmer. Eine solche Trennung war an sich schon herzzerreißend, doch die Tozers hatten beinahe ihre gesamten Ersparnisse darauf verwendet, dem Ruf nach West

Virginia zu folgen. Es war noch keine Kollekte eingesammelt worden, und das überraschte Paar hatte nicht genug Geld, um zurück nach Akron zu gelangen. In einer wohlhabenden Gemeinde oder auch einer Großstadt hätte es wohl vermögende Menschen gegeben, die kurzfristig hätten einspringen können. Doch die Landbevölkerung in den Bergen West Virginias im Jahr 1918 war arm, und die meisten von ihnen mussten wie die Tozers Tag für Tag von der Hand in den Mund leben. Ada hatte jenen Tag folgendermaßen in Erinnerung:

> Plötzlich erhielt er den Befehl, sich von Akron aus auf den Weg zu einem Armeelager in Chillicothe in Ohio zu machen. Wir hatten kein Geld, um nach Hause zu gelangen, aber irgendwie brachte die Gemeinde genug zusammen, um uns heimzuschicken. Zunächst sah es aus, als ob ich dort zurückbleiben müsste, aber ich sagte, ich müsse mit ihm zu meiner Mutter gehen. Ich war noch immer erst 18 Jahre. Ich glaube, er musste sich am nächsten Morgen melden.[60]

Die verstörten Tozers wurden von Mount Pleasant nach Clarksburg gefahren, wo sie einen Zug nach Ohio bestiegen. Ada erinnerte sich, dass sie eine »furchtbare Nacht« hatten und die ganze Nacht im Zug und auf einer Polizeiwache in Kenowa in Ohio aufblieben.[61] Am nächsten Tag kamen sie in Akron an – erschöpft, hungrig und völlig verwirrt bezüglich dessen, was sie für Gottes Ruf in den evangelistischen Dienst gehalten hatten. An einem Bahnhof der Eisenbahnlinie »Baltimore and Ohio« trennten sich die beiden tief betrübt. Aiden eilte zur Meldestelle, und die mittellose Ada ging zu ihrer Mutter, wo sie eine Unterkunft und Verpflegung bekam.[62]

Während Ada bei ihrer Familie wohnte, im Haus mit den Pensionsgästen aushalf, Arbeit suchte und versuchte, Ordnung in ihre verwirrten Gefühle zu bringen, wurde Aiden in aller Eile nach Camp Sherman gebracht, was außerhalb von Chillicothe in Ohio gelegen war, etwa siebzig Kilometer nördlich der Grenze zu Kentucky.

Aiden W. Tozer gehörte zu den vierundzwanzig Millionen amerikanischer Männer, die zwischen 1917 und 1918 gemustert wurden. In Europa wütete der Krieg bereits seit August 1914, und Amerika wollte sich eigentlich aus dem Konflikt heraushalten. Doch bereits im Mai 1915 geriet die amerikanische Neutralität in Gefahr, als die Deutschen ein britisches Schiff, die Lusitania, versenkten, wobei unter den 1198 Opfern auch 128 Amerikaner waren. Später deckte der Geheimdienst mehrere Spionageversuche der Deutschen in den Vereinigten Staaten auf. Diese erwiesen sich als mehr als bloße Gerüchte und heizten die Vorstellungen der Menschen an, die mit dem Schlimmsten rechneten. Tatsächlich ereigneten sich Explosionen an zwei Orten in New Jersey – in einem Waffenlager und einer Gießerei. Die Schadenssumme betrug mehr als zweiundzwanzig Millionen Dollar.

In Zorn gerieten die Amerikaner, als die Zimmermann-Depesche abgefangen und entschlüsselt wurde. In diesem Dokument, das der Öffentlichkeit am 1. März 1917 bekannt gemacht wurde, drängten die Deutschen Mexiko, im Kriegsfall die Südgrenze der USA anzugreifen. Bis 1918 wurden 2 810 000 Mann eingezogen, um das stehende Heer der USA zu verstärken, das mit 132 000 Mann so klein war, dass es weltweit nur an siebzehnter Stelle stand. Auch wenn die Einheiten der Nationalgarde zusätzlich 139 000 Mann stellten, bestanden diese meist aus schlecht ausgebildeten und ausgerüsteten Zivilisten ohne große staatliche Aufsicht. Abgesehen von einer großen und modernen Marine und einer gut ausgebildeten Marineinfanterie (die jedoch in verschiedenen Kolonien und Krisengebieten über den Globus verstreut war), waren die Vereinigten Staaten schlecht darauf vorbereitet, in den verheerendsten Krieg in der Weltgeschichte einzutreten.[63]

Aiden Tozer war einer dieser knapp drei Millionen Wehrpflichtigen, die einberufen wurden, um ein Teil der amerikanischen Expeditionsstreitkräfte zu werden, die den Briten und Franzosen zum Sieg über die Deutschen verhelfen sollten. Er, der glaubte, er sei zu einem hauptamtlichen evangelistischen Dienst berufen, durchlief nach seiner Einberufung am 6. September 1918 eine mehrwöchige Grundausbildung in Camp Sherman und blieb dann als Mitglied einer Artilleriekompanie dort. Dem Gefreiten Tozer, Identifikationsnummer 3861239, blieb wenig Zeit, um sich mit seinen gescheiterten Träumen und Gefühlen auseinanderzusetzen. Er war einer Kaserne für Rekruten und später einer Kaserne für Artilleriesoldaten zugeteilt und wohnte unter Tausenden von Soldaten, die in zweitausend provisorisch errichteten Holzbehausungen untergebracht waren. Tozer arbeitete vom Sonnenaufgang bis zum Sonnenuntergang; er marschierte, rannte, kroch durch den Staub und schwitzte in schweren olivenbraunen Uniformen aus Wolle. Er aß genauso gut, wenn nicht besser als auf dem Bauernhof, auf dem er aufgewachsen war. Und er knüpfte dort an, wo er nur wenige Jahre zuvor auf dem Land in Pennsylvania aufgehört hatte – er baute lange vernachlässigte Muskeln wieder auf, arbeitete im Freien und hatte Freude daran, Gewehre an einem Schießstand abzufeuern. Auf dem Bauernhof hatte er viel geschossen, aber die Springfield 1903-Gewehre, die an die Rekruten ausgegeben wurden, waren jeder Schusswaffe überlegen, die er auf dem Land in Pennsylvania je gesehen hatte.[64]

Die Ausbildung zum Soldaten war so intensiv, dass Tozer keine freie Zeit hatte, um Ada zu besuchen. Doch kaum hatte er die Grundausbildung abgeschlossen und war einer Artilleriekompanie zugeteilt worden, als der Krieg auch schon zu Ende war. Die Truppen wurden umgehend aufgelöst und die Männer nach Hause geschickt.

Am 8. Dezember 1918, nur drei Monate nach seiner Meldung zum Dienst, war das Militärleben des Gefreiten Tozer wieder vorbei. Mit ein paar Dollar Sold in der Tasche und einem Paar hochwertiger neuer Schuhe kehrte er als Armeeveteran zurück nach Akron, wo er und Ada ihr gemeinsames Leben wieder aufnahmen und sich abermals Gedanken über Gottes Willen machten. Ada erinnerte sich, dass sie Weihnachten 1918 mit ihrer ganzen Familie feierte. Aiden wurde »kurz vor Weihnachten entlassen und kam nach Hause«.[65] Der Waffenstillstand war unterzeichnet, die Kämpfe in Europa hatten aufgehört, und die amerikanische Wirtschaft wirkte stabiler als in den letzten Jahrzehnten. Der anfängliche Sturm in Aidens und Adas Ehe hatte sich gelegt, und sie waren sich einig, dass Gott Aiden trotz der kurzen Verzögerung immer noch zum Prediger berief.

Kate Pfautz, die eine große Ermutigerin ihres Schwiegersohns war, machte sich unverzüglich daran, ihn in seinem Ruf zum Pastor zu bestärken. Ada erinnerte sich, dass ihre Mutter nach Aidens Heimkehr sofort als seine Fürsprecherin auftrat. Aiden »predigte bis Februar in Newton Heights, einer kleinen Missionsgemeinde, zu deren Gründung meine Mutter entscheidend beigetragen hatte.« Wie ihre Mutter war auch die junge Braut sehr stolz auf ihren predigenden Ehemann: »Ich fand ihn wundervoll, und ich ermutigte ihn, so viel ich nur konnte.« Sie räumte ein: »Sein Englisch war sehr schlecht ..., und er verwendete natürlich viele umgangssprachliche Ausdrücke.« Trotzdem »fiel es diesen Leuten nicht auf.«[66]

Dass die Mitglieder der kleinen Gemeinden keinen Anstoß an dem unerfahrenen, ungehobelten jungen Prediger mit ländlichen Umgangsformen nahmen, lag unter anderem daran, dass er aus demselben Holz geschnitzt war wie sie selbst. Akrons florierende Fabriken waren voller Menschen, die aus ländlichen Gebieten in Pennsylvania, Ohio, Kentucky, West Virginia und anderen umliegenden Staaten zugezogen waren. Dies war sein Menschenschlag; er sprach ihre Sprache und kannte ihre Gewohnheiten und Nöte. Er sagte ihnen auch gerne, dass er sie kannte und mochte, weil er aus einer ähnlichen Gegend kam. Jesus, so betonte er, kannte die Menschen, weil er zu ihnen kam und unter ihnen lebte und aus Fleisch und Blut und Knochen war wie wir alle. Tozer sagte gern, er sei berufen, um zu einfachen Leuten von Bauernhöfen und aus den Bergen zu predigen, weil »ich genau bin wie ihr.«[67]

Was die frisch gebackenen Stadtbewohner ansprach, berührte ebenso die Herzen und den Verstand der Leute, die immer noch in amerikanischen Kleinstädten und auf dem Land lebten. Als er vor seiner Hochzeit in West Virginia gepredigt hatte, hatte Tozer dort einen tiefen Eindruck hinterlassen. Auch die lieben Menschen, die tief in die Tasche griffen, um ihn und Ada im September 1918 zurück nach Akron zu schicken, hatten sich nach seinem sehr kurzen Einsatz bei der Zeltevangelisation stark von ihm angezogen gefühlt.

Tozers anscheinend übernatürliche Fähigkeit, die Seelen gewöhnlicher Leute zu erreichen, blieb auch von den Leitern der *Christian and Missionary Alliance* nicht unbemerkt. Der Pastor S. M. Gerow war seit 1916 Tozers Mentor gewesen und hatte ihn zu Straßeneinsätzen und kleinen Zeltversammlungen mitgenommen und dort predigen lassen. Gerow bewunderte die Arbeit seines Schützlings in der kleinen Missionsgemeinde, die Kate Pfautz gegründet hatte, und er stellte Tozer dem Pastor F. Bertram Miller vor, der eine kleine Kirchengemeinde in Kenton in Ohio betreute.

Miller fühlte sich berufen, jungen Männern den Einstieg als Prediger zu erleichtern. Deshalb holte er Tozer auf Gerows

Vorschlag Anfang 1919 nach Kenton, um eine Evangelisationsveranstaltung auf dem Gelände einer öffentlichen Schule durchzuführen. Tozer reiste bereitwillig nach Kenton, das über hundertsechzig Kilometer westlich von Akron lag, und arbeitete gut mit Miller zusammen. Im Predigen war er von S. M. Gerow unterrichtet worden, der laut Miller »*der* herausragende Prediger und Pastor« in Ohio war. Miller sagte, Tozer war nicht »das Produkt von irgendeinem College, einer Bibelschule oder einer theologischen Fakultät, sondern es zeigte sich schon bald, dass er viel und gerne las und lernte.« Miller staunte darüber, dass »sein Auftreten auf der Kanzel von Anfang an eindrucksvoll war, aber nicht extrem oder spektakulär. Er war positiv, biblisch und manchmal energisch und überzeugend.« Pastor Miller erinnerte sich an »wunderbare Gebetszeiten und Diskussionen« mit Tozer. Tozer »glaubte, dass alle verloren waren, wenn sie nicht unseren Herrn Jesus Christus als Erlöser kannten, und [er] rief in seinen Predigten zu einer Entscheidung auf.« Tozers »Gestik war einzigartig. Seine Predigten forderten Aufmerksamkeit«, sogar während dieses frühen Abschnitts seiner Karriere als Prediger.[68]

Daher ist es nicht verwunderlich, dass der Ruf dieses fähigen jungen Predigers die Aufmerksamkeit einer der einflussreichsten Führungspersönlichkeiten der CMA auf sich zog, des Pastors Dr. H. M. Shuman. Shuman war selbst ein hochgeschätzter Prediger und Lehrer und genau zu jener Zeit als Dekan für das Zentralgebiet der Vereinigten Staaten zuständig, während Aiden Tozer gerade auf eine Berufung wartete und eine schicksalhafte Folge von Ereignissen ihren Lauf nahm.

Die Geschichte von Tozers Berufung in die *Christian and Missionary Alliance* geht zurück bis ins Jahr 1916. Damals zog Robert J. Cunningham, ein ehemaliger Afrikamissionar, nach Clarksburg in West Virginia, um ein paar Meilen südlich dieser kleinen Stadt eine Gemeinde zu gründen. Wie die meisten

Allianz-Prediger jener Zeit war er ein begabter Evangelist, der ein Zelt aufstellte, kirchenferne Menschen einlud und eine Reihe von Seelen zu Christus führte. Innerhalb weniger Monate wurde ein kleines Gebäude mit nur einem Raum errichtet, und die *Stonewood Christian and Missionary Alliance Church*, ein wenig südlich von Clarksburg gelegen, öffnete ihre Pforten. 1919 vernahm Pastor Cunningham einen anderen Ruf. Folglich benötigte seine kleine junge Gemeinde einen neuen Pastor. Shuman und Cunningham meldeten sich bei Tozer und luden ihn ein, nach Nutters Fort in West Virginia zu kommen und eine zweiwöchige Reihe von Evangelisationsversammlungen durchzuführen. Diese Versammlungen boten sowohl den Leuten aus Stonewood als auch Tozer die Gelegenheit, sich gegenseitig zu beschnuppern und auf Gottes Führung wegen der unbesetzten Pastorenstelle zu hören.[69]

Als sich Cunningham und Shuman im Februar 1919 bei Tozer meldeten und ihn baten, für eine zweiwöchige Veranstaltungsreihe nach West Virginia zu kommen, arbeitete Tozer in Akron in der Nachtschicht in einer Gummifabrik. Tagsüber predigte er, wo immer es ihm möglich war. Tozer berichtete, dass er beim Predigen Gottes Wohlgefallen spürte. Tief in sich wusste er, dass er dazu geboren war. Daher spürte der junge Prediger, dass es Gottes Wille war, diese Gelegenheit wahrzunehmen.[70]

Dieser Ruf nach West Virginia erwies sich als Schlüsselerlebnis sowohl in Aidens als auch in Ada Tozers Leben. In seiner Folge zeigten sich zwei Verhaltensweisen, die die gemeinsamen fünfundvierzig Jahre der beiden prägen sollten. Erstens antwortete Aiden auf den Ruf mit einem überwältigenden Ja und begann eine hauptamtliche Karriere als Pastor und Prediger bei der *Christian and Missionary Alliance*, die bis zu seinem Tod im Jahr 1963 andauerte. Das zweite richtungsweisende Ereignis resultierte daraus, dass Tozer diesen Ruf annahm.

Tozers erste Pfarrstelle von Februar 1919 bis 1920.
Die *Stonewood Christian and Missionary Alliance Church*
in West Virginia

Offenbar sagte er Shuman und Cunningham zu, bevor er auch nur mit seiner Frau gesprochen hatte. Es war schmerzlich genug für Ada, dass er dies nicht mit ihr besprach, doch zu allem Übel ging Aiden in das Gebirge von West Virginia, ohne auf Adas finanzielle Nöte Rücksicht zu nehmen. Neunundfünzig Jahre nach dieser entscheidenden Berufung in den hauptamtlichen Dienst ihres Mannes als Pastor offenbarte Ada, wie tief der Schmerz war, der sie im Lauf der Jahre ständig wieder heimsuchte. Sie schrieb an R.W. Battles: »O ja, er reiste ab, ohne sich darum zu kümmern, dass ich bei meiner Mutter zurückblieb und arbeiten ging.«[71]

Nach wenigen Wochen wurde Ada es leid, neben Aidens Predigtdienst die zweite Geige zu spielen. Sie sagte: »Ich schrieb ihm eine Postkarte und teilte ihm mit, dass ich zu ihm kommen würde.« Er konnte sie vielleicht beiseiteschieben und über seinem erfüllenden Dienst vergessen, dass er dort oben in Akron eine Frau hatte, aber Ada gab zu verstehen: »Mutter Natur hatte sich das anders vorgestellt.« Sie traf die Vorbereitungen, um sich Aiden anzuschließen, »sobald ich es regeln konnte, dass mein Bruder John bei meinen Eltern vorbeikam, um nachzusehen, ob Essen und andere Sachen da waren.« »Inzwischen waren Mutter und Vater allein«, und sie konnten sich nicht mehr so gut selbst versorgen, besonders nachdem »Mutter mehrere Operationen hinter sich hatte und keine Einkäufe tragen oder waschen konnte.«[72]

Ada Cecelia Tozer war bei ihrer Hochzeit genau 1,52 m groß und wog 44 kg. Sie war eine schlanke Frau mit strahlenden Augen. In den langen Kleidern, die in den späten 1910er- und frühen 1920er-Jahren modern waren, war sie recht attraktiv. Sie packte ihre wenigen Habseligkeiten zusammen und reiste ihrem Mann nach, kurz nachdem ihn die Stonewood-Gemeinde im März 1919 zum Pastor berufen hatte.[73] Die Gemeindeglieder brachten das junge Paar in einem Haus unter. Das Pfarrhaus war winzig, doch es hatte zwei große Vorteile. Aiden konnte zu Fuß zur Kirche gehen, und die Frischvermählten hatten jetzt ein Haus für sich allein.

Auch in der treuen kleinen Gemeinde der *Stonewood Christian and Missionary Alliance Church* herrschte die Armut, die in jenen Jahren in großen Teilen West Virginias Normalität war. In der Gegend von Stonewood mussten die Menschen um ihren Lebensunterhalt ringen, indem sie Holz fällten und die Gleisbetten der Eisenbahnlinie instand hielten. In dieser Gegend wurde auch etwas Bergbau betrieben, doch von diesen ungebildeten Leuten konnte keiner einer gut bezahlten Tätigkeit nachgehen. Daher erhielten auch die Tozers kein normales Gehalt. Stattdessen wurden sie mit Obst, Gemüse, erlegtem Wild und dem bezahlt, was man eben als Kollekte einsammeln konnte. Ada lernte, wie sie das Essen strecken und Kleidung aus übrigen Stoffen und schlecht sitzenden gebrauchten Kleidungsstücken fertigen konnte. Rebecca, die einzige Tochter der Tozers, erklärte Jahre später: Diese erste Gemeinde »legte die Familie auf eine genügsame Grundhaltung fest, die uns seit dieser Zeit begleitete.«[74]

Die Gemeinde in Stonewood wuchs nicht schnell, doch das tat der Ort an sich auch nicht. Dennoch wurde Aiden Tozer im Norden von West Virginia als begabter junger Prediger bekannt. Deshalb erhielt er im Sommer 1920 die offizielle Zulassung der Allianz. Der dreiundzwanzigjährige Geistliche erschien vor den Bezirksleitern und beantwortete ihren Fragenkatalog zufriedenstellend.

Zusammen mit seiner Erfahrung als Pastor und seinem beeindruckenden Verständnis der Glaubenslehre und der Heiligen Schrift ebnete dies den Weg für seine Ordination in der *Christian and Missionary Alliance* am 18. August 1920.

Die feierliche Zeremonie fand auf einem alten Zeltplatz statt, dem *Beulah Beach Bible Conference Center,* einige Kilometer westlich von Cleveland in Ohio. Für A.W. Tozer, der ein zunehmend ernster und zielgerichteter Geistlicher war, handelte es sich dabei um keine reine Pflichtveranstaltung. Wenn man bedenkt, wie oft er im Lauf der Jahre den Zeitpunkt seiner Ordination erwähnte, scheint diese für ihn bedeutsamer gewesen zu sein als alle anderen Ereignisse seines Lebens seit seiner Bekehrung. Selbstverständlich waren seine Bekehrung, seine Taufe im Heiligen Geist, seine Hochzeit und seine Berufung in die Stonewood Church alle wichtig. Doch gemessen an seinen eigenen Worten über seine Ordination, gehörte sie zu den Meilensteinen in seinem Leben als Christ. Nach der Handauflegung am Ende der Ordination lehnte Tozer es ab, noch dazubleiben, um zu plaudern, Gemeinschaft zu haben und zu feiern. Stattdessen verschwand er heimlich und zog sich an einen einsamen Ort zurück. Dort betete er allein zu dem Herrn, der ihn ausgewählt und zu einem Dienst als Prediger berufen hatte.

Pastor Tozer errichtete aus diesem heiligen Anlass einen »Stein der Erinnerung«. Auch wenn er sich nicht an den genauen Wortlaut des Gebets erinnern konnte, das er nach der Handauflegung, dem Ordinationsversprechen, dem Zuspruch und dem Segen sprach, schrieb er doch kurz danach den Kern dieses Gebets auf, damit es auch andere lesen konnten. Zweifellos wollte er damit andere Männer ermutigen, ihre Ordinationsgelübde immer ernst zu nehmen. Er schrieb und veröffentlichte sein »Gebet eines kleinen Propheten«, um dieses wundervollen Tages zu gedenken und sich andauernd ernsthaft und feierlich daran zu erinnern, was er getan hatte.

Mit folgenden Worten schrieb er sein Gebet irgendwann nach seiner ursprünglichen Äußerung vor Gott am 18. August 1920 nieder:[75]

Nur für Pastoren

Das Gebet eines kleinen Propheten

von A. W. Tozer

Dies ist das Gebet eines Mannes, der dazu berufen wurde, den Völkern ein Zeuge zu sein. Nachdem ihn die Ältesten unter Handauflegung gesegnet hatten, zog er sich zurück, um seinem Heiland in der Stille zu begegnen, in einer Stille, in die ihn selbst seine wohlwollenden Brüder nicht begleiten konnten.

Dort betete er: Oh Herr, ich habe deine Stimme gehört und hatte Angst. Du hast mich zu einer erschreckend großen Aufgabe in einer ernsten und gefährlichen Stunde berufen. Du wirst bald alle Völker, die Erde und den Himmel erschüttern, damit die Dinge, die nicht erschüttert werden können, offenbart werden. Oh, Herr, mein Herr, du hast dich herabgelassen, mich mit dem Auftrag zu beehren, dein Diener zu sein. Kein Mensch nimmt diese Ehre sich selbst, ausgenommen derjenige, der wie Aaron von Gott dazu berufen wurde. Du hast mich als deinen Boten zu den Menschen geschickt, die hartherzig sind und nicht hören wollen. Sie haben dich, den Meister, verworfen, und es ist nicht anzunehmen, dass sie mich, den Diener, empfangen werden.

Mein Gott, ich werde keine Zeit damit vergeuden, meine Schwäche oder Unfähigkeit zu beklagen. Die Verantwortung liegt nicht bei mir, sondern bei dir. Du hast gesagt: »Ich kannte dich, ich sonderte dich aus, und ich heiligte dich.« Du hast auch gesagt: »Du sollst gehen, wohin ich dich sende, und predigen, was ich dir auftrage!« Wer bin ich, dass ich dir widersprechen sollte oder deine souveräne Wahl infrage stellen könnte? Es ist deine Entscheidung, nicht meine. So sei es, Herr: Dein Wille, nicht meiner, geschehe!

Ich weiß sehr wohl, du Gott der Propheten und Apostel, dass du mich so lange bestätigen wirst, wie ich dich ehre. Hilf mir darum, den heiligen Schwur zu leisten, dich in meinem ganzen zukünftigen Leben und in meiner Arbeit zu ehren, ob mit Gewinn oder Verlust, im Leben oder im Tod, und diesen Schwur dann nicht zu brechen, solange ich lebe.

Es ist Zeit, Gott, dass du wirkst, denn der Feind hat deine Weiden betreten und die Herde ist zerrissen und verstreut. Falsche Hirten stiften Verwirrung, weil sie die Risiken leugnen und über die Todesgefahren lachen, die deine Herde umgeben. Die Schafe sind von diesen Mietlingen betrogen worden und folgen ihnen mit rührender Treue, während sich der Wolf heranschleicht um zu töten und zu zerstören. Ich flehe dich an, gib mir einen scharfen Blick, die Gegenwart des Feindes wahrzunehmen. Gib mir wachsame Augen und den Mut zu berichten, was ich gesehen habe. Mache meine Stimme der deinen so ähnlich, dass selbst die kranken Schafe sie erkennen und dir folgen.

Herr Jesus, ich bitte dich um geistliche Ausrüstung. Lege deine Hand auf mich und salbe mich mit dem Öl des neutestamentlichen Propheten. Bewahre mich davor, dass ich ein religiöser Schriftgelehrter werde und so meine prophetische Berufung verliere. Rette mich von dem Fluch, der dunkel über dem Angesicht vieler moderner Geistlicher liegt, dem Fluch des Kompromisses, der Nachahmung, der Professionalität. Bewahre mich vor dem Irrtum, eine Gemeinde von ihrer Mitgliederzahl, ihrer Beliebtheit oder ihrem Jahreseinkommen her beurteilen zu wollen. Hilf mir, daran zu denken, dass ich ein Prophet bin - nicht ein Förderer, nicht ein religiöser Manager, sondern ein Prophet. Lass mich nie ein Sklave der Massen werden. Heile meine Seele von fleischlichen Ambitionen, befreie mich von dem unheilvollen Verlangen nach Publizität. Bewahre mich vor einer allzu großen Abhängigkeit von materiellen Dingen. Lass mich meine Tage nicht damit vergeuden, in meiner Wohnung herumzusitzen. Lege deine heilige Scheu auf mich, Gott, und treibe mich ins Gebetskämmerlein, wo ich mit Fürsten und Gewalten, den Mächten der Finsternis und dieser Erde kämpfen muss. Befreie mich von dem Wunsch, übermäßig essen und spät aufstehen zu wollen. Lehre mich Selbstzucht, damit ich ein guter Streiter Jesu Christi werde.

Ich nehme harte Arbeit und unangemessen niedrigen Lohn in diesem Leben in Kauf. Ich bitte nicht um eine leichte Aufgabe. Ich werde versuchen, die kleinen Dinge, die das Leben leichter machen, nicht zu beachten. Wenn andere den ebenen Pfad wählen, werde ich versuchen, den holprigen einzuschlagen, ohne die anderen hart zu verurteilen. Ich werde Widerstand erwarten und ihn still hinnehmen, wenn er kommt. Sollte ich einmal, wie es deinen Dienern wohl öfter passiert, von deinen freundlichen Kindern dazu gedrungen werden, Gaben anzunehmen, dann hilf mir und errette mich von den daraus entstehenden schädlichen Einflüssen. Lehre mich die materiellen Gaben in solcher Weise zu gebrauchen, dass meine Seele keinen Schaden erleidet und meine geistliche Kraft nicht gemindert wird. Und wenn in deiner gütigen Vorsehung mir von der Gemeinde eine Ehre zuteil werden soll, dann lass mich nicht vergessen, dass ich selbst der kleinsten Gnade unwürdig bin, und dass die Menschen ihre Ehrerbietung sicher zurückhielten, wenn sie mich genauso gut kennen würden, wie ich mich kenne.

Und nun, Herr des Himmels und der Erde, weihe ich dir meine verbleibenden Tage, seien es viele oder wenige, so wie du es willst. Lass mich vor den Großen stehen oder auch den Armen und Niedrigen dienen. Diese Wahl steht mir nicht zu, und ich würde sie nicht beeinflussen, selbst wenn ich es könnte. Ich bin dein Diener um deinen Willen zu tun, und dieser Wille ist mir wichtiger als Positionen oder Reichtum oder Ruhm, und ich erwähle ihn vor allen anderen Dingen auf der Erde oder im Himmel.

Obwohl ich von dir erwählt bin und beehrt werde mit einer hohen und heiligen Berufung, lass mich nie vergessen, dass ich nur ein Mensch aus Staub und Asche bin, ein Mensch mit allen natürlichen Fehlern und Leidenschaften, von denen die ganze menschliche Rasse geplagt wird. Ich bitte dich, mein Herr und Erlöser, errette mich von mir selbst und von allen Verletzungen, die ich mir selbst zufügen kann, während ich versuche, den anderen zum Segen zu sein. Erfülle mich durch den Heiligen Geist mit deiner Kraft, so werde ich in deiner Kraft hingehen und allein von deiner

Gerechtigkeit zeugen. Ich werde die Botschaft der erlösenden Liebe verbreiten, solange meine Kraft dazu reicht.

Dann, lieber Herr Jesus Christus, wenn ich alt und matt und zu müde bin, um noch weiterzumachen, dann halte für mich oben eine Stätte bereit, und lass mich in der ewigen Herrlichkeit zu deinen Heiligen gerechnet werden. Amen.

Pastor A.W. Tozer diente der kleinen Herde in der Stonewood Church weniger als zwei Jahre. 1921 folgte er schließlich dem Ruf, die *Christian and Missionary Alliance Church* in Toledo in Ohio zu übernehmen. Dann drängten ihn wenige Monate später führende Persönlichkeiten seiner Konfession, eine Gemeinde etwa fünfzig Meilen weiter nördlich in Morgantown in West Virginia zu übernehmen. Diese Gemeinde war größer als diejenigen, die er in West Virginia und Ohio betreut hatte. Doch noch bedeutsamer war für die Leiter der Allianz und auch für Tozer selbst, dass Morgantown eine wachsende Stadt mit einzigartigem Wachstumspotenzial war und die Möglichkeit hatte, die ganze Region zu beeinflussen.

Morgantown im Bezirk Monongalia liegt am nördlichen Rand von West Virginia nahe der Grenze zu Pennsylvania. Als im späten neunzehnten Jahrhundert in diesem Gebiet Kohle abgebaut wurde und die Baltimore-Ohio-Eisenbahngesellschaft dort 1886 einen Streckenabschnitt fertigstellte, nahm die Bevölkerung rasch zu. Morgantown entwickelte sich von einer Kleinstadt in den 1880er-Jahren zu einer Stadt mit 2 000 Einwohnern im Jahr 1900 beziehungsweise 3 500 im Umland. Durch Eingemeindungen und weiteres Wachstum konnte Morgantown im Jahr 1910 9 000 Einwohner aufweisen. Als die Tozers Anfang der 1920er-Jahre dorthin zogen, betrug die Einwohnerzahl bereits mehr als 13 000, und es bestand die Aussicht auf weiteres Wachstum.

Während der frühen 1920er-Jahren verbreitete sich A.W. Tozers Ruf als Evangelist in West Virginia, im Osten Pennsylvanias und ganz Ohio. Während seiner Zeit als Pastor erlebte die Gemeinde in Morgantown eine deutliche Zunahme von Bekehrungen, da Tozer unbeirrbar das Evangelium predigte, Jesus Christus groß machte und die Menschen dazu aufrief, wegen ihrer Sünden nicht nur bekümmert zu sein, sondern aufrichtig Buße zu tun. Pastoren und Laien in Gemeindeleitungen aus allen drei Staaten baten ihn dringend, in ihren Gemeinden einwöchige Erweckungsversammlungen abzuhalten, und er nahm diese Einladungen zu besonderen Evangelisationsgottesdiensten häufig an.

Auch wenn es zu vielen Bekehrungen führte und Tozers Ruf als Prediger stärkte, dass er diesen Reise- und Evangelisationsaufforderungen häufig folgte, hatte seine Reisetätigkeit auch mehrere negative Auswirkungen. Zunächst war sie eine große Belastung für seine Ehe. 1921, 1922 und 1924 brachte Ada drei Söhne zur Welt: Lowell, Forrest Leigh und Aiden Wilson jun. Ada hatte sich die Kinder wirklich gewünscht. Sie stammte ja aus einer Familie mit acht Kindern und äußerte ihren Söhnen gegenüber oft, ihre größte Enttäuschung sei gewesen, nicht mehr als sieben Kinder zu haben.[76] Doch Aiden sen war viel unterwegs und überließ es ihr, Heim und Herd zusammenzuhalten – eine Aufgabe, die sich in Morgantown als beinahe so schwierig erwies wie in der Stonewood Church. Die Kollekten fielen wohl etwas höher aus, doch der Pastor wurde immer noch teilweise mit Erzeugnissen aus den Gärten und kleinen Bauernhöfen seiner Gemeinde bezahlt. Außerdem nahm Aiden anscheinend auf niemanden außer sich selbst Rücksicht, wenn er eingeladen wurde, auswärts zu predigen. Einmal war die Familie Tozer gerade bei ihren Verwandten in Akron zu Besuch, als Aiden eine solche Einladung erhielt. Er ließ Ada nicht nur allein mit den Kindern zurück, sondern sie musste sich auch selbst überlegen, woher sie das Geld nehmen sollte, um mit ihren Kindern wieder nach Hause in West Virginia zu kommen.[77]

Es gibt keinen Hinweis dafür, dass sich Frau Tozer darüber beschwerte, dass ihr Mann in diesen frühen Ehejahren so häufig nicht zu Hause war. Sie war immer eine treue Ehefrau. Offensichtlich war sie stolz auf ihren Mann und dankbar dafür, dass Gott ihn bevollmächtigt hatte und ihn auf so bemerkenswerte Weise gebrauchte, besonders angesichts seiner fehlenden formellen Ausbildung und seiner vergleichsweise geringen Erfahrung. Außerdem lebte sie in einer Zeit, in der von Ehefrauen – und besonders von christlichen Ehefrauen – erwartet wurde, dass sie ihren Männern dienten und ihnen den Rücken freihielten, damit diese ihrem Beruf nachgehen konnten. Wenn ein Ehemann noch dazu einen Beruf im hauptamtlichen Gemeindedienst hatte, was immer »das Werk des Herrn« genannt wurde, wagte keine Frau, die Gott und ihrem Mann treu war, sich zu beschweren.

Vermutlich fühlte sich Ada Tozer einerseits »von Gott berufen«, ihrem Mann zu dienen, wie schwierig die Aufgabe auch sein mochte, und ärgerte sich gleichzeitig darüber. Das zeigen ihre offenen Briefe an R.W. Battles aus den 1970er-Jahren, als er sich nach ihren Erinnerungen an die frühen Jahre ihrer Ehe und ihres Dienstes erkundigte.[78] Der Tonfall dieser Briefe und die darin erwähnten Ereignisse verdeutlichen, dass sie noch mehr als ein halbes Jahrhundert später tief verletzt war. Aiden konnte anscheinend ein Mann sein, der seine Augen ganz auf seinen Dienst geheftet hatte und nur ab und zu einen flüchtigen Blick auf die Anliegen und Bedürfnisse seiner Frau warf.[79]

Der zunehmende Predigtdienst hatte neben den Auswirkungen auf die Familie sicherlich auch Auswirkungen auf die von Tozer betreute Ortsgemeinde. Keine der Gemeinden in West Virginia war so wohlhabend, dass sie sich Hilfspastoren leisten konnte. Wenn der Pastor daher aufgrund anderer Verpflichtungen abwesend

Aiden W. Tozer im Alter von 25 Jahren (1922)

war, wurden die Aufgaben unter der Woche entweder von Ada, den Laien oder einfach gar nicht erledigt. Und wenn Tozer zufällig an einem Sonntag weg war, konnte man höchstens darauf hoffen, dass gerade ein ordinierter Pastor zu Besuch war oder man trieb einen Lektor auf, der auf der Kanzel einspringen konnte.

Die Amerikaner im neunzehnten und frühen zwanzigsten Jahrhundert waren ein zähes Völkchen. Wenn sie auf dem Land oder in kleinen Städten lebten, waren sie an reitende Prediger gewöhnt, das heißt an ordinierte oder kirchlich zugelassene Prediger, die zu Pferd in einem Umkreis von mehreren Bezirken unterwegs waren. Die kleinen Gemeinden hatten Glück, wenn sie alle zwei oder drei Wochen einen Prediger hatten. Daher waren die rauen Bewohner von West Virginia vermutlich dankbar dafür, dass sie einen guten Prediger oder Pastor hatten, der die meiste Zeit bei ihnen war. Vielleicht dachten sie sich bei seiner Abwesenheit auch wenig oder gar nichts. Dennoch führte Tozer schon in den 1920er-Jahren einen Dienststil ein, den er die nächsten vierzig Jahre beibehalten sollte. Und während seine Gemeinden zwar alle dankbar dafür waren, dass er sie leitete, erwarteten die Menschen in den größeren Städten von einem Geistlichen doch zunehmend, dass er die Rolle eines typischen Pastors ausfüllte. Dazu gehörten zum Beispiel Haus- und Krankenbesuche sowie Seelsorge im Gemeindebüro. Im Lauf der Jahre übernahm Tozer nur wenige dieser klassischen Seelsorgeaufgaben, und das kam später bei einigen seiner Gemeindemitglieder in Chicago nicht immer gut an.

Die Tozers lebten nur ein Jahr lang in Morgantown. Damit blieben sie insgesamt fast fünf Jahre in West Virginia, inklusive eines kurzen Aufenthalts in Ohio. Noch Jahre später brachten die Einwohner von West Virginia ihren Dank dafür zum Ausdruck, dass Gott ihnen die Tozers gesandt hatte. Selbstverständlich gab es dort nach Tozers Abreise Höhen und Tiefen, aber die beiden Gemeinden hatten mindestens ein halbes Jahrhundert nach Adas und Aidens Weggang immer noch Bestand. Und einige der Familien, die Aiden durch seine Lehre und Ada durch ihre liebevolle Fürsorge gefördert hatten, waren noch bis weit in die 1970er-Jahre in diesen Gemeinden aktiv. Die Christen, die unter dem jungen Pastor und Evangelisten das Evangelium angenommen hatten, blieben mindestens eine weitere Generation lang Salz und Licht in den Regionen um Clarksburg und Morgantown. Kurz gesagt hatten sowohl Aiden als auch Ada in der gesamten Umgebung dauerhafte Spuren hinterlassen.

Aidens und Adas halbes Jahrzehnt in West Virginia prägte sie selbst ebenso sehr, wie es andere beeinflusste. Die aufrichtige Freude an seinen Kindern schweißte das Paar zusammen. Auch wenn sie ihre Liebe zueinander oder zu ihren Kindern nie offen zum Ausdruck brachten, wurden die Kinder wirklich geliebt, gut versorgt und in ihren jungen Jahren auch durch Familienandachten erzogen. Zudem wurden die Kinder nie Zeugen von hässlichen oder wütenden Streitigkeiten zwischen ihren Eltern, und es gab keine Spur von ehelicher Untreue und der damit verbundenen Angst vor Trennung, Verlassenwerden oder Scheidung.[80]

Andererseits verletzte es Ada, dass Aiden so viel unterwegs war. Dadurch gab es in ihrer Ehe nie jene Nähe und Vertrautheit, nach der sie sich so sehr sehnte. So schmerzhaft diese Tatsache auch für Ada war – es gibt keinen Hinweis darauf, dass sich Aiden je nach mehr als einer oberflächlichen Beziehung sehnte –, sie lernte, damit zurechtzukommen. Nach und nach fand Ada Wege, wie sie eine zufriedene Maske aufsetzen konnte, und sie richtete ihre Zuneigung auf die Kinder und auf bedürftige Familien in der Gemeinde.

Während ihrer Jahre in West Virginia entwickelte Ada Tozer auch eine Liebe zur Gartenarbeit. Wenn der Aufenthalt im Freien und das Anbauen von Obst und Gemüse zunächst der Not entsprang, wurden diese Tätigkeiten doch bald zu einer Quelle großer Freude. Von ihren Kindern erinnert sich besonders Stanley an die Liebe seiner Mutter zur Gartenarbeit, und er erbte dieses Hobby von ihr.[81]

Mit der Zeit wurde Aiden W. Tozer für seine Freude an kleinen Kindern bekannt. Einige seiner Bewunderer behaupteten, dies zeige, wie sehr er Jesus ähnlich geworden sei. Höchstwahrscheinlich erlernte er den Umgang mit Kindern während der Jahre, in denen er und Ada drei kleine Jungen in ihren winzigen und beengten Pfarrhäusern in West Virginia aufzogen. Wie dem auch sei, er mag sich an oberflächlichen Begegnungen mit Kindern erfreut haben, doch einige der Tozer-Jungen berichteten, dass sie von ihrem Vater wenig oder gar keine wahre Zuneigung erhalten hatten. Sicherlich hatte Aiden kein gutes Vorbild für seine Vaterschaft gehabt. Zwei seiner Söhne erinnerten sich daran, dass ihr Vater seinem eigenen Vater emotional so fremd war, dass sie ihn nie Geschichten über ihn erzählen hörten, obwohl er schöne Erinnerungen an seine Mutter mit ihnen teilte.[82]

Die Jahre in West Virginia und Ohio brachten mehr mit sich als drei Söhne, ein familiäres Bewältigungsmuster und Gelegenheiten zu predigen; sie brachten Aiden Tozer in ein tieferes mystisches Leben mit Jesus Christus. Jahre später entsann er sich: »Ich kann mich erinnern, wie ich als junger Christ meine erste furchtbare, wunderbare, hinreißende Vision von Gott hatte.« Dies geschah mehrere Jahre nach seinem tief greifenden Erlebnis mit dem Heiligen Geist im Haus seiner Schwiegermutter, das vor seiner Hochzeit und kurz nach seiner Bekehrung stattgefunden hatte. Eine zweite solche Erfahrung machte er nun »in West Virginia im Wald, als ich auf einem Baumstamm saß und in der Bibel las.« Er erinnerte sich an einen Tag, an dem er mit einem weiteren Evangelisten unterwegs war. Tozer, der stets dazu tendierte, sich zurückzuziehen, ging mit einem Kollegen los, stahl sich aber bald davon, um allein zu sein: »Ich stand auf und schlenderte davon, um für mich allein zu beten.« Er sagte, er habe »einen der trockensten Abschnitte der Bibel gelesen, die man sich nur vorstellen kann, als Israel aus Ägypten kam und Gott das Lager rautenförmig anordnet.« Gott setzte Levi in die Mitte, Ruben nach vorne und Benjamin nach hinten. Mit steigender Begeisterung schrieb Tozer:

> Es war eine mobile, rautenförmige Stadt mit einer Flamme in der Mitte, die Licht spendete. Plötzlich erkannte ich es: Gott ist Geometriker. Er ist Künstler! Als er diese Stadt anlegte, tat

er das geschickt, rautenförmig mit einer Feder in der Mitte. Und plötzlich überrollte es mich wie eine Meereswelle: wie schön Gott ist und wie künstlerisch und wie poetisch und wie musikalisch, und ich betete Gott dort unter diesem Baum ganz allein an. Daraufhin entwickelte ich eine Liebe zu den alten Kirchenliedern, und seitdem bin ich ein Freund der großen Kirchenlieder.[83]

Diese frühe mystische Erfahrung in den Wäldern von West Virginia sollte erst der Anfang sein – die erste Frucht einer persönlichen und vertrauten Beziehung zu Gott. Der Samen des Mystizismus war im Haus von Kate Pfautz gelegt worden, als Tozer vom Heiligen Geist erfüllt worden war. Mehrere Jahre später ging dieser Samen hier unter einem Baum plötzlich auf. A.W. Tozer begann die Vertrautheit, die er seiner Frau und seinen Kindern nicht geben konnte, allein mit Gott zu erleben, und diese Offenbarung von »einer Tiefe, die die andere ruft«, sollte in den kommenden Jahren noch verzehrender werden.

Einer von Aidens Söhnen, Stanley, der selbst Pastor wurde, behauptete, seine Mutter »hatte keine Ahnung von seiner mystischen Seite. Sie verstand sie nicht und war auf Gedeih und Verderb immer eine buchstabengetreue Fundamentalistin«, die diese Seite ihres Ehemannes nicht verstehen und gar nicht nachempfinden konnte.[84]

Als A.W. Tozer während seiner Zeit in West Virginia anfing, mehr zu reisen, lernte er eine Reihe von hauptamtlichen Geistlichen gut kennen. Zwei Männer im Besonderen beeinflussten ihn sehr stark, wenn auch auf völlig verschiedene Weise. Ein Mann, der zweiundzwanzig Jahre älter war als Tozer, führte ihn in seinen Kreis von Pastoren ein. Er brachte den jungen Prediger aus West Virginia an zwei der umstrittensten geistlichen Themen der ersten beiden Jahrzehnte des zwanzigsten Jahrhunderts heran und lehrte ihn dann aus seiner eigenen bitteren Erfahrung, wie man Gott treu sein kann, ohne seinen Dienst zu zerstören. Fred Francis Bosworth wuchs im späten neunzehnten Jahrhundert in Illinois auf. Einige seiner jungen Jahre verbrachte er in der utopischen christlichen Heilungsgemeinschaft in Zion in Illinois. Dort geriet Bosworth unter den tyrannischen und kultartigen Einfluss von John Alexander Dowie. Der gebürtige Schotte hatte sich durch einen stark propagierten Dienst körperlicher Heilung eine Anhängerschaft von mehreren tausend Amerikanern aufgebaut. Dowie erwies sich bestenfalls als Mann von fraglicher Glaubwürdigkeit. Viele Menschen behaupteten zwar, durch seinen Gebetsdienst geheilt worden zu sein, doch er lehnte den Einsatz jeglicher Medikamente ab, was von Ärzten massiv kritisiert wurde. Außerdem führte er seine Gemeinschaft in einen finanziellen Zusammenbruch. Dowie starb 1907 im Alter von sechzig Jahren an Komplikationen nach einem Schlaganfall.[85]

F. F. Bosworth hatte in Zion gelebt und war sowohl den guten als auch den schlechten Seiten von Dowies Tätigkeit ausgesetzt. Er war auch dabei gewesen, als Charles F. Parkham, einer der führenden amerikanischen Pfingstler des frühen zwanzigsten Jahrhunderts, nach Zion kam und zu einer Geistestaufe aufrief, deren erstes Zeichen immer Zungenrede sein sollte.

Die Frage der Zungenrede erwies sich in Zion als genauso kontrovers wie sie in fast jedem Teil Amerikas gewesen war, wo sie sich während der frühen Jahre des zwanzigsten Jahrhunderts ausgebreitet hatte.

Es gelang Bosworth, sich aus vielen Streitigkeiten herauszuhalten, vor allem, da er ein frommer christlicher Evangelist war, der weder Heilung noch Zungenrede in den Mittelpunkt seines Dienstes stellen wollte.[86]

Als Tozer Bosworth kennenlernte, erlebte die religiöse Szene Amerikas gerade eine Erweckungsbewegung. Obwohl D. L. Moody 1899 gestorben war, hielten der von Moody geschulte R. A. Torrey und viele andere Evangelisten überall in den Vereinigten Staaten fruchtbare Versammlungen ab. Neben Tausenden von Bekehrungen traten zwei andere Phänomene häufig als Begleiterscheinungen des Evangeliums auf – christliche Heilungsdienste und Zungenrede. Kaum ein Geistlicher in der evangelikalen Welt konnte diese Glaubenslehren umgehen, und es bestand wenig Einigkeit darüber, was die Bibel für heute über diese Geistesgaben lehrt. Verantwortungsbewusste und begabte Pastoren sprachen sich sowohl für als auch gegen diese Praktiken aus, und auf beiden Seiten gab es auch Scharlatane und schlechte Menschen.

Zu der Zeit, als Tozer Bosworth kennenlernte, war der Evangelist aus Illinois bereits ein Veteran aus den Kriegen um Heilung und Zungenrede. Bosworth hatte Zion und Dowie verlassen müssen, als er begann, in Zungen zu reden. Später wurde er führend in der jungen Bewegung »Assemblies of God«, doch die Leitung dieses schnell wachsenden Teils der Pfingstbewegung drängte ihn hinaus, als er sich weigerte, zu lehren, dass sich die Geistestaufe zunächst zwangsläufig in Zungenrede äußert. Und obwohl Bosworth selbst in Zungen redete, vertrat er die Meinung, dass die Bibel nicht erkennen lasse, dass die Zungenrede ein anfängliches oder notwendiges Zeichen für jeden geisterfüllten Christen sein müsse.

Schließlich fand Bosworth bei der *Christian and Missionary Alliance* ein Zuhause. Da er noch immer ein starker Befürworter von Heilungsdiensten war, freute er sich daran, dass A. B. Simpson Christus als Heiler pries, ebenso wie als Erlöser, als denjenigen, der uns heiligt, und als den kommenden König. Bosworth sah im »vierfachen Evangelium« der Allianz genau seine eigene

Position verkörpert, die er als von der Bibel untermauert betrachtete. Außerdem drängten weder der Gründer der Allianz, A.B. Simpson, noch irgendwelche seiner Kollegen Menschen dazu, in Zungen zu reden, verboten es ihnen aber auch nicht. Genauer gesagt, waren sie der Meinung, dass die Bibel die Zungenrede nicht verbiete und die Allianz dies daher auch nicht tun dürfe. Und weil »Christus heute, morgen und in Ewigkeit derselbe« ist, und da Heilung eindeutig als eine der Gaben der Kirche dargelegt wird, sollte der Heilungsdienst unterstützt und praktiziert werden, vor allem, da Simpson selbst 1881 durch ein Wunder von seiner Herzkrankheit geheilt worden war. Er verfasste letztlich sogar ein viel gelesenes und sehr einflussreiches Buch, *The Discovery of Divine Healing*.[87]

Bosworth, ein runzeliger und von jahrelangen Kämpfen sowohl mit dem Teufel als auch mit anderen Christen gezeichneter Mann, erteilte Tozer wohlwollend Ratschläge. Er legte dem noch naiven und viel zu wenig gebildeten jungen Prediger eindringlich nahe, als Evangelist tätig zu sein. Dass er wirklich dazu berufen und dafür begabt war, wurde durch viel Frucht bestätigt. Er riet Tozer auch dringend, sich dem Heilungsdienst zu widmen, diesen aber seinem evangelistischen Dienst unterzuordnen. Mit Hilfe der biblischen Lehren und seiner eigenen Erfahrung half Bosworth Tozer zu erkennen, dass manche Geistliche eine starke und hauptsächliche Heilungsgabe haben, während andere in erster Linie Lehrer oder Prediger sind. Er empfahl Tozer auch, die Gemeinschaft mit Männern zu suchen, die die Heilungsgabe hatten, sich aber nicht unter Druck setzen zu lassen, selbst alles tun zu müssen. Schließlich hatte auch D.L. Moody das Evangelisieren als seine Haupttätigkeit beibehalten, doch er arbeitete mit anderen Männern wie A.B. Simpson, Dr. Charles Cullis und A.J. Gordon zusammen, die über den christlichen Heilungsdienst schrieben und ihn praktizierten. Moody hatte auch seinen

Schwager, Fleming H. Revell, ermutigt, Gordons Buch über Heilung zu veröffentlichen und hatte Menschen in Simpsons New Yorker Gemeinde geschickt, um für ihre Heilung beten zu lassen.[88]

Bosworth war hauptsächlich evangelistisch tätig und setzte auch einen starken Akzent auf Heilung; außerdem redete und betete er selbst in Zungen. Er riet A.W. Tozer dringend, das Evangelium zu predigen und diejenigen zu loben und zu unterstützen, die vom Heiligen Geist wirklich die Gabe der Heilung erhalten hatten. Schließlich lehrte Bosworth Tozer, die Gabe der Zungenrede als biblisch anzuerkennen. Andererseits mahnte er den Mann aus West Virginia, dieses Thema hintanzustellen und seinen Fehler nicht zu wiederholen, diese zweitrangige und kontroverse Lehre in seinem Dienst als Evangelist und Pastor auch nur annähernd an die vorderste Front zu stellen.

Im Jahr 1924 arbeitete Tozer mit seinem gelegentlichen Mentor F.F. Bosworth zusammen. Jeder der beiden Männer führte in Indianapolis und anderen Städten des oberen Mittleren Westens gemeinsam mit anderen Evangelisten der Allianz wie H.V. Cook, A.R. Greenwald und Dr. H.M. Shuman evangelistische Veranstaltungen durch. Bosworths neues Buch, *Christ the Healer*, erschien 1924. Hier wurde schriftlich festgehalten, was der Autor predigte – dass Christus heute ebenso Seelen zurückgewinnen und Körper heilen wolle wie damals, als er durch die Straßen Galiläas zog.[89]

Ein anderer Evangelist und Pastor der *Christian and Missionary Alliance*, der einen starken Einfluss auf A.W. Tozers Leben und Dienst ausübte, war Paul Daniel Rader. Rader war achtzehn Jahre älter als der in Pennsylvania geborene Tozer und so verschieden von Bosworth, wie man es sich nur vorstellen kann. Rader wurde 1879 in Denver in Colorado geboren und wuchs in einer traditionellen christlichen Familie auf. Sein Vater war methodistischer Pastor und liebte Bücher und geistige Arbeit ebenso wie sein Pastorenamt. Auf das Drängen seines Vaters hin besuchte Paul die Highschool, die von Methodisten getragene Universität von Denver, die Universität von Colorado und die Universität von Puget Sound. Er trat bald darauf in den Pastorendienst ein und übernahm eine kongregationalistische Gemeinde in Boston und später eine in Portland in Oregon. Da er sich als Pastor nicht erfüllt fühlte, zog er 1908 nach New York und nahm eine Arbeit außerhalb der Kirche an. Innerhalb weniger Monate entdeckte er die *Christian and Missionary Alliance.* Durch die biblische Predigt, die gute Lehre und den geisterfüllten Dienst gelangte er an einen Punkt der geistlichen Erweckung – etwas, das er in all den Jahren in seiner Jugend als Methodist und später als Pastor von kongregationalistischen Gemeinden nie erlebt hatte.

Nach seinem ergreifenden Erlebnis, das John Wesleys Erfahrung ähnelte, begann Rader 1911, auf der Straße zu predigen und die Bibel auszulegen. 1912 übernahm er dann eine Stelle als Hilfspastor neben dem berühmten Pastor der CMA in Pittsburgh, E. D. »Daddy« Whiteside. Dieser bevollmächtigte Mann hatte eine Gabe dafür, jüngere Männer zu schulen, und half Rader, zu einem wirklich außergewöhnlichen Prediger und Bibellehrer zu werden. Daraufhin wurde Rader als Pastor an die Moody Church in Chicago berufen, wo er von 1915 bis 1921 erfolgreich tätig war. Rader war so bekannt und weithin respektiert, dass er kurz nach seinem Amtsantritt in Chicago zum stellvertretenden Vorsitzenden der CMA gewählt wurde. Deshalb teilte er seine Zeit zwischen seiner Gemeinde in Chicago und dem Hauptbüro der CMA in New York auf. 1919 wurde er dann zum Vorsitzenden der Allianz gewählt und behielt diesen Posten bis 1924.[90]

Paul Rader hatte wenig Zeit oder Interesse für Heilungsdienste oder die Gabe der Zungenrede. Vielmehr ging er diesen Lehren aus dem Weg. Er war ein Mann, der völlig in seiner Berufung aufging, Evangelisationen durchzuführen, und er setzte sich dafür ein, in jeder Großstadt in Amerika »Nationstreffen« abzuhalten. Er sah sich von Gott berufen, überkonfessionelle evangelistische Einsätze zu leiten, bei denen Holzhütten errichtet wurden. So konnte man Veranstaltungen über einen längeren Zeitraum (Wochen oder sogar Monate) abhalten, wie der berühmteste Evangelist des frühen zwanzigsten Jahrhunderts, Billy Sunday.[91]

1925 trat Paul Rader vom Vorsitz der Allianz zurück, um sich ganz den Evangelisationen und seiner Missionstätigkeit widmen zu können. Dennoch hatte er Zeit, ein Mentor für andere Männer zu sein. Er arbeitete eng mit dem zehn Jahre jüngeren Oswald J. Smith zusammen, und er hatte einen deutlichen Einfluss auf Tozer, der sein Sohn hätte sein können.

Während Bosworth Tozer eine ausgewogene Einstellung gegenüber den Zeichengaben beibrachte und sein bereits brennendes Feuer für das Predigen schürte, lernte Tozer von Paul Rader oder zumindest durch dessen Vorbild, dass er sich weiterbilden, Bücher lesen und sich eine private Bibliothek aufbauen musste. Es ist fraglich, ob Aiden Tozer je zuvor einem Mann aus der Stadt mit einem so scharfen Verstand begegnet war, der außerdem eine so ausführliche Ausbildung genossen hatte wie Paul Rader.

Einem Mann mit geringerer Intelligenz, einem weniger guten Urteilsvermögen und Menschenverstand als A.W. Tozer wäre es unmöglich gewesen, zwei Männern wie Bosworth und Rader freundschaftlich verbunden zu sein, die sich in ihrer Herkunft, Erfahrung, Arbeitsweise und ihrem Naturell so stark unterschieden. Bosworth hatte lediglich eine geringe Schulbildung und war im Grunde ein Mann aus der Provinz, der den Großteil seines Lebens in Illinois verbracht hatte. Er hatte einer kultartigen

Gemeinschaft angehört und war theologisch von einer neuen Richtung innerhalb der Pfingstbewegung geprägt, deren Anhänger meist arm und ungebildet waren. Rader war im Vergleich dazu ein privilegierter Mann. Er war Akademiker und hatte an der Universität als Boxer und Football-Spieler Sport getrieben. Er war geprägt von einer etablierten und anerkannten großen Konfession und ein weltoffener Großstädter, der schon an beiden Küsten sowie in der Mitte der Rocky Mountains und im Land der tausend Seen in Minnesota gelebt hatte. Er hatte gute Kontakte zu Leuten von den Universitäten sowie zu begüterten Angehörigen hoch qualifizierter Berufe. Kurz gesagt stand Rader in krassem Gegensatz zu Bosworth – und damit auch zu Tozer.

Es spricht für Tozer, dass er umsichtig und bescheiden genug war, um von beiden Männern zu lernen. Daher trugen beide Prediger dazu bei, ihn zu dem Mann zu formen, der bereit war für den Dienst in Amerikas Städten im zwanzigsten Jahrhundert.

Es lag vor allem an den gemeinsamen Predigtauftritten mit F. F. Bosworth, dass Aiden Tozer die Aufmerksamkeit der gesamten Führungspersönlichkeiten der CMA in den Gebieten des oberen Mittleren Westens und der Großen Seen auf sich zog. Tozer wurde zunehmend als anziehender und fesselnder Prediger anerkannt. Leidenschaftlich und mit Vollmacht hob er jedes der Elemente des vierfachen Evangeliums der CMA hervor. Tozer predigte meistens über Christus als Erlöser und als denjenigen, der uns heilig macht. Wenn er auch persönlich kein besonderes Gewicht auf Christus als Heiler legte, führte er doch gemeinsam mit Bosworth Versammlungen durch, wo Hunderte, wenn nicht Tausende echte körperliche Heilung erfuhren. Und wenn A. B. Simpson den Prediger aus West Virginia gehört hätte, hätten ihm dessen Predigten sicher gefallen, und es hätte ihn gefreut, dass Tozer

»Christus als kommenden König« in jede längere Veranstaltungsreihe aufnahm.

Tozers Beliebtheit und die Frucht seines Dienstes passten wunderbar dazu, dass eine Pastorenstelle in einer führenden Gemeinde der CMA in Indianapolis frei wurde. Im Herbst 1924 vernahm Pastor A. R. Greenwald, der seit neun Jahren äußerst erfolgreiche Pastor der Gemeinde in Indianapolis, den Ruf, sich vollzeitlich der Evangelisation zu widmen. Seine Entscheidung, aus dem Pastorendienst auszuscheiden, hinterließ eine große Lücke in seiner Gemeinde. Fast ein Jahrzehnt lang hatte sie ein starkes Wachstum durch Bekehrungen erlebt, Missionare ausgesandt und große Geldsummen zu deren Unterstützung beigesteuert. Der Bezirksdekan Shuman bedauerte, Greenwald zu verlieren, doch seine Stimmung hob sich, als Tozer, den Shuman der Gemeindeleitung in Indianapolis stark empfohlen hatte, den Ruf nach Indianapolis annahm.[92]

Es ist nicht bekannt, ob Aiden Tozer den Ruf nach Indianapolis mit Ada besprach. Jedenfalls beschwerte sie sich nie. Es ist sogar wahrscheinlich, dass sie die Veränderung bejubelte. Nicht, weil sie in Morgantown keine Freunde oder sinnvolle Aufgabe gehabt hätte. Doch es muss für die liebevolle Mutter von drei kleinen Jungen befriedigend gewesen sein, zum ersten Mal seit Aidens Berufung in den kirchlichen Dienst mit einem festen Gehalt rechnen zu können. Ada Tozer zweifelte nie daran, dass Gott in West Virginia für sie sorgen würde, aber es muss beruhigend gewesen sein, zu wissen, dass sie nun genug Geld hatte, um Lebensmittel zu kaufen. Nun musste sie nicht mehr darauf warten und die Mahlzeiten danach planen, was die Gemeindefamilie aus ihren Gärten, kleinen Bauernhöfen und von ihren Jagdausflügen spendete.

Es ist unwahrscheinlich, dass Aiden je daran dachte, welche

Belastung ihr ärmlicher Lebensstil in West Virginia für seine junge Frau und Mutter seiner Kinder darstellte. Im Gegenteil, im Lauf der Jahre wurde er bekannt für seine Aussage, das Gehalt sei ihm egal. In zwei seiner Gemeinden drängte er sogar die Gemeindeleitungen, sein Gehalt nicht zu erhöhen.[93]

Von Anfang an empfand Tozer den Ruf nach Indianapolis als spannend und reich an Möglichkeiten. Besonders anziehend war das Bekenntnis dieser Gemeinde zu Mission und Evangelisation, was zu einem stetigen Wachstum durch Bekehrungen führte. Und neben der Freude, eine gesunde und wachsende Gemeinde zu betreuen, in der er am 7. September 1924 seine erste Predigt als Pastor hielt, wurde Tozer von der Gemeinde beauftragt, eine monatliche Gemeindezeitung mit dem Titel *The Light of Life* herauszugeben. In dieser vierseitigen Zeitschrift sollten Tozers Predigten veröffentlicht und in der Stadt verbreitet werden. Außerdem sollte die dünne Zeitung Artikel über interessante Dienste bieten, bevorstehende Evangelisationsveranstaltungen bewerben und kurze Texte von seinen Kollegen wie F.F. Bosworth und Paul Rader enthalten. Ebenso sollte Tozer die Spalten mit kleinen Leckerbissen aus bereits veröffentlichten Büchern des Gründers der CMA, A.B. Simpson, sowie von evangelischen Heiligen wie George Müller und A.A. Bonar füllen.[94]

Diese lebendige Gemeinde hieß *The Gospel Tabernacle* und lag im Herzen der Stadt an der Park Avenue und der 10. Straße. Die Gemeinde und die kleine religiöse Zeitung, die dort erschien, wirkten wie starke Magnete, um Tozer nach Indianapolis zu bringen, doch es gab noch weitere Anreize. Indianapolis war – teilweise aufgrund der spannenden Gemeindearbeit, die Greenwald eingeführt hatte – zu einem Zentrum für Evangelisations- und Heilungsveranstaltungen und sonstige Versammlungen geworden, die mit der CMA zu tun hatten. Somit war es ein aufregender Ort, an dem sich Gemeindeleiter trafen, um ihre Visionen zu teilen und sich gegenseitig zu ermutigen, Gottes Reich zielstrebig zu bauen. Neben diesen Vorteilen entging es A.W. Tozer auch nicht, dass es in Indianapolis eine hervorragende öffentliche Bibliothek und einige ausgezeichnete Antiquariate gab. Da er immer darauf aus war, zu lesen und zu lernen, und darin von Paul Rader bestärkt wurde, hatte der Student Tozer nun die Gelegenheit, seinen Verstand und seine Seele auf eine Weise zu schulen, wie es in Morgantown in den 1920er-Jahren nur schwer möglich gewesen wäre.

Da er immer ein nachdenklicher Mensch war, muss A.W. Tozer diese großartigen Möglichkeiten in Indianapolis voll Erstaunen und Dankbarkeit betrachtet haben. In weniger als einem Jahrzehnt hatte Gott Menschen in sein Leben gestellt, die entscheidend dazu beigetragen hatten, ihn auf einen Dienst mit einem immer größer werdenden Einflussbereich vorzubereiten. Nur neun Jahre zuvor hatte Tozer das Evangelium von einem Straßenprediger gehört und darauf reagiert, indem er den Herrn um Barmherzigkeit bat. Drei Jahre später heiratete er die Frau, die ihm sieben Kinder schenken und ihm in seinem anstrengenden Dienst als Prediger und Autor geduldig beistehen würde. Von Adas Mutter erfuhr er erstmals von der Taufe und Kraft des Heiligen Geistes und erhaschte dadurch seinen ersten Blick auf den biblisch-christlichen Mystizismus. Von Pastor S.M. Gerow erhielt er den ersten Unterricht im Predigen. Bosworth führte ihn später an einen biblischen und fruchtbaren Heilungsdienst heran, ebenso wie an eine ausgewogene und nüchterne Einstellung gegenüber allen Zeichengaben einschließlich der Zungenrede. Paul Rader schürte das Feuer für Bildung, das seinen Ursprung auf dem Bauernhof in Pennsylvania hatte. Durch den Zugang zu einer guten öffentlichen Bibliothek und zu Buchhandlungen in

Indianapolis begann Tozer, seinen starken, aber ungeschulten Verstand in Philosophie, Geschichte, Naturwissenschaft und Dichtung zu formen.

Die Tozers blieben bis 1928 in Indianapolis. In diesen drei Jahren verfeinerte Aiden seine Fertigkeiten als Prediger, erlebte, wie zahlreiche Seelen Buße taten und sich Christus zuwandten, um Erlösung zu erlangen, und wurde Zeuge gewaltiger körperlicher und geistlicher Heilungen. Zudem machte er durch seine Arbeit an *The Light of Life* wertvolle Erfahrungen als Autor und Herausgeber.

Indianapolis bot mehr als Erfahrung im Pastorendienst; in dieser dynamischen und wachsenden Stadt trug Ada durch die Geburt von zwei weiteren Söhnen, Wendell und Rolland, zum Bevölkerungswachstum bei.[95] Obwohl man nun eine noch größere Familie ernähren musste, bedeutete ein regelmäßiges Gehalt von der Kirche eine gewisse Erleichterung angesichts der Ausgaben für das Stopfen der hungrigen Mäuler. Dennoch trieben einige Veränderungen während der Jahre in Indianapolis noch einen weiteren Keil zwischen Ada und Aiden. Adas Schwangerschaft mit Sohn Nummer vier (Wendell) verlief gut, doch Sohn Nummer fünf (Rolland) ließ ihr Gewicht von 44 auf 59 Kilo steigen. Sie wurde diese Pfunde nie wieder los, und zumindest laut Rolland gab sie ihm die Schuld daran, dass sie ihre schlanke Figur für immer verloren hatte.[96]

Die Belastung durch die örtliche Veränderung und die generelle Anstrengung dadurch, vier Söhne unter acht Jahren zu haben, waren herausfordernd genug. Doch Aiden war nach dem Umzug nach Indiana genauso viel unterwegs wie während seiner Zeit in West Virginia. Seine körperliche Abwesenheit war schlimm genug, doch die öffentliche Bibliothek von Indianapolis bot diesem intellektuell hungrigen Mann ein Bildungsfestmahl von riesigem Ausmaß. Da er ein brennendes Verlangen hatte, mehr zu lernen, und da ihm seine fehlende Bildung deutlich bewusst war, begann Tozer, viele Stunden der Lektüre zu widmen. Er las nicht nur viel, er war auch geistesabwesend, wenn er zu Hause war, da er ständig seine Gedanken ordnete und im Geiste Artikel schrieb, wenn er nicht allein sein konnte, um sie zu Papier zu bringen. Anfang 1928 war bei den Tozers Alltag eingekehrt. Aiden fand seine Erfüllung darin, zu lesen, Predigten vorzubereiten, zu predigen und Reisetermine in seinen anstrengenden und spannenden Terminplan einzubinden, während Ada lernte, zurechtzukommen. Pflichtbewusst wusch, bügelte und kochte sie und kümmerte sich um die Kinder, und sie erlernte die Kunst, ihren Schmerz tief in sich hineinzufressen. Meistens tat sie so, als sei sie nicht verletzt. Doch wenn ihr Schmerz aus ihr herausbrach, machte sie sich meist Vorwürfe dafür, dass sie nicht fromm genug war, ihre Sehnsucht nach Nähe zu einem emotional distanzierten Ehemann zu überwinden.

Während Aiden seine Energie in seine Studien und sein Pastorenamt fließen ließ, richtete Ada ihre Aufmerksamkeit und Kraft auf die Jungen. Dieses Leben war sicher bei Weitem nicht perfekt, aber es war stabil und vertraut. Somit waren weder sie noch Aiden auf die bedeutende Veränderung vorbereitet, die bald eintreten sollte.

Kapitel 5
»Es war vielleicht gut, dass ich nie Theologie studiert habe«
Die Jahre in Chicago (1928–1941)

J. Francis Chase, ein weltgewandter, kultivierter und gebildeter Werbegrafiker aus Chicago, begegnete Aiden Tozer persönlich erstmals im August 1928. Diese nachmittägliche Begegnung war das erste von zahllosen Treffen zweier Männer, die dazu bestimmt waren, gute Freunde zu werden. Nach Aussage der Menschen, die ihn kannten, hob sich Chase von seinen Zeitgenossen ab.[97] Er hatte einen wirklich exzellenten Verstand, der von einer Demut gemäßigt wurde, die auf einer außergewöhnlich starken und persönlichen Beziehung zu Jesus Christus durch den Heiligen Geist beruhte. Chases Spiritualität war geprägt von der Heiligen Schrift und einem radikalen Gehorsam gegenüber Gottes Geboten. Doch sie wurde auch durch eine mystische Beziehung zu Jesus Christus belebt, dem Chase treu diente und den er heute noch für so lebendig und gegenwärtig hielt wie damals, als er durch die staubigen Straßen Galiläas zog.

Mehr als vierzig Jahre nach ihrer ersten Begegnung erinnerte sich Francis Chase daran, dass eine heilige Salbung auf Tozer ruhte. Chase, der eine nüchterne Einstellung zum Heiligen Geist hatte, meinte: »Ich habe Menschen schon hin und wieder beten und reden hören – völlig außer sich. Paulus sagte, das sei die beste Gabe, und das ist sie auch, [und] möge Gott dies Hunderten unserer Männer widerfahren lassen.«[98] Für Chase war eine solche Salbung die einzig mögliche Erklärung für Tozers starke Ausstrahlung auf der Kanzel, als er im Spätsommer 1928 zu der Gemeinde des *Southside Tabernacle* in Chicago predigte.

R.R. Brown, der überall nur unter seinen Initialen als R.R. Brown bekannt war, war der Dekan des westlichen Bezirks der CMA. Er hatte organisiert, dass Tozer im *Southside Alliance Tabernacle* in Chicago sprach. Brown hatte einen wohlverdienten Ruf als intelligenter und ausgewogener, aber auch leidenschaftlicher Prediger mit einem Herzen für die Mission und Evangelisation. Gemeinsam mit Paul Rader, Tozers Mentor, der inzwischen Vorsitzender der CMA geworden war, drängte Brown die Führungsspitze der Allianz, ihren Blick über den Nordosten der USA hinaus zu erweitern, wo A.B. Simpson die Allianz gegründet hatte. Rader hatte Brown zum ersten Dekan für den westlichen Bezirk ernannt; daher scharte Brown eine Gruppe junger Männer um sich, um eine neue Gemeinde in Chicago zu gründen. Diese wurde 1922 offiziell gegründet, und der treue und tatkräftige Brown diente als erster Pastor. Innerhalb weniger Monate wurde ein fester Pastor ernannt, und bis zum Sommer 1928 waren Brown drei Männer in diesem Amt gefolgt, wobei jeder Pastor etwa zwei Jahre blieb.[99]

Drei Pastoren in sechs Jahren waren keinesfalls ein Anzeichen für eine kranke Gemeinde. Anfang des zwanzigsten Jahrhunderts war ein Pastorenwechsel alle zwei bis drei Jahre nicht ungewöhnlich. Bei den frühen Methodisten vertrat man neben anderen Traditionen auch die Meinung, ein regelmäßiger Pastorenwechsel sei gesund, da er die Gemeinden davor bewahre, eine Abhängigkeit von einem Mann zu entwickeln. Die *Southside Tabernacle*-Gemeinde wirkte 1928 eigentlich recht gesund. Die Gemeinde bestand aus etwa achtzig Erwachsenen, was laut Tozers Biograf James L. Snyder »für die Allianz eine ziemlich große Versammlung war.« Aber die Gemeinde in Chicago hatte mehr als eine stabile Mitgliederzahl aufzuweisen; die Gemeindeglieder hatten bereits ein Grundstück – inklusive einer großen Garage – erworben, das sie zu einem Versammlungsort mit Toiletten, Schulungsräumen und einem kleinen Gemeindebüro umgebaut hatten.[100]

Trotz der großzügigen Räumlichkeiten und der großen Gemeinde ging der Pastor von Southside, Joseph Hogue, im Sommer 1928 fort. Dekan Brown versuchte schnell, seine Stelle wieder zu besetzen, da eine starke Gemeinde in Chicago zu seiner Vision für den westlichen Bezirk gehörte. Schließlich war Chicago eine der am schnellsten wachsenden Städte Amerikas. Chicago war bereits zu dieser Zeit das Eisenbahnzentrum der Vereinigten Staaten und war bis 1928 innnerhalb von weniger als einem Jahrhundert auf über 3 300 000 Menschen angewachsen. Ein ausgedehntes Schienennetz und visionäre Unternehmer machten es möglich, dass Chicago ein wirtschaftliches Zentrum für die Beschaffung, Verarbeitung und Produktion von fast allen Gütern wurde, von Getreide über Fleisch bis hin zu Holz, Kohle, Stahl und Zement.

Da in Chicago das wirtschaftliche Herz für einen großen Teil Amerikas schlug, knüpften Männer wie R. R. Brown an die Vision des Evangelisten Dwight L. Moody an, Chicago zu einem stetig wachsenden Mittelpunkt für die Verkündigung des Evangeliums zu machen. Da es dort evangelikale und bibeltreue Bildungseinrichtungen wie das *Wheaton College* und das *Moody Bible Institute* gab, hielten Männer wie Rader und Brown Chicago für strategisch geeignet, um künftige Generationen für die innere und äußere Mission auszurüsten.[101]

Pastor Brown hatte Aiden Tozer bei mehreren Anlässen predigen gehört, und obwohl Tozer relativ jung war – er war erst einunddreißig – stimmte der Dekan Paul Rader zu, dass Tozer anderen Männern überlegen und im Begriff war, sich als einer der dynamischsten, leidenschaftlichsten und hoffungsvollsten Männer in der CMA zu erweisen. Außerdem hatte sich in der Gemeinde in Chicago herumgesprochen, dass die Kirchenleitung bereits von verschiedenen Leuten gedrängt wurde, sich zu erkundigen, ob man den Prediger aus Indianapolis überreden könne, nach Chicago zu ziehen.[102]

Daher wandte sich Brown schriftlich an Tozer und fragte ihn, ob er Interesse hätte, Pastor am *Tabernacle* in Chicago zu werden. Tozer antwortete mit einem höflichen Nein. Doch Brown gab nicht auf. Er schrieb noch einmal. Wieder sagte Tozer nein. Trotz zweier negativer Antworten bat Brown den Pastor aus Indianapolis dringend, wenigstens nach Chicago zu kommen, die Gemeindeleitung zu treffen und mit der Gemeinde zu sprechen.

Vielleicht aus Respekt vor seinem Dekan erklärte sich Tozer bereit, an einem Sonntag Mitte August in Chicago zu predigen. Doch er sagte deutlich, dass seine Arbeit in Indianapolis gut laufe und dass er und seine Familie sich wohlfühlten. Sie liebten die Menschen in Indiana und fühlten sich nicht geführt, umzuziehen. Dennoch schob Tozer seine eigenen Vorlieben beiseite und traf am Sonntag, den 12. August, rechtzeitig für seine Predigt um 15 Uhr in Chicago ein. (Damals trafen sich die Allianz-Gemeinden nur sonntagnachmittags und -abends.)[103]

Francis Chase leitete den Gottesdienst und das Team der Laien und nahm Tozer in Empfang. Chase erinnerte sich, dass es ein äußerst heißer Nachmittag war und Tozer erst wenige Minuten vor 15 Uhr eintraf. Chase stellte sich dem Prediger vor und erklärte ihm, dass er den Gottesdienst leiten würde und Tozer nichts weiter tun musste, als zu predigen, nachdem er vorgestellt worden war. Chase erinnerte sich folgendermaßen an Tozers Erscheinungsbild: »Er war dünn, hatte volles Haar und war ganz bestimmt kein Modegeck, wie wir so sagen. Seine schwarze Krawatte war ungefähr drei Zentimeter breit. Seine Schuhe waren selbst damals schon altmodisch,

Stiefeletten mit Hakenschnürung bis auf halbe Höhe.« Um es höflich auszudrücken: »A.W. Tozer war keine sehr eindrucksvolle Erscheinung.«[104]

Tozers Erscheinungsbild ließ keinen Zweifel daran, dass er ein Mann vom Lande war und den Großteil seines Erwachsenenlebens unter den Leuten aus dem Gebirge von West Virginia verbracht hatte. Seine Art zu predigen spülte schnell jegliche Spur von Vornehmtuerei fort, mit der das Verhalten mancher Prediger aus der Stadt befleckt war. Als Tozer die Kanzel betrat, verzichtete er auf die üblichen Nettigkeiten, es sei eine Ehre hier zu sein und so weiter, und er überging auch den Brauch, einen Witz oder eine lustige Geschichte zu erzählen, um die Aufmerksamkeit der Gemeinde zu fesseln. Stattdessen verkündete Tozer einfach sein Thema, las aus Hebräer 11 und ging dann zur Predigt über.

Tozers Auftreten zog die Zuhörer ganz in seinen Bann. Mit einer erstaunlich frischen Stimme schloss er den Text auf und führte die Menschen in Gottes Gegenwart. Nach dem Gottesdienst gab es nur gedämpfte Unterhaltungen, und die Gemeinde teilte sich in kleine Grüppchen auf – die Menschen taumelten immer noch unter der geistlichen Macht, die ihren Verstand und ihr Herz dem Herrn Jesus Christus nahegebracht hatte. Bis auf den letzten Mann waren sich alle einig, dass ein ganz außerordentlicher Mann mit einer heiligen Salbung unter sie getreten war. Seine Predigt war schlicht, aber gewandt gewesen. Gott war verherrlicht und die Menschen gesegnet worden.

Jeder, dem es möglich war, kam um 19.30 Uhr wieder, um Tozers zweite Predigt zu hören. Viele brachten Freunde und Bekannte mit, um die neue Stimme zu hören, die Gott aus dem Nachbarstaat Indiana in ihre Mitte gestellt hatte. Wieder schlug der Pastor aus Indianapolis ohne einleitende oder ausschmückende Worte die Bibel auf und predigte über »die Auferstehung der Toten«. Wie zuvor trieb es die Zuhörer entweder auf die Knie, um ihre Sünden zu bekennen, oder ihr Lobpreis erhob sie in den Himmel. Nach dem Segen war unter den Mitgliedern ein Gemurmel zu vernehmen: »Lasst ihn nicht weggehen.«

Sechsundvierzig Jahre später sagte Francis Chase, er könne sich an die Spannung in der Luft erinnern, als sei es gestern gewesen. Alle, die an diesem Abend anwesend waren, nahmen eine heilige Gegenwart Gottes in ihrer Mitte wahr, die größer war als Tozer oder sie selbst. Ein fast greifbares Gefühl der Erwartung erfüllte das *Southside Alliance Tabernacle.*[105]

Als Tozer sich nach dem Gottesdienst kurz mit den Mitgliedern der Gemeindeleitung traf, sagte er mit einem Augenzwinkern: »Ich stelle mich nicht zur Wahl.« Jeder der Anwesenden wusste, dass der beliebte amerikanische Präsident Calvin Coolidge genau diese Worte zehn Tage zuvor auf einer Pressekonferenz im Weißen Haus zu einer verblüfften Menge von Reporten gesagt hatte. Coolidge hatte seine Worte so gemeint und lehnte eine Wiederwahl ins Weiße Haus im November ab. Tozer dagegen ließ die Tür der Hoffnung leicht angelehnt, als er sagte, er liebe die Gemeinde in Indianapolis, sei jedoch bereit, in ein paar Wochen nach Chicago zurückzukehren, um eine dreitägige Predigtreihe durchzuführen.

Anfang Oktober war das heiße Wetter in Chicago vorbei, doch der Wunsch, Aiden W. Tozer als *Southside*-Pastor zu haben, war noch stärker geworden. Seine dreitägige Reihe lief noch besser als die Predigten an jenem Augustsonntag. Außerdem war Chicago nach Tozers Geschmack. Es gab in Chicago viel mehr Antiquariate als in Indianapolis, und die öffentliche Bibliothek in Chicago konnte es mit jeder Büchersammlung des Landes aufnehmen, abgesehen von der öffentlichen Bibliothek in New York und der *Library of Congress,* der Nationalbibliothek in Washington D.C. Zudem machte das Schienennetz von Chicago das Reisen an Orte, an die Tozer als Prediger eingeladen werden könnte, sehr viel einfacher.

Zwei weitere weltliche Faktoren hatten Anteil daran, dass Tozer seine Meinung über einen Umzug nach Chicago änderte. Erstens mochte er den Laienvorsitzenden der *Southside Alliance*, Francis Chase, sehr gern, vielleicht lieber als jeden anderen Mann, dem er je begegnet war. Von ihrer ersten Begegnung im August an spürten beide Männer eine Seelenverwandtschaft. Jeder der Männer wusste, dass er einen besonderen Freund gefunden hatte. Zweitens stimmte die Gemeindeleitung zu, als Tozer erklärte, er käme nur nach Chicago, wenn er als Pastor einen Schwerpunkt auf Predigt und Lehre statt auf Hausbesuche und Seelsorge setzen könne.

Der letzte Grund, der Tozer veranlasste, den Ruf nach Chicago anzunehmen, war das leichte Drängen des Heiligen Geistes. Seit Tozer den dritten Brief von Dr. R.R. Brown erhalten hatte, hatte er ein innerliches Gefühl der Erleuchtung. Dieses Licht wurde heller, als er im August nach Chicago reiste – auch wenn er verkündete: »Ich stelle mich nicht zur Wahl.« Obwohl er immer noch zögerte, seine Bande zu der Gemeinde in Indianapolis zu lösen, sah er Chicago zunehmend mit anderen Augen. Schließlich hatte er nach dem dreitägigen Aufenthalt im Oktober genügend Licht, um den Weg zu erkennen.

Bald nach Tozers Auftritt im Oktober in dem Versammlungsraum, der aus einer ehemaligen Garage entstanden war, erhielten die regelmäßigen Gottesdienstbesucher der Allianz-Gemeinde eine knapp formulierte Postkarte von Francis Chase, die der Art ihres freimütigen künftigen Pastors sehr ähnlich sein sollte:

> Er wurde gewählt, hat zugesagt und wird am 8. November 1928 hier sein, und er heißt Pastor A.W. Tozer, der Mann aus Indianapolis.[106]

Anfang November packten Ada und Aiden die fünf Jungen und all ihre Kleidung in einen 1925er Oakland – ein Geschenk der Gemeinde in Indianapolis –, der etwa so modisch war wie Aidens Stiefeletten mit Hakenschnürung bis auf halbe Höhe. Die Habseligkeiten der Familie, die in der klapprigen Limousine keinen Platz mehr hatten, wurden auf das Dach geschnallt und an das Heck gebunden. Die Stimmung aller sieben Reisenden war fast so niedergedrückt wie die Stoßdämpfer des voll beladenen Autos, doch die Laune – zumindest die des Fahrers – hob sich nach wenigen Kilometern auf der Straße zusehends. Später vertraute Tozer Francis Chase an, dass Ada furchtbar traurig war, als sie Indianapolis verließen. Tozer selbst reiste betrübt und nachdenklich ab und fragte sich ganz ehrlich, ob es ein Fehler gewesen war, das Angebot aus Chicago anzunehmen. Doch die Führung, nach Westen zu ziehen, erwies sich bald als Vorsehung. Tozer sagte: »Sobald ich die Stadtgrenze von Indianapolis passiert hatte, war ich im Geist bezüglich meiner Entscheidung günstig gestimmt. Ein süßer Friede legte sich um meine Seele. Ich wusste, dass ich in Gottes Willen war.«[107]

Stundenlang zuckelten die Tozers Richtung Nordwesten durch Indiana. Die Landstraße war eben und mit nur zwei Spuren recht eng. Der knarzende Oakland, der eine Last transportierte, für die er nicht ausgelegt war, kam nicht schnell voran, aber er brachte die sieben Tozers ohne einen platten Reifen oder ein Anzeichen von technischen Problemen zu ihrem neuen Zuhause.

Man könnte fast meinen, dass Aiden Tozer eine Abmachung mit dem klappernden und ächzenden Oakland traf: »Bring uns nach Chicago, und wir lassen dich in Ruhe«, denn der Oakland wurde entladen und in einer Garage hinter dem Haus geparkt, und außer einem einzigen Mal verließ er seinen Unterschlupf nie mehr. Ada fuhr erst sehr spät in ihrem Leben nach dem Tod ihres Mannes Auto, und Aiden empfand den Verkehr in Chicago als sehr beängstigend. Nachdem er ein oder zwei Tage nach seinem Umzug nach Chicago gegen einen der Tausenden von Bäumen geprallt war, die die Straßen in den Wohngebieten im Süden Chicagos säumten, ließ der Allianz-Pastor das Auto in der Garage. Zur Kirche und in die Innenstadt fuhr er mit öffentlichen Verkehrsmitteln, oder er fuhr bei Gemeindemitgliedern mit, die die Tozers stets gerne überall hinbrachten, wohin sie mussten.[108]

Die Allianz-Gemeinde in Chicago mietete für ihren neuen Pastor und dessen Familie ein Pfarrhaus mit der Adresse 10735 Prospect im Südwesten Chicagos. Das verputzte Fachwerkhaus lag in einem attraktiven Mittelklasseviertel mit von Bäumen gesäumten Straßen, die breit genug zum Fahren und Parken waren. Das Haus war etwa zwanzig Jahre alt und verfügte über drei Schlafzimmer mit je neun Quadratmetern, ein Wohnzimmer, Esszimmer, eine Küche und ein Badezimmer. Es war voll unterkellert und hatte einen Dachboden und eine Garage mit einer Zufahrt entlang der Südseite des Hauses. Dies war bei weitem das geräumigste Haus und die schönste Gegend, in der die Tozers je gewohnt hatten. Doch die Unterkunft war schon bald wieder beengt, als Ada nach ihrem Umzug nach Chicago noch einen Sohn (Stanley) zur Welt brachte. Deshalb erlaubte der Vermieter der Gemeinde, das Haus umzubauen und sowohl die vordere als auch die hintere Veranda zu Schlafveranden zu machen. Diese Renovierung wurde 1931 begonnen, nachdem im September 1930 mit Stanley der letzte Sohn und Kind Nummer sechs geboren worden war.[109]

Das Prospect-Haus eignete sich anderthalb Jahrzehnte lang

recht gut für die Tozers, selbst nachdem 1939 noch ein unerwartetes siebtes Kind, Rebecca, geboren wurde. Ada kam hier gut zurecht. Sie schaffte Raum für alle und richtete das Esszimmer so ein, dass die ganze Familie bei den Mahlzeiten zusammen sein konnte und sie sonntagnachmittags noch ein oder zwei weitere Personen an den Tisch quetschen konnte. Ada nahm sich Christi Aufforderung, sich um die Armen zu kümmern, zu Herzen. Binnen Monaten nach ihrer Ankunft in Chicago wurde sie bekannt dafür, dass sie ein oder zwei der einsamsten Seelen der Gemeinde aufspürte und diese sonntags zum Essen mit nach Hause nahm.[110]

Das Prospect-Haus bot Ada Platz, um Gastfreundschaft und Mitgefühl auszuüben, und den Kindern bot es Gelegenheiten für verschiedene Freizeitbeschäftigungen. Der Garten war so groß, dass Papa Tozer mit den Jungs Fangen spielen konnte, doch in ihrer Erinnerung war er recht unbeholfen – »ein Tollpatsch« – und nicht besonders hilfreich dabei, sie im Sport zu trainieren. Dennoch freuten sich die Jungen an dem Garten, und mehrere von ihnen erinnerten sich liebevoll an Spaziergänge in der Natur mit ihrem Vater – inklusive Vorträge über Vögel und Bäume in einem nahe gelegenen Park.

Es lag Aiden, Spaziergänge in der Natur zu unternehmen und Vorträge über die Botanik zu halten, doch noch besser konnte er mit dem Gewehr schießen. Wendell sagte, sein Vater sei ein ausgezeichneter Schütze gewesen. »Er konnte eine Schlange, die über die Straße kroch, aus großer Entfernung in Stücke schießen.« Um seinen scharfen Blick zu trainieren, stellte er einen Schießstand im Keller des Hauses in 10735 Prospect und auf dem Dachboden ihres zweiten Zuhauses im Longwood Drive auf, wohin sie 1945 umzogen. In beiden Häusern konnte man mit einem Gewehr Kaliber 22 auf einen Heuballen feuern, an den Zielscheiben aus Papier geheftet waren. Im Lauf der Jahre nahm

Die Tozers im Jahr 1933: Ada und Aiden (hintere Reihe, v. li.), Aiden, Lowell, Wendell, Forrest und Raleigh (mittlere Reihe), Stanley (in weißer Kleidung, vordere Reihe)

er auch die Kinder mit nach draußen aufs Land, um schießen zu üben. Sogar Rebecca wurde zu ihrer großen Freude mitgenommen, um Pistolen und Gewehre abzufeuern. Sie besitzt entzückende Fotos von sich als Teenager mit ihrem Vater, der ihr zeigt, wie man eine Pistole sowohl draußen als auch drinnen an einem kommerziellen überdachten Schießstand abfeuert.[111]

Das erste Pfarrhaus in Chicago war etwa acht Kilometer von der Kirche entfernt, und Aiden Tozer fuhr jeden Tag zufrieden mit zwei Straßenbahnen zur Kirche. Harry Verploegh, ein junger Mann, der einer von Pastor Tozers drei oder vier engsten Freunden werden sollte, erinnerte sich, dass das *Southside Tabernacle* bei Tozers Ankunft in Chicago ein hastig renoviertes und umgestaltetes Holzgebäude mit einer hohen Decke und freiliegenden Balken gewesen war. An jedem Ende des länglichen Bauwerks war ein großer Heizkessel der Dampfheizung platziert. Außer dem offenen Anbetungsraum gab es mehrere Unterrichtsräume und einen winzigen Raum, das Arbeitszimmer des Pastors. Tozer beklagte sich nie über die Räumlichkeiten. Er hatte an weniger angenehmen Orten gearbeitet und begehrte nie mehr. Trotzdem nahm die Gemeinde einige Jahre nach seiner Ankunft ein Bauvorhaben auf dem angrenzenden freien Bauplatz an der 70. Straße/ Union-Straße in Angriff.[112] Da das Land in einer Wirtschaftskrise steckte, dauerte es mehrere Jahre, bis das Bauprojekt abgeschlossen war. Doch auch wenn dies eine Unannehmlichkeit darstellte, war es doch keine große Not. Die Gottesdienste wurden ohne Unterbrechung weiter in dem alten Holzgebäude abgehalten.

Erneuerung wurde in den 1930er-Jahren für die Tozers und die Allianz-Gemeinde in Chicago zum vorherrschenden Thema. Während das Bauprojekt langsam, aber stetig vorankam, erlebte auch Aiden Tozer dank der konstruktiven Kritik und Ermutigung von mehreren Laien, vor allem von Francis Chase und Harry Verploegh, eine gründliche Veränderung. Es ist Tozers Demut und Chases und Verploeghs Mut zu verdanken, dass eine ehrliche Einschätzung der Arbeit des Pastors in einem Geist der Liebe geäußert und angenommen wurde. Da Tozer aufrichtig gewillt war, zu lernen und an sich zu arbeiten, konnte er über sich selbst lachen und sah ein, dass manche Teile seiner Kleidung, gelinde gesagt, ausgefallen waren. Genauer gesagt wurde ihm klar, dass seine eigentümliche Kleidung geradezu ablenkend wirken konnte. Eigentlich hatte Tozer ordentlich und sorgfältig gekleidet sein wollen. Jahre zuvor hatte er in der Armee gelernt, wie wichtig extrem saubere Schuhe und peinlich genaue Bügelfalten waren. Dank der ermutigenden Beratung von Chase und Verploegh fing der Pastor an, sich mehr wie ein Berufstätiger aus Chicago zu kleiden und nicht mehr wie eine Karikatur einer längst vergangenen Zeit.

Tozer setzte sich zum Ziel, zu lernen, wie man sich unauffällig kleidet, und es gelang ihm gut. Tatsächlich wurde mit der Zeit das einzig Bemerkenswerte an seiner Garderobe seine tägliche Bürokleidung. Folgende Erinnerungen von Raymond McAfee, der über anderthalb Jahrzehnte lang Tozers Assistenzpastor war, wurden von allen bestätigt, die Tozer gekannt hatten. Der Pastor kam frühmorgens »in Anzug und Krawatte« von zu Hause ins Gemeindebüro. Sobald er in seinem kleinen Arbeitszimmer war, »zog er seine Hose aus und zog eine andere an, die er seine Gebetshose nannte, damit die Bügelfalte in seiner Anzughose erhalten blieb, um später wieder in Erscheinung zu treten.« McAfee erinnerte sich, dass bei dieser Gebetshose »die hintere Naht ein gutes Stück aufgeplatzt war.« Einmal »fragte ich ihn: ›Woher wissen Sie, wie man sie anzieht?‹ ›Ach‹, sagte er, ›das ist einfach, McAfee, die Gesäßtaschen gehören hier hin.‹« Die wenigen Personen, die Tozer in seinem Arbeitszimmer sahen, berichteten, dass er eine Brille und einen grünen Sonnenschutz für die Augen trug. Beim Lesen und Schreiben war er sehr lichtempfindlich. McAfee merkte an, dass »er wie ein Redakteur bei einer Lokalzeitung aussah.« Und dann gab es noch den »unvermeidlichen Pullover.« Egal zu welcher Jahreszeit, er schien »mit seinen Pullovern verheiratet zu sein. Ihm war immer kalt.« McAfee, der genug Geist und Humor hatte, seinem Chef ebenbürtig zu sein und ihm Freude zu bereiten, »sagte eines Tages zu ihm: ›Ich weiß jetzt, was Sie machen. Sie ziehen ihren Pullover am 31. Juli jeden Jahres aus und am 1. August wieder an.‹ Er sagte: ›Sie haben recht, wissen Sie was? Gestern Abend habe ich ein Bad genommen, und was glauben Sie, was ich danach gefunden habe? Den Pullover, den ich vergessen hatte, anzuziehen.‹«[113]

In diesen frühen Jahren in Chicago erlebte Tozer mehr als eine Veränderung seiner Garderobe. Auch wenn Chase und Verploegh einige Jahre jünger waren als Tozer, erkannte er, dass sie einen scharfen Verstand hatten, sehr weise für ihr Alter waren und ihn und die Gemeinde wirklich gern hatten – von beidem erhofften sie sich, dass es Gott möglichst viel Ehre bringen würde. Tozers Freunde halfen ihm, zu erkennen, dass manche seiner Eigenheiten auf der Kanzel genauso ablenkend wirken konnten wie altmodische Kleidung. Tozers Predigten kamen zwar außerordentlich gut an, doch seine Angewohnheit, auf der ganzen Breite der Bühne zügig auf und ab zu gehen, sorgte dafür, dass sich etliche Personen nicht mehr auf die Predigt konzentrieren konnten. Auch dass er mit dem Finger trommelte und an seinen Fingern zog, als würde er gerade eine Kuh melken, störte manche Zuhörer, die sonst begeistert von ihrem Pastor waren.[114]

Während Tozer es entschieden ablehnte, sich in eine bestimmte Form pressen zu lassen, nur um den Vertretern der feinen Gesellschaft oder der Populärkultur zu gefallen, nahm er sich die Beobachtungen seiner jungen Mentoren nachdenklich und andächtig zu Herzen. Das Resultat war ein geschliffener Geistlicher, der mit einer vollmächtigen Tiefe predigen konnte, die den Verstand und das Herz der Menschen auf eine Weise berührte, die man in den Gemeinden in Chicago selten erlebte.

Während der 1930er-Jahren durchlief Tozer eine intellektuelle und geistliche Veränderung, die sich als ebenso tief greifend erwies wie die Änderung seines Kleidungsstils. Was den Intellekt anging, hatte Tozer eine große natürliche Begabung, aber ihm fehlten die Vorteile der Geistlichen, die das Privileg einer Universitätsausbildung und vielleicht sogar eines Aufbaustudiums genossen hatten. An einem Mann wie Paul Rader sah Tozer, was es bewirken kann, einen von Natur aus starken Verstand zu schulen. Aufgrund seiner eigenen Vorlieben, seiner intellektuellen Neugier und der Ermutigung eines Intellektuellen wie Rader lehnte Tozer es ab, in den Anti-Intellektualismus abzurutschen, der Anfang des zwanzigsten Jahrhunderts unter bibeltreuen und evangelikalen Predigern nur zu verbreitet war. Trotzdem konnte Tozer ganz aufrichtig sagen: »Es war vielleicht gut, dass ich nie Theologie studiert habe«, und das war kein Fall von »Die Trauben sind zu sauer« aus dem Mund eines ungebildeten Mannes, der unwissend bleiben wollte.[115] Leider nahm er bereits nach wenigen Jahren im geistlichen Dienst zu wenige Paul Raders und viel zu viele Männer wahr, die so langweilig identisch waren, als wären sie nach dem Vorbild von Henry Fords Automobilen an einem theologischen Fließband produziert worden. Tozer war entsetzt darüber, wie viele Evangelisten und Pastoren – sogar viele mit Theologiestudium oder Bibelschulausbildung – mit der selben frommen Stimme sprachen, jeden Abschnitt der Bibel genau gleich auslegten und irgendeine scheinbar vorgeschriebene Art und Weise nachahmten, wie man über Gott und seine besondere Offenbarung denken, schreiben und sprechen sollte. Tozer und weitere aufmerksame Beobachter erlebten, wie schläfrig es machte, Predigten zu hören, die in einem allzu vorhersehbaren Stil, Gliederung und Vortragsweise gehalten wurden, inklusive der »erlaubten« Anzahl von Nettigkeiten und schmückenden statt veranschaulichenden oder erhellenden Geschichten, die sämtlich so vorgetragen wurden, dass scharfsinnige Zuhörer schon nach wenigen Minuten die Alma Mater des Predigers erkennen konnten.

Pastor Dr. Bernard King, der mit A.W. Tozer gut bekannt war und ihn bei vielen Gelegenheiten predigen hörte, bemerkte, dass Tozers Predigten immer biblisch und theologisch korrekt waren, aber auf eine frische Art vorgetragen wurden, die in christlichen Kreisen zu selten war. King sagte, Tozer habe seinen Predigten eine Vielzahl von Quellen zugrunde gelegt. Besonders erfrischend war, wie Tozer sich auf die frühen Kirchenväter und christlichen Mystiker bezog. Demzufolge sprach und schrieb Tozer mit einer »bissigen Schärfe« und Originalität, der selten jemand gleichkam.[116]

Aiden Tozer war ein vielschichtiger Mann. Er bildete einen Kontrast zu der großen Mehrheit seiner Zeitgenossen im geistlichen Dienst. Viele Männer, die das Privileg einer formalen Bildung genossen hatten, betrachteten diese bloß als Übergangsritual zu einem Beruf und hörten auf, ernste Literatur zu lesen und kritisch zu denken, sobald sie den begehrten »Schafspelz« erworben und den hauptamtlichen Dienst aufgenommen hatten. Viele andere, denen das Privileg einer Bildung auf Universitätsniveau versagt geblieben war, wichen jeder Bildung aus und vergeistlichten stattdessen ihren Dienst. Sie rühmten sich oft, sie seien Männer »eines Buches«, die von niemandem als dem Heiligen Geist unterrichtet wurden.

So war Tozer nicht. Er hatte viel in den Tagebüchern, Briefen und Predigten von John Wesley gelesen. Seine Schwiegermutter hatte ihn an die Werke der Brüder Wesley herangeführt, und John Wesleys Aussage, er sei ein »Mann eines Buches, aber der Schüler vieler« berührte ihn tief. Der Gründer des Methodismus mahnte Geistliche, viel zu lesen, aber alles durch die Lupe der Bibel zu prüfen.

Ähnlich wie John Wesley gab sich auch Tozer nie mit seinem Wissen zufrieden. Für ihn gab es immer stapelweise Bücher, die er noch lesen wollte, vieles mehr zu lernen, Meinungen, mit denen er sich auseinandersetzen musste, und Gedanken, die er zu Papier bringen und in Predigten aufnehmen wollte. In mancher Hinsicht war er ganz genauso engagiert und ehrgeizig wie die weltlichen Männer des zwanzigsten Jahrhunderts, die Grundstücke in den wachsenden Städten des Landes erschlossen. Doch was Tozer von seinen weltlichen Zeitgenossen unterschied, war die Tatsache, dass diese Geld verdienen, Tozer jedoch Gott erkennen und ihn bekannt machen wollte.

Die viel zitierte Redewendung »Alle Wahrheit ist Gottes Wahrheit« war für A.W. Tozer kein Klischee. Er nahm Psalm 8 ernst und wörtlich. Das führte ihn zu der Annahme, dass wir Menschen möglichst viel über die Erde und ihre Fülle lernen müssen, da wir zu Verwaltern der ganzen Schöpfung gemacht worden sind. Deshalb las er Bücher, die für aufmerksame Menschen ohne Vorbildung in den Naturwissenschaften geschrieben worden waren. Er kannte sich schließlich recht gut in der Botanik aus und genoss es, seinen Kindern verschiedene Aspekte des Pflanzenlebens beizubringen.[117]

Tozer interessierte sich auch sehr für Philosophie. Ihm war klar, dass die eigene Weltanschauung einen Großteil dessen prägt, was man über das Leben denkt und wie man lebt. Deshalb las er einige der am häufigsten zitierten Hauptwerke von Aristoteles, Platon, Spinoza, Descartes, Hume, Hegel und sogar Karl Marx. Er las auch Überblicksdarstellungen über die Geschichte der Antike, des Mittelalters und der Neuzeit. Auch wenn er sich keineswegs mit den historischen Primärquellen beschäftigte, hatte er dennoch ein mehr als nur oberflächliches Verständnis dafür, was Völker und ihre Führer für gut und wahr hielten und wofür sie zu kämpfen bereit waren. Durch all dies erfuhr er zumindest die offensichtlichsten Ursachen und Folgen des Aufstiegs und Untergangs von Völkern und Zivilisationen.

Tozer war als Autodidakt entschlossen, sich selbst eine Bildung anzueignen, die einem College-Abschlusses in den freien Künsten entsprach. In englischer und amerikanischer Literatur ging er jedoch sicherlich über das Niveau eines Überblickskurses hinaus. Er stieg tief in die amerikanischen Romantiker ein, besonders in die Werke von Emerson, Hawthorne und Thoreau. Auch die englischen Dichter des siebzehnten Jahrhunderts liebte er, darunter George Herbert, John Milton und John Dryden.

Nicht allen Fächern begegnete Tozer mit der Begeisterung, die er für Philosophie, Geschichte und Literatur hegte. Er hatte keine hohe Meinung von der Psychologie – vor allem von Jung und Freud –, auch wenn nicht klar ist, ob er überhaupt viel von deren Werken gelesen hatte. Ebenso zeigte er seine Geringschätzung für Soziologie und Anthropologie, was zumindest teilweise daran lag, dass er im Kern ein christlicher Humanist war und von Natur aus nicht viel von Gesellschaftswissenschaften hielt. Eigentlich war er voreingenommen gegen die Besessenheit des zwanzigsten Jahrhunderts von »wissenschaftlicher Methodik«, besonders wenn es um akademische Fächer ging, die beanspruchten, menschliches Verhalten »wissenschaftlich« zu messen.

Tozer war ein Intellektueller, doch bei der Frage nach den Grenzen des Verstands trennten sich seine Wege von denen der modernen Intellektuellen. Seit der Aufklärung haben die führenden Denker den Menschen und seinen Verstand in allerhöchste Höhen gehoben. Die logische Schlussfolgerung aufklärerischen Denkens verkündete, die Wahrheit könne nur durch den Verstand erkannt werden. Gleichzeitig gebe es keine Grenzen für das, was der Mensch durch das Streben nach Vernunft erreichen könne – vor allem, wenn die Methodik »wissenschaftlich« sei. Tozer räumte ein, dass wir durch die Vernunft viel lernen können. Doch sowohl Gott als auch den menschlichen Geist und die Seele könne man nur durch den Heiligen Geist erkennen. Zwar lassen sich manche Wahrheiten mit dem Verstand und durch Beobachtung der Natur erfassen, aber viele Wahrheiten können nur durch Gottes Geist und durch das, was er enthüllen möchte, übernatürlich entdeckt und verstanden werden. Tozer fasste seine Theorie von der Gültigkeit der Erkenntnis folgendermaßen zusammen: »Ich bin nicht vernunftfeindlich. Ich bin nicht gegen den menschlichen Verstand. Ich sage Ihnen nur, dass er ein äußerst beschränktes Werkzeug ist. [Gott] steht über dem menschlichen Verstand, und er steht über der menschlichen Wissenschaft. Wenn man die Vernunft auf Materie, auf Naturgesetze, bezieht, ist das Wissenschaft, und das ist alles, was die Wissenschaft ist.«[118]

Seit seinen Tagen in Indianapolis hatte Tozer eifrig und zielstrebig gelesen. Die Bibliothek und die Buchhandlungen und auch einflussreiche Menschen wie Paul Rader wiesen ihm den Weg in die Welt des Geistes. Doch in Chicago gewann sein Bildungsprozess aus mehreren Gründen deutlich an Fahrt. Erstens hatte er durch das Gehalt in Chicago etwas mehr frei verfügbares Geld, und zweitens waren Antiquariate weitverbreitet und die Preise niedrig. Zwei seiner Söhne berichteten sogar, dass ihnen beim genaueren Durchsehen seiner Bibliothek aufgefallen war, dass in den meisten Büchern noch mit Bleistift der Preis stand, der sich meist zwischen zehn und fünfundzwanzig Cent bewegte.[119] Drittens hatte Tozer zum ersten Mal etwas Platz zu Hause, um Bücher aufzubewahren, und sein Gemeindebüro in Chicago war zwar klein, aber verglichen mit allem, was er je zuvor gehabt hatte, war es feudal. Die Allianz-Gemeinde in Chicago hatte ja schon vor Aidens Zusage zugestimmt, dass er als Pastor vor allem predigen und lehren sollte, und daher fühlte er sich nicht schuldig, wenn er jede Woche viele Stunden in seinem Arbeitszimmer verbrachte.

Die Stunden, die er an einem typischen Tag oder pro Woche damit verbrachte, Bücher zu lesen und sich Gedanken zu machen, lassen sich nicht messen, aber es war eine beträchtliche Zahl. Ebenfalls wissen wir, dass er in zunehmendem Maße viele Stunden darauf verwendete, zu beten, über die Heilige Schrift nachzudenken und eine innigere Vertrautheit mit dem Herrn Jesus Christus anzustreben. Während der 1930er-Jahren las Tozer wie wild, und er entwickelte eine glühende Leidenschaft dafür, in Christi Gegenwart zu sein – ihn einfach anzubeten und bei ihm zu sein.

Am knappsten lässt sich seine Dienstphilosophie, wie sie sich in den 1930er- und frühen 1940er-Jahren herauskristallisierte, so beschreiben: Tozer beschäftigte sich mit der *Tiefe* seines Dienstes und überließ die *Breite* seines Dienstes dem Heiligen Geist.

Zu dem Zeitpunkt, als die Allianz in Chicago die Türen ihres neuen Gebäudes öffnete, hatte der Pastor eine ebenso große Verwandlung durchgemacht wie die äußere Anlage. Seine Predigten waren beeindruckender als je zuvor und drangen tief in die Herzen und auch in den Geist der Zuhörer ein.

Wer geistlich wach war, stellte fest, dass Tozers heilige Befähigung noch ausgeprägter geworden war. Auch seine Worte und seine Kleidung waren sicherlich geschliffener, doch das war zweitrangig.

Wie Elisa war auch Tozer ein Mantel mit dem doppelten Anteil auferlegt worden, und dies zeigte sich daran, wie er predigte und lehrte.

Ultratraditionalisten hielten Tozer bestenfalls für einen komischen Vogel. Schlimmstenfalls wurde er zu irgendeinem »Mystiker«, dem man nicht trauen konnte. Anderen Menschen, die viel über Jesus Christus wussten, aber ihn nie im Geiste von Johannes 17,3 »erkannt« hatten, kam Tozer geradezu unrealistisch vor. Solche Leute fanden es starrköpfig – sogar unamerikanisch –, dass er überhaupt nichts von Methoden hielt, die lediglich dazu dienen sollten, mehr Leute anzulocken. Wenn er in der Tradition von Jeremia oder Amos zu prophetisch predigte, waren manche Leute beleidigt und befürchteten, er würde Suchende abschrecken und viele sensible Menschen vertreiben.[120]

Wie Tozer sein Amt führte, kam manchen Menschen unprofessionell vor. Er lehnte es ab, sich mit einflussreichen Menschen zu vernetzen. Ebenso äußerte er seine Geringschätzung dafür, Wohltätigkeitsvereinen oder -organisationen beizutreten, um sich und die Gemeinde einer breiteren Öffentlichkeit bekannt zu machen. Und schließlich weigerte er sich, nach dem Gottesdienst an der Kirchentür die Gemeinde zu verabschieden. Stattdessen stahl er sich nach dem Schlussgebet davon, um die Kinder im Kinderzimmer zu besuchen, bevor sie von ihren Eltern abgeholt wurden. Für Tozer waren Kinder in Jesu Augen wertvoll und sollten es deshalb auch für ihn sein. Aber er hatte natürlich andere Motive, weshalb er nach dem Gottesdienst niemanden begrüßen wollte. Er behauptete, der Brauch, nach dem Gottesdienst Menschen die Hände zu schütteln und mit ihnen zu plaudern, sei geistlich ungesund. Eine derartige Gewohnheit würde manche Menschen veranlassen, ihm wegen seiner Predigt zu schmeicheln. Ein solches Verhalten wäre seiner Meinung nach schädlich für sie, weil sie nicht aufrichtig wären, und auch schädlich für ihn, weil er ihnen vermutlich allmählich glauben würde. Schließlich behauptete er, »kranke Seelen« würden ständig ihren Pastor aufsuchen und versuchen, sich wie ein Parasit an ihn zu hängen.[121]

Ob die Kritik an Tozers angeblich unsozialem Verhalten berechtigt war, tut letztlich nichts zur Sache. Er tat die meisten Dinge auf seine Weise. Er war bereit, sich von ablenkenden Eigenheiten und altertümlicher Kleidung zu trennen, doch er weigerte sich ganz entschieden, weniger prophetisch zu predigen oder zugunsten des Gemeindewachstums mehr Zeit mit Öffentlichkeitsarbeit zu verbringen.

Dass Tozer bei diesen Themen stur blieb, fand die volle Unterstützung seiner führenden Ehrenamtlichen, Francis Chase und Harry Verploegh. Der Gemeinderat unterstützte ihn einhellig, und die Gemeinde war zum größten Teil zufrieden mit ihrem Pastor, abgesehen von den gelegentlichen Stimmen, die sagten, ihr Pastor solle weniger unterwegs sein und mehr Seelsorge betreiben.

A.W. Tozers Entschluss, sich auf die Tiefe seines Dienstes zu konzentrieren und die Breite dem Heiligen Geist zu überlassen, trug tatsächlich viel Frucht. In den ersten zwölf Jahren seiner Amtszeit brachte die Gemeinde mitten in der Wirtschaftskrise Tausende Dollar auf, um ein wunderschönes neues Gebäude zu errichten. *The Alliance Weekly*, die offizielle Zeitschrift der Konfession, brachte Anfang 1941 einen Artikel über den Neubau. Er enthielt ein Foto des Gebäudes, das außen im Art-Deco- und ägyptischen Stil gehalten war, und der Verfasser lobte die »von Pastor A.W. Tozer und seiner Gemeinde« erbaute Kirche. Das Gebäude sei durch und durch »modern gebaut und attraktiv, sowohl außen als auch innen. Die Außenseite besteht aus hellgrauen Ziegelsteinen.« Die Innenwände dieses vorbildlichen Gebäudes seien »von der Wand bis zu den Fenstern mit Linoleum verkleidet. Die Fußböden des Versammlungsraums, des Foyers, des Chorraums, der Treppen und der Treppenabsätze bestehen alle aus Linoleum- und Asphaltfliesen.« Der Verfasser merkte an, dass in den großen Versammlungsraum bequem 720 Personen passten, jedoch noch 80 weitere Platz fanden, ohne dass es zu eng wurde. »Es gibt auch einen Balkon, auf dem man 124 Personen unterbringt.« In den Augen des Verfassers hatte die Allianz-Kirche in Chicago wahrhaft bemerkenswerte Eigenschaften. »Einbauleuchten in der Decke sorgen für indirektes Licht. Es gibt ein Umluftsystem, das im Winter für gleichmäßige Wärme und in den warmen Sommermonaten für Kühle sorgt.« Dieses Gebäude auf dem neuesten Stand weise sogar eine halbrunde Empore mit achtzig Sitzplätzen und ein Taufbecken am Ende der Empore auf. »Eine ungewöhnliche Einrichtung ist« laut dem Autor »ein Mutter-Kind-Raum, der von der Rückseite der Kirche auf den Versammlungsraum blickt. Durch zwei Glasscheiben ist er schalldicht. Der Gottesdienst kann so mitverfolgt und durch die Lautsprecheranlage auch gehört werden.« Schließlich sei dieses sagenhafte Gebäude »voll unterkellert, was Platz für die Unterbringung der Sonntagsschule mit 1 200 Personen bietet, inklusive der nötigen Ausrüstung.« Und als zusätzliches Extra »wurde das alte Gebäude für Sonntagsschulzwecke erhalten.«[122]

Das neue Gebäude der Allianz-Gemeinde in Chicago konnte es an künstlerischer Eleganz nicht mit einigen der klassisch verzierten Chicagoer Kirchen katholischer oder orthodoxer Konfessionen aufnehmen. Doch unter den bibeltreuen und evangelikalen Bewegungen, die zu dieser Zeit in Chicago vertreten waren, war es einer der größten Zweckbauten, der mit einem sorgfältigen Blick auf den christlichen Symbolismus gestaltet worden war. Zweifellos waren der Künstler Francis Chase und der Werbegrafiker Harry Verploegh – zwei Männer mit einem scharfen Blick für Schönheit wie auch für Zweckmäßigkeit – an den endgültigen Entwürfen beteiligt. An der Stirnseite der Kirche sorgte die gesamte Bauweise dafür, dass jeder, der auf das Gebäude zukam, seinen Blick nach oben richtete. Die Fassade wurde komplett von massiven Pfeilern eingerahmt, die an den Seiten in die Flügel des Gebäudes integriert waren. An den Pfeilern zeigten senkrechte Kerben zum Himmel, ebenso wie sechs kleine gewölbte Fenster auf jeder Außenseite der Pfeiler den Blick des Betrachters zum Himmel lenkten. Der Eingang besaß zwei Paar schwere zweiflügelige Türen. Über ihnen befand sich eine Reihe von kleinen Buntglasfenstern, in deren Mitte ein deutlich erkennbares Kreuz angebracht war. Kurz gesagt war die neue CMA-Kirche für konservative »niederkirchliche« Christen gewagt reich an Symbolik mit theologischem Gehalt.

Dieses Gebäude gab zweifellos Aufschluss über Pastor A.W. Tozers Denken. Als pragmatischem Menschen war ihm klar, dass die Bedürfnisse einer wachsenden Gemeinde einen stabilen Zweckbau erforderlich machten. Schon in den 1930er-Jahren und in den frühen 1940er-Jahren war Tozer anerkannt als ein Mann, der mit beiden Füßen auf dem Boden stand und dessen innere Augen zunehmend auf das Himmlische gerichtet waren, wobei das Kreuz der Dreh- und Angelpunkt aller Dinge war.

Als Tozer Pastor der Gemeinde in Chicago wurde, schwankte die Zahl der erwachsenen Mitglieder um die achtzig Personen. Als das neue Gebäude eröffnet wurde – wobei es unterschiedliche Schätzungen gibt –, kamen etwa vierhundert Erwachsene regelmäßig zum Gottesdienst am Sonntagmorgen. Die Kritiker, die behaupteten, Tozer sei zu prophetisch, um eine große Gemeinde aufzubauen, lagen falsch. Ein Jahrzehnt nach der Eröffnung des Neubaus kamen fünf- oder sechshundert regelmäßige Gottesdienstbesucher. Es herrschte Einigkeit darüber, dass die Gemeinde Menschen ansprach, die bereit waren, sich herausfordern zu lassen, Christus zu erkennen und ihm in radikalem Gehorsam nachzufolgen. Daher würde die Gemeinde niemals Kinder der Welt anziehen und halten, die auf der Suche nach einem geselligen Verein und nach Bestätigung für ihr selbstsüchtiges Leben waren.

Eine weitere Bestätigung dafür, dass Gott Chase und die weiteren Gemeindeleiter dazu geführt hatte, sich um Tozer als ihren Pastor zu bemühen, war Tozers Rolle beim Aufbau der Sonntagsschule. Tozer war fest davon überzeugt, dass alle Altersgruppen einen soliden wöchentlichen Bibelunterricht brauchen. Als das neue Gebäude eröffnet war, kamen sieben- bis achthundert Teil-

Die Allianz-Gemeinde in Chicago

nehmer zur Sonntagsschule. Auch hier schwanken die Schätzungen, doch zur Zeit des Zweiten Weltkriegs unterrichteten jedes Jahr beinahe zwanzig Lehrer Klassen aller Altersstufen. Tozer betonte die Bedeutung der Sonntagsschule und unterrichtete jede Woche selbst eine Klasse für Männer. Außerdem trug er zur Ausbildung so guter Ehrenamtlicher bei, dass seine eigene Klasse nur aus fünfundzwanzig oder dreißig Männern bestand, weil brillante Lehrer wie Chase und Verploegh ebenfalls viele Schüler anzogen.

Tozer, der stets Lehrer war, liebte die Bibel und fühlte sich verpflichtet, andere dabei zu unterstützen, sich in die inspirierten alten Worte zu vertiefen und diese zu verstehen. Anfang der 1940er-Jahre veröffentlichte er einige seiner Gedanken über die Beschäftigung mit der heiligen Schrift. »Um zur Wahrheit zu gelangen, empfehle ich eine Bibel ohne Anmerkungen und den eifrigen Gebrauch von zwei Knien auf dem Fußboden. Nehmt euch vor zu vielen Fußnoten in Acht.« Er schrieb: »Die israelischen Rabbis gewöhnten sich an, dem inspirierten Text Anmerkungen hinzuzufügen, was dazu führte, dass eine große Menge von Glaubenssätzen heranwuchs, die schließlich die Heilige Schrift selbst verdrängte.« Er meinte, »es ist ein gefährlicher und aufwendiger Brauch, jedes Mal Menschen heranzuziehen, wenn wir an eine Stelle gelangen«, die schwer zu verstehen ist. Zu den Kommentatoren meinte er: »Wie enttäuschend sie sind!« Bei Weitem »die beste Regel ist: Wende dich wegen der Bedeutung jeder Stelle zuerst an Gott.«[123]

Tozer sorgte nicht nur für ein großes Aufgebot an hervorragenden Lehrern, sondern forderte auch die Gemeinde auf, sich stark für die Verbreitung des Evangeliums auf der ganzen Welt einzusetzen. Wie A.B. Simpson, der Gründer der CMA, hielt Tozer seiner Gemeinde fortwährend das Ziel vor Augen, Missionare auszusenden und zuzurüsten. Während Tozers Amtszeit war die *Southside Alliance Church* immer unter den ersten fünf bis zehn CMA-Gemeinden, was Spenden für die Mission anging.

Und allenfalls zwei oder drei andere Gemeinden im ganzen Land konnten mit seiner Gemeinde mithalten hinsichtlich der Anzahl der Jahresabonnements von *The Alliance Weekly*, der CMA-Zeitschrift mit Schwerpunkt auf äußerer Mission. *The Alliance Weekly* und Pastoren wie Tozer trugen entscheidend dazu bei, dass die CMA unter allen Konfessionen im Land im Verhältnis zur Mitgliederzahl die meisten Missionare aussandte.

Neben steigenden Besucherzahlen am Sonntagmorgen, einem erhöhten Spendenaufkommen, einer starken Sonntagsschule mit Bibelunterricht und einem klaren Bekenntnis zu interkultureller Mission gab es noch weitere Hinweise darauf, dass Gottes Segen auf der Gemeinde in Chicago und ihrem Leiter lag. Schon von Anfang an ging es der Gemeindeleitung hauptsächlich darum, Gottes Reich zu bauen, nicht nur darum, eine Ortsgemeinde zu gründen und aufzubauen. Dieses grundlegende Ziel, Gottes Reich zu bauen, zeigte sich vielleicht am ehesten am Entschluss der Gemeindeleiter, einen Pastor zu berufen, der die College-Studenten der Fakultäten in der Gegend von Chicago gewinnen, ermutigen und zurüsten konnte.

Tozer wirkte auf Studenten im Ballungsraum Chicago ungemein anziehend. Auch wenn die dortigen Studenten zu Gemeinden vielerlei Prägung im ganzen Stadtgebiet gehörten und sich dort engagierten, wo sie sonntagmorgens den Gottesdienst besuchten, fingen in den späten 1930er- und frühen 1940er-Jahren Hunderte an, zu den Sonntagabendgottesdiensten zu kommen, um Tozer eine Stunde lang predigen zu hören. Es gibt zahlreiche Aussagen von Männern und Frauen, die sich den »Sonntagabend-Leuten« anschlossen, welche die Besucherzahl auf sieben- bis achthundert ansteigen ließen. Tozer war klar, dass es ein Privileg war, vor so vielen Hochschulangehörigen predigen zu dürfen. Sein Ziel war es, diese jüngere Generation darin zu bestärken, sich in Gottes Wort zu vertiefen und durch ein Gebet, das auch ehrfürchtige Anbetung umfasste, zu einem tieferen Leben mit Christus zu kommen. Daraus würde sich zwangsläufig eine radikale Jüngerschaft und eine stärkere Hingabe an Christus ergeben.

Von den 1930er-Jahren an reisten Studenten von mehreren Hochschulen im Umkreis an, vor allem aber von zwei Einrichtungen – dem *Moody Bible Institute* und dem *Wheaton College*. Sie kamen in Bussen und voll besetzten Autos.[124] Die Zahl der Studenten in den Gottesdiensten stieg weiter, als auch junge Leute von der *Northwestern University* und der *University of Chicago* dazustießen. Eine Frau kam von der medizinischen Fakultät der *University of Chicago*, und eine andere brachte Freundinnen aus Roseland, einem Industriegebiet, mit.[125] Billy Graham schrieb 1952 über die Zeit seines Studiums am *Wheaton College* Anfang der 1940er-Jahre: »Ich erinnere mich, dass ich so oft unter seinem Dienst im *Tabernacle* in Chicago saß. Wenn ich ging, war ich in meiner Seele immer gesegnet worden. Ich halte ihn für einen Mann Gottes.«[126] Gertrude Carlson, die Tozer während ihres Studiums am *Moody Bible Institute* sonntagabends hörte, sagte, nach ihrem Studienabschluss habe sie Tozers Gemeinde weiter besucht, weil sie durch die Predigten, die sie und eine Gruppe ihrer Kommilitonen jeden Sonntagabend gehört hatten, so gesegnet worden war.[127]

Was hatten Tozers Predigten an sich, dass sie junge Menschen so sehr fesselten, dass sie in einer Zeit, in der es keine Autobahnen gab und das Reisen beschwerlich war, bis zu vierzig Kilometer pendelten? Die Studenten saßen aus mehreren Gründen völlig fasziniert von Tozers Predigten da. Erstens hatte er Sinn für Humor. David Enlow sagte: »Er konnte dich in ein und derselben Predigt zum Lachen und zum Weinen bringen.« Er erinnerte sich selbst ein halbes Jahrhundert, nachdem er sie gehört hatte, an eine lustige Erläuterung: »Einmal sagte er in einer Predigt [in der er über Zusammenarbeit sprach]: ›Nehmen wir zum Beispiel die [Chicago] Cubs – nein, nehmen wir stattdessen ein Team *aus der obersten Spielklasse.*‹« Enlow berichtete auch, dass Tozer beliebt war, weil er »die übernatürliche Fähigkeit hatte, das Wort Gottes zu erklären»[128], und dies bewegte die Herzen und Seelen dieser Studenten.

Eine Frau erinnerte sich, dass sowohl Jugendliche als auch Leute im Studentenalter Tozers Predigten liebten. »Er forderte uns auf, uns Gott stärker hinzugeben und so viel Gnade wie möglich in Anspruch zu nehmen. Er ermahnte uns, zu diesem Zweck durchaus den Sonntagsgottesdienst regelmäßig zu besuchen, aber auch zu Gebetstreffen und Jugendgruppen zu gehen und die Vielfalt des Gemeindelebens auszunutzen.« Über sechzig Jahre später sagte sie: »Ich habe damit nie aufgehört.«[129]

Der Missionar und Pastor Dr. Louis King hatte seine Frau kennengelernt, als er am *Nyack College* in New York studierte. Sie hatte durch Tozers Arbeit in Chicago, wo sie ihre Jugendjahre verbracht hatte, großen Segen erfahren. Tozer hatte sie getauft, und sie stellte Louis Tozer vor, als sie beide Studenten waren. King meinte, Tozer sei nicht nur ein vollmächtiger Prediger gewesen, sondern habe sich aufrichtig für Studenten interessiert. Wie viele Personen, die dem Pastor aus Chicago während ihrer Highschool- und Universitätszeit begegneten, berichtete King, Tozer habe ihn zu einem tieferen Leben mit Christus geführt, ihn im Hinblick auf den geistlichen Dienst beraten und ihm zahlreiche Bücher zur Lektüre empfohlen.[130]

Männer und Frauen, die Tozer während ihrer Studienzeit hörten, erzählten mir: »Wir hörten ihn wahnsinnig gern predigen.« Andere sagten: »Er hat uns gefesselt, weil er mit einer anderen Stimme sprach.« Seine Predigten waren erfrischend, weil er auf die »kirchliche« Tonart verzichtete und wichtigtuerisches Gerede über Gott verabscheute. Er mied auch den typischen Jargon der Bibeltreuen und Evangelikalen. Stattdessen liebte er Wörter und verwendete einige, die sie selten oder noch nie gehört hatten – nicht um Eindruck zu schinden, sondern der Genauigkeit halber. Als Meister der Kommunikation verkündete er die biblische Wahrheit ganz schlicht und mit unvergesslichen Veranschaulichungen. Auch aufgrund seiner Offenheit machte sich Tozer bei Studenten beliebt. Er gab zu, dass er ein Mensch voller Fehler war und zögerte auch nicht, seine eigenen Schwächen zu nennen.[131]

Außerdem faszinierte es die Studenten, dass Tozer sich bei seinen Predigten über Bibelstellen auf seine eigenen Erfahrungen bezog. Junge Menschen erkennen Scheinheiligkeit ganz schnell. Sie kennen den Unterschied zwischen Predigern, die lediglich einen Text auslegen, und denjenigen, die einen Text gelebt haben und von Christus und der Bibel verwandelt worden sind. Es wurde für die Studenten deutlich, dass Tozer Jesus Christus wirklich kannte und nicht nur wusste, was die Bibel über ihn berichtete. Weil Tozer nicht an einer Bibelschule oder einer theologischen Fakultät ausgebildet worden war, hatte er andere Bücher gelesen als die meisten Redner, die die Studenten sonst hörten. Sie liebten seine Begeisterung für Jesus Christus und auch für die Bücher, die von ihnen unbekannten Autoren geschrieben worden waren, welche den Erlöser tief und persönlich gekannt hatten.[132]

Die Studenten wurden durch Tozer gesegnet, doch auch sie wirkten anregend auf ihn. Auf Menschen, die geistlichen Hunger zeigten, ging er mit Leib und Seele ein, und solche Menschen waren diese Jugendlichen, die während Tozers Zeit als Pastor in die Allianz-Gemeinde in Chicago strömten. Der Anblick ihrer eifrigen Gesichter ermutigte und inspirierte ihn. Sie brachten in ihm das Beste zum Vorschein, wozu er fähig war.[133]

Vom Zeitpunkt seiner Ankunft in Chicago bis zur Eröffnung des Neubaus im Frühjahr 1941 hatte sich Tozers Ruf weiter verbreitet als der jeder anderen Person in der *Christian and Missionary Alliance*. Auf Gedeih und Verderb wurde sein Name allmählich in CMA-Kreisen, wenn nicht sogar im weiteren Kreis der Evangelikalen, allgemein bekannt. Zwischen Herbst 1930 und der Einweihung des Neubaus am 31. Mai 1941 erschien selten eine Ausgabe von *The Alliance Weekly*, die nicht etwas von oder über Tozer enthielt. Zweimal waren das einfach Geburtsanzeigen der beiden letzten Kinder von Ada und Aiden: Stanley im Herbst 1930 und Rebecca im Sommer 1939. Im Lauf von elf Jahren erschienen jedoch zweiundsechzig Artikel – einige kurze Stücke und einige längere veröffentlichte Predigten. Weitere fünfzig Meldungen kündigten an, wo Tozer gepredigt hatte oder laut Plan predigen sollte. Darunter waren mehrtägige Verpflichtungen mit mehreren Predigten.

Es ist erstaunlich, wie er die Zeit fand, so viele Artikel und Predigten zu schreiben – auch wenn man bedenkt, dass er wahrscheinlich manche von ihnen mehrfach hielt. Doch zusätzlich zu dieser Belastung hielt er Sonntagsschule, wenn er in der Stadt war, und predigte dann jeden Sonntagmorgen und Sonntagabend fünfundvierzig Minuten beziehungsweise eine Stunde lang. So war die erforderliche Arbeit schon phänomenal.

In Tozers Alltag gab es wohl wenige Gelegenheiten zur Zeitverschwendung. In diesen Jahren hatte er keinen Fernseher und kein Internet, und abgesehen davon, dass er ab und zu freitagabends Boxkämpfe im Radio verfolgte oder auf dem Wohnzimmerboden lag, um in den musischen Radiosendern Chicagos klassische Musik zu hören, muss er den überwiegenden Teil seiner Freizeit seiner nahezu verzehrenden Leidenschaft für die Lektüre von Büchern gewidmet haben. Gelegentlich reservierte er ein wenig Freizeit, um Antiquariate aufzusuchen.

Alle sieben Kinder erinnerten sich zwar daran, dass man regelmäßig draußen spazieren ging oder ab und zu mit einem Gewehr auf die Schießstände auf dem Dachboden oder im Keller feuerte. Doch mit Ausnahme von Rebecca – der Jüngsten – fühlten sich alle ihrem Vater ein bisschen fremd, wenngleich abhängig vom Alter in unterschiedlichem Maß. Lowell, der Älteste, erklärte bitter, seine Mutter sei »alleinerziehend« gewesen. Die anderen Söhne drückten es zwar anders aus, doch sie bestätigten alle, dass ihr Vater zwar freundlich und nie ausfällig gewesen war, sie aber nie das Gefühl gehabt hatten, ihn zu kennen. Nicht ein Sohn sagte, er habe wirkliche Nähe zu seinem Vater erlebt.

Alle Söhne außer Rolland waren der Meinung, Rebecca sei Aidens Lieblingskind gewesen, und er sei vernarrt in sie gewesen und habe ihr gegenüber mehr Zuneigung gezeigt als allen anderen in der Familie. Rebecca gab zu, dass sie aus ihrer Sicht bei Weitem sein Liebling war. Sie ging davon aus, dass ihr Vater sie bevorzugte, weil sie das einzige Mädchen war und weil sie so spät im Leben ihrer Eltern zur Welt kam. Aiden war bei ihrer Geburt zweiundvierzig, und ihre Mutter war neununddreißig gewesen.[134]

Alle Kinder erinnerten sich daran, dass ihr Vater gegenüber Verwandten sehr distanziert war. Er weigerte sich, Reisen zu unternehmen, um seine Geschwister zu besuchen, und wirkte überhaupt nicht begeistert, wenn jemand von ihnen zu Besuch kam. Stanley erinnerte sich daran, wie aufregend es war, auf einer Reise allein mit seiner Mutter Verwandte zu besuchen, doch für die meisten der Kinder war es traurig, dass ihr Vater absichtlich eine solche Distanz zu seiner eigenen und auch zu Adas Familie wahrte.

Man verzichtete allerdings nicht deshalb auf Besuche bei Verwandten, um stattdessen an einem anderen Ort gemeinsam Familienurlaub zu machen. Im Gegenteil, es gab keinen Familienurlaub. In den 1950er-Jahren, als alle Jungen bereits ausgezogen waren, bestand Rebecca einmal darauf, dass ihr Vater mit ihrer Mutter in Urlaub fuhr, da sie das noch nie erlebt hatte. Rebecca erinnerte sich, dass sie Ray McAfee, den hochgeschätzten Assistenzpastor und musikalischen Leiter ihres Vaters, überredet hatte, sie alle in die Smokey Mountains in Tennessee mitzunehmen, da die Tozers kein Auto hatten. McAfee stimmte freudig zu, da er der Meinung war, es wäre gut für ihn und die Tozers. Doch wie Rebecca einräumte, hatte ihr Einfall nicht die gewünschten Folgen. Ihr Vater war schlecht gelaunt und verdarb mit seiner negativen Einstellung beinahe allen anderen die Reise. Nach ein paar Tagen stellte sie ihn unter vier Augen zur Rede und rügte ihn für ein solch unsensibles Benehmen. Er gab zu, dass er die Stimmung aller anderen herunterzog und versuchte danach ernstlich, sich zusammenzureißen. Seine Stimmung hob sich, aber seit diesem Erlebnis hatte niemand den Wunsch, noch einmal mit Aiden W. Tozer in Urlaub zu fahren.

In Lowell Tozers Erinnerung war sein Vater im Hinblick auf seine Kindheit zurückhaltend. Wenn er mit Fragen über seine Erziehung und das Familienleben gelöchert wurde, antwortete Aiden mit abweisenden Witzeleien oder bitterem Humor. Es war unmöglich, ihm oder seiner Vergangenheit nahezukommen.

Sie alle sahen ihre Mutter viel öfter als ihren Vater, aber auch sie hielt alle auf Abstand. Wie bei ihrem Vater wussten sie, dass sie sie liebte, aber es gab keinerlei Vertrautheit oder Herzlichkeit. Lowell meinte: »Ironischerweise waren wir als ›die Tozer-Kinder‹ bekannt. Aber wir waren keine Einheit oder eng verbundene Familie. Wir waren eine Familie aus lauter Individuen.«[135]

Die meisten Kinder erinnerten sich, dass ihr Vater, wenn er nicht auf Reisen war, normalerweise zum Abendessen zu Hause war. Diese Zeit kam in der Erinnerung aller Kinder einer »Familienzeit« am nächsten. Im Lauf der Jahre übte Aiden immer wieder seine Rolle als Familienoberhaupt aus, indem er zu regelmäßigen Familienandachten aufforderte. Diese fanden aber nie länger als ein paar Wochen statt. Wie ein Sohn erklärte, wollten die Kinder einfach nicht, und es waren sowieso selten alle gleichzeitig für längere Zeit daheim.

Wenn er da war, half Vater Tozer nach dem Abendessen beim Abwasch. Solange es noch kleine Kinder gab, blieb er auch einmal pro Woche den ganzen Tag zu Hause. Dadurch konnte Ada mittwochs in der Kirche sein. An diesem Tag fand das Missionsgebetstreffen der Frauen statt, und diese Zeit schätzte sie sehr. Der Mittwoch wurde also zu ihrem freien Tag. Sie ging nicht nur für mehrere Stunden in die Gemeinde, sondern ging auch mit Harry Verploeghs Mutter, die ihr zu einer guten Freundin geworden war, in den Lebensmittelladen oder andere Geschäfte.

Während der Jahre, in denen er für diese Aufgabe gebraucht wurde, beklagte sich Aiden nie darüber, dass er mittwochs babysitten musste. Vielmehr bestärkte er Ada darin, auszugehen, da er wusste, dass es ihr gut tat, aus ihrem Alltag herauszukommen. Außerdem hatte er eine hohe Meinung von der Wirksamkeit des Gebets, und er wusste, dass die Frauen mittwochs mehrere Stunden lang inbrünstig beteten. Auch sie wussten um die Bedeutung des Gebets in Gottes Werk. Deshalb beteten sie fleißig und ließen sich nicht durch andere Beschäftigungen ablenken. An manchen Mittwochen in späteren Jahren, als man zu Hause auf keine Kinder mehr aufpassen musste, schlüpfte Pastor Tozer in seine gute Hose, zog seinen Pullover aus und ging hinunter, um die Frauen vom Gebetstreffen zu begrüßen. Er dankte ihnen dann für ihre Gebete und sagte ihnen, er wisse, dass er viele Dinge nur aufgrund ihrer Gebete erreichen konnte. Sie wussten seine Ermutigung zu schätzen, weil sie wussten, dass er es ernst meinte.[136]

Trotz Adas freiem Tag während der 1930er- und 1940er-Jahren litt sie innerlich sehr. Stanley erinnerte sich, dass er an vielen Tagen, wenn er zur Schule ging, Tränen in den Augen seiner Mutter sah. Sie sagte nie warum, und er fragte nie nach. Doch er meinte: »Ich ging oft mit Tränen in den Augen zur Schule, weil meine Mutter Tränen in ihren Augen hatte. Ich begriff nie warum, bis ich viel älter war.«

Die älteren Kinder erwähnten nie, dass sie Tränen gesehen hatten, aber mehrere von ihnen waren der Meinung, dass ihrer Mutter ein Sinn für Humor fehlte. Sie lachte selten, und häufig verletzte sie die Gefühle von Menschen außerhalb der Familie mit ihren unverblümten und ruppigen Bemerkungen. Einmal fuhr ein Mann aus der Gemeinde einige der Tozers in seiner neuen schwarzen Limousine nach Hause. Während der acht Kilometer langen Strecke rief sie auf einmal aus: »Ich mag keine schwarzen Autos. Da sieht man den Dreck viel zu leicht.«

Vermutlich hatte die Bitterkeit über die ständigen Reisen ihres Gatten und über seinen Rückzug in die Welt der Bücher tiefe

Wurzeln in Adas Seele geschlagen. Einer der traurigsten Einblicke in Adas Verzweiflung bot sich durch den fünften Sohn, Rolland. Er erinnerte sich daran, dass er bis zum Alter von etwa zehn Jahren zwei- oder dreimal pro Woche einnässte. Wenn sein Vater nicht da war, versetzte sein Einnässen seine Mutter in Wut, und sie schlug ihn – mehr als einmal zerbrach sie sogar einen Zollstock an ihm. War Aiden zu Hause, wenn Rolland sich schlecht benahm, drohte sie ihrem Sohn, sie würde es ganz sicher seinem Vater erzählen und der würde ihm eine ordentliche Tracht Prügel versetzen. Auch wenn all seine Geschwister darauf beharrten, dass Rebecca das Lieblingskind ihres Vaters war, behauptete Rolland nachdrücklich, er wisse, dass er es gewesen sei. »Mein Vater wusste, dass meine Mutter extreme Wutanfälle bekommen konnte. Wenn er daher aus dem Büro kam und ich böse gewesen war, sagte sie ihm, er solle mich mit in den Keller nehmen und mir eine ordentliche Tracht Prügel versetzen. Er nahm mich dann immer mit in den Keller und machte die Tür zu. Dann sagte er: ›Jedes Mal, wenn ich mit der Hand auf die Stufe schlage, stöhnst oder schreist du.‹ Nachdem er fünf- oder sechsmal fest auf die Stufe geschlagen hatte, fasste er mich an den Schultern und sagte: ›Jetzt geh nach oben und sei von nun an brav. Enttäusch mich nicht.‹«[137]

Als Jugendlicher fing Rolland (der als Erwachsener seinen Namen in Raleigh änderte) an, zu glauben, der Ärger seiner Mutter über ihn habe damit zu tun, dass sie während der Schwangerschaft mit ihm fünfzehn Kilo zugenommen hatte. Sie wurde diese Kilos nie wieder los, und dies ließ sie Rolland nicht vergessen. Er war zu jung, um zu verstehen, welche Rolle der Beruf seines Vaters bei ihrem Ärger spielte, und gab sich deshalb bis weit ins Erwachsenenalter selbst die Schuld.

Es lässt sich unmöglich sagen, inwieweit Ada Tozer Aiden die Schuld an ihren Problemen gab. Die meisten ihrer Freunde und

Bekannten berichteten, dass sie sich nie verächtlich über ihren Mann äußerte. Sogar die Kinder wurden über ihre wahren Gefühle im Dunkeln gelassen. Es muss ihr zugutegehalten werden, dass sie nie versuchte, die Kinder gegen ihren Vater aufzubringen oder sie kritisch zu stimmen. Manches lasen sie zwischen den Zeilen. Doch ihre sämtlichen Vermutungen basierten auf Schlussfolgerungen, nicht auf Adas Offenheit. Forrest und Wendell erinnerten sich daran, dass es äußerst schwierig für Ada war, neun Personen von Aidens Gehalt zu ernähren. Beide Männer sagten, sie hätten so oft Nudeln mit Käse gegessen, dass sie es den Rest ihres Lebens nie wieder probieren wollten. Auch wenn sich ihre Mutter nicht über die kargen Mittel beklagt hatte, erfuhren sie Jahre später von Mitgliedern der Gemeindeleitung, dass ihr Vater gegenüber der Gemeinde häufig seine Geringschätzung für Geld zum Ausdruck gebracht hatte. Es kam öfter vor, dass er eine von der Gemeindeleitung angebotene Gehaltserhöhung ablehnte. Lange nach Aidens Tod räumte Ada gegenüber Robert A. Battles, der eine Biografie von Pastor Tozer schreiben wollte, ein, dass er der Gemeinde ständig die Hälfte seines Gehaltsschecks als Spende zurückgab.[138]

Man kann sich leicht vorstellen, dass die übertriebene Frömmigkeit ihres Mannes für Ada Tozer etwas schwer zu verdauen war, vor allem, da sie diejenige war, die einkaufen und Kleidung für neun Personen besorgen musste. Aidens Weigerung, Gehaltserhöhungen anzunehmen, sorgte dafür, dass viele Beobachter ihn als äußerst heiligen Menschen ansahen, der seine Verachtung für den ungerechten Mammon zum Ausdruck brachte. Doch die Familienmitglieder und die Menschen, die Ada nahestanden, wussten, dass diese Scheinheiligkeit ihr eine weitere Last auf den schwer beladenen Rücken packte. Um dieses problematische Thema in einem möglichst guten Licht erscheinen zu lassen: A.W. Tozer meinte es gut, doch ihm entgingen die bitteren Folgen. Aus Adas Sicht andererseits war die Weigerung ihres Mannes, eine Gehaltserhöhung von der Gemeinde anzunehmen, ein weiteres Zeichen dafür, wie unsensibel er für ihre völlig rechtmäßigen Bedürfnisse war.

Angesichts von Aidens sturer Weigerung, sich von seiner Gemeinde ihrem Wunsch gemäß beim Unterhalt seiner Familie unterstützen zu lassen, erstaunt es wenig, dass Forrest Tozer einen Unfall ausnutzte, um seiner Mutter finanziell zu helfen. Forrest hatte damals gerade sein Studium an der juristischen Fakultät der *University of Chicago* abgeschlossen. Eines Nachmittags half er seiner Mutter beim Einkaufen, als sie über einen Heizölschlauch auf dem Gehweg stolperte, während ein Lieferant den Öltank eines örtlichen Geschäfts befüllte. Ada stürzte sehr unglücklich und brach sich den Arm am Ellbogen. Ihr Sohn, der Anwalt, bestand darauf, dass sie auf keinen Haftungsanspruch verzichtete und übernahm ihren Fall. Doch sie drängte Forrest, alles außer den Arztkosten zu vergessen, denn »dein Vater wird von der Firma nichts annehmen.« Forrest erinnerte sich, dass er sie schließlich überzeugte, die Sache ihm zu überlassen. Er verfolgte den Fall weiter und erzielte ihre Arztkosten und eine Entschädigungssumme. Mit diesem Geld eröffnete er umgehend ein Bankkonto für seine Mutter, und niemand ließ seinen Vater wissen, dass sie nun ihren eigenen Notgroschen besaß.[139]

Bis zum Jahr 1941 hatte die Allianz-Gemeinde in Chicago durch die Arbeit von A.W. Tozer einen Neubau errichten können, und Tozers Reisedienst, seine Lehre, Predigten und seine schriftstellerische Tätigkeit trugen alle zum Wachstum der Ortsgemeinde und der Verbreitung von Gottes Reich bei. Unter seinem begnadeten Dienst wurden in Chicago und anderen Städten hunderte Menschen Christen. Tausende weitere entschieden sich für eine hingegebene Nachfolge Jesu Christi, und zahlreiche Männer und

Frauen gaben sich Gott hin, um als Pastoren oder Missionare in den vollzeitlichen Dienst zu gehen. Ganz aufrichtig betrachtete der CMA-Pastor aus Chicago diese veränderten Leben nicht als sein Verdienst. Tozer gab dem Heiligen Geist alle Ehre. Trotzdem erlebte Tozer – nicht durch persönlichen Ehrgeiz oder mit Absicht –, wie er als christliche Führungspersönlichkeit innerhalb der Allianz und in zunehmend weiteren Kreisen immer bekannter wurde.

A.W. Tozer war ein scharfsinniger Mann, daher kannte er die Gefahren, die mit seinem sich ausbreitenden Ruf verbunden waren. Er begriff sehr gut, dass Gott »den Hochmütigen widersteht, doch den Demütigen gibt er Gnade«, und ihm war klar, dass Gott seine Ehre mit niemandem teilt. Darum bemühte er sich gezielt, seine Beliebtheit wie ein loses Gewand zu tragen, während er seiner Berufung, das Evangelium in Wort und Schrift zu verbreiten, unerschütterlich treu blieb. Er erkannte jedoch anscheinend nicht, wie ironisch es war, dass seine erfolgreichen Bemühungen, Gemeinde zu bauen, dazu führten, dass seine eigene Familie kaputtging. Er hatte keine Ahnung, dass sein Eifer für das Haus Gottes sein eigenes untergrub.

Kapitel 6
»Ein wachsender Hunger nach Gott selbst«
Die Lehre vom tieferen geistlichen Leben (1941–1958)

Pastor Aiden W. Tozer hatte sich nie über das mehrjährige Bauprojekt beklagt, das erforderlich gewesen war, um den Neubau der Allianz-Gemeinde in der Union Avenue im Süden Chicagos zu errichten. Andererseits zeigte er seine unverhohlene Freude, als alles fertig war und das Kirchengelände aufgeräumt war. Bauprojekte stellten, wie er einräumte, zwangsläufig eine Ablenkung dar. Baumaterialien und ständiger Lärm konnten Augen und Ohren davon abhalten, sich auf das Reich Gottes zu konzentrieren, ganz zu schweigen davon, dass das generelle Chaos aus Farbe, Bauholz, Ziegelsteinen, Steinen und Mörtel einen Hindernislauf für Fußgänger darstellte, die sich ihren Weg zu den Sonntagsgottesdiensten bahnen mussten.

Trotz dieser Ablenkungen hatten die Gemeinde und der Pastor diese Störungen nicht nur überlebt, es war ihnen gut ergangen. Die Mitgliedszahlen waren 1941 hoch; beinahe achthundert Menschen besuchten regelmäßig die Sonntagsschule, es wurde viel gespendet, und es gab eine dynamische Jugend- und Junge-Erwachsenen-Arbeit. Der Pastor von *Southside* hatte sich einen wohlverdienten Ruf als einer der besten Prediger Chicagos erworben, und die Landesleitung der *Christian and Missionary Alliance* erkannte Aiden Tozers Begabung an, indem sie ihn 1941 in den Vorstand der CMA wählte.

Tozers Artikel in *The Alliance Weekly* erregten Aufmerksamkeit, weil der Autor und Prediger mit einer frischen Stimme sprach. Er vermied die abgedroschenen Phrasen, die von den meisten Predigern verwendet wurden. Und sein geistliches

Vokabular und seine fesselnden Erläuterungen machten etwas lebendig, was vielen Menschen bislang wie tote Orthodoxie vorgekommen war. Durch Tozers Predigten – ob schriftlich oder mündlich – verspürten die Menschen Durst nach lebendigem Wasser, Hunger nach dem Brot des Lebens und sogar den Wunsch, Bücher zu lesen und ihren Wortschatz zu vergrößern. Tozers Wirken erleuchtete zugleich den Geist und wärmte die Herzen. Wer Tozers Kost konsumierte, erlebte einen neuen geistlichen Schwung und einen Hunger nach mehr von Jesus.

Wie die Gemeinde war auch das Zusammenleben zu Hause bei den Tozers stabil. Auch wenn sie nicht frei von Spannungen war, funktionierte die Familie Tozer nach den meisten Maßstäben gut und war im Allgemeinen gesund. Es gab keinen offenen Streit zwischen den Eltern, alle waren bei guter Gesundheit, und alle sieben Kinder von der zweijährigen Rebecca bis zu dem einundzwanzigjährigen Lowell machten intellektuell, emotional und in ihrer Ausbildung Fortschritte, die weit über den landesweiten Standard hinausgingen. Alle außer der kleinen Rebecca besuchten öffentliche Schulen und erzielten gute Ergebnisse. Und die beiden ältesten Jungen besuchten ein College oder eine Universität – in einer Zeit, in der ein Highschool-Abschluss als eine gute Ausbildung betrachtet wurde, war dies nur den Amerikanern vergönnt, die besonders viel Glück hatten. Obwohl Amerika erst vor Kurzem die Große Depression hinter sich gelassen hatte, wurden alle Tozer-Kinder zu einem Studium ermutigt. In der Tat unterstützten sowohl Aiden als auch Ada eine geistige wie auch seelische Ausbildung, auch wenn ihre eigene Schulbildung begrenzt war. An die Bedeutung von Büchern und Bildung in seiner Familie entsann sich Lowell Tozer noch sechzig Jahre später. Er erinnerte sich daran, dass es in seiner Jugend in Chicago zu seinen Vorrechten gehört hatte, dass sein Bett in dem häuslichen Arbeitszimmer seines Vaters stand. Den besonderen Reiz dieses Zimmers machten die Regale voller Bücher aus, die von seinem Vater gesammelt, gelesen, empfohlen und erörtert worden waren.[140]

Die Tozer-Kinder mussten vielleicht mehr Nudeln mit Käse essen, als sie wollten, und sie alle mussten sich Nebenjobs suchen, um Taschengeld zu haben. Doch es war ein Segen für sie, dass sie gelernt hatten, Bücher zu lesen, Fragen zu stellen und kritisch zu denken. Lowell fasst es kurz mit den Worten zusammen, dass ihnen beigebracht wurde, das Lernen zu lieben. Die Tozer-Sippe wurde auch dazu erzogen, alle Menschen zu respektieren, den Materialismus zu meiden, sich ihren Eltern und Lehrern unterzuordnen und in allen Dingen nach Gottes Herrlichkeit zu streben, indem sie ihm gehorchten und ihn anbeteten.[141]

Während das Streben nach Bildung in der Familie Tozer eine hohe Priorität hatte und ein Studium als ehrenwertes Unterfangen gelobt wurde, gab es noch eine höhere Berufung, nämlich die, bei allem, was man anpackte, sein Bestes zu geben. Den Tozers wurde beigebracht, dass sie wahrscheinlich alles erreichen konnten, was sie sich in den Kopf gesetzt hatten, solange sie hart genug dafür arbeiteten. Aiden brachte den Kindern bei, dass man nicht unbedigt einen hoch qualifizierten Beruf ausüben musste, um erfolgreich zu sein. Stattdessen bedeutete Erfolg, dass man herausfand, was einem gefiel und worin man gut war und diese Arbeit dann gut erledigte. A.W. Tozer jun. erinnerte sich, dass er während seiner Kindheit zu Zeiten der Wirtschaftskrise einmal verächtlich über einen Nachbarn sprach, der durch Arbeitsbeschaffungsmaßnahmen eine Stelle als Arbeiter bekommen hatte. Vater Tozer hörte die Bemerkung und tat dann, was er immer tat, wenn er die ganze Aufmerksamkeit eines der Jungen wollte: »Er packte dein Kinn mit Daumen und Zeigefinger und sah dich dann mit einem durchdringenden Blick an, der sagte: ›Ich will deine ungeteilte Aufmerksamkeit.‹ Dann erklärte er: ›Ein Mann, der seine Arbeit tut und sie gut tut und sich nicht beschwert, ist erfolgreich. Sohn, es ist besser, der beste Müllmann in Chicago zu sein als ein missmutiger Hirnchirurg.‹ Dann pries er die Würde der Arbeit – vor allem aber harter Arbeit.«[142]

An Thanksgiving 1941 gab es viel, wofür die Tozers dankbar waren. Sowohl die Gemeinde als auch die Familie waren allem Anschein nach gesund, und Aiden konnte ein paar Früchte seiner eigenen harten Arbeit genießen. Die Reisen nach New York zu den Vorstandssitzungen der CMA boten dem Mann aus Chicago einen Schnellkurs in Kirchenpolitik und Führungsstilen. Und die Spaziergänge in Manhattan öffneten Tozers Augen für weitere Buchhandlungen und auch für die zahlreichen Lebensstile der vielsprachigen Bevölkerung von Big Apple.

Neben seinen Reisen nach New York war Tozer Anfang der 1940er-Jahre zunehmend als Redner gefragt. Er übernahm längere Verpflichtungen als Prediger an so verschiedenen Orten wie Erie und Pittsburgh in Pennsylvania, New York, Attleboro in Massachusetts und Lake Okoboji in Iowa. Nebenbei veröffentlichte er zahlreiche Predigten und Artikel in *The Alliance Weekly.*

1941 verbrachte Tozer zahlreiche Stunden mit der Beschäftigung mit und dem Auswendiglernen von Lyrik von Männern und Frauen, die Gott liebten und Loblieder und -gedichte für ihn geschrieben hatten. Der Prediger aus Chicago begeisterte sich besonders für Schriftsteller des Mittelalters wie Bernhard von Clairvaux und Peter Abaelard sowie für Madame Guyon, die Autorin aus dem späten sienzehnten und frühen achtzehnten Jahrhundert. Er schwelgte in dem dichterischen Lobpreis der geistlichen Größen des achtzehnten Jahrhunderts: John Newton, Gerhard Tersteegen, Isaac Watts und der Brüder Wesley, John und Charles. Die Gottesliebhaber des neunzehnten Jahrhunderts,

Frederick William Faber und Christina Rossetti, beflügelten seine Fantasie, ebenso wie mindestens ein weiteres Dutzend von Autoren, deren Leben die Jahrhunderte von 1000 nach Christus bis zum neunzehnten Jahrhundert umfasste. All diese Autoren trugen dazu bei, dass Tozer lernte, Gott auf eine tiefere Art und Weise zu loben und anzubeten als je zuvor.

Außer dem 1919 verstorbenen A.B. Simpson fand Tozer keine Dichter aus dem zwanzigsten Jahrhundert mit vergleichbarer geistlicher Tiefe, die seine Seele wie die Heiligen früherer Tage berührten. Dieser Mangel an pietistischer Dichtung des zwanzigsten Jahrhunderts trug zumindest teilweise dazu bei, dass der angehende Schriftsteller sich selbst an mystischer Dichtung versuchte. Sie erschien in der Ausgabe von *The Alliance Weekly* vom 11. Oktober 1941.

Wort des Vaters
von Pastor A. W. Tozer,
Chicago, Illinois

Wort des Vaters! Licht vom Lichte;
Dir allein sei ewges Lob;
Deine Macht kennt keinen Schöpfer,
Süß ist mir dein Wohlgeruch.
Dunkel war der Schöpfung Morgen,
Wurde hell und kam aus dir.
Das All ist deine heilge Wohnung,
und soll es bleiben für und für.
Wort des Vaters!

Wort des Vaters! Wahrer Gott,
Wahrlich Mensch ins Fleisch geboren,
Um zu leiden Stock und Dornen

Bis ans Kreuz für die Verlornen.
Angesichts von Sünd und Not
Stehst alleine du uns bei.
Hüll uns ein in deinen Trost.
Mach uns frei von Traurigkeit,
Wort des Vaters!

Wort des Vaters, erhöre uns.
Schütz die Seelen vor dem Bösen.
Christus, siegreich, zwing die Hölle
Auf die Knie vor deiner Macht.
Sie soll deinen Sieg bekennen,
Den du durch das Kreuz vollbracht.
Ja, mit Freude ohnegleichen
Führst dein Volk du aus der Nacht.
Wort des Vaters![143]

Das ist das einzige Gedicht, das Tozer je veröffentlichte. Im Unterschied zu seinen anderen Texten wurde seine Lyrik nie populär. Wie er diese mangelnde Begeisterung für seine Dichtkunst aufnahm, ist nicht bekannt, doch wenn man bedenkt, wie sehr er seine Gefühle für sich behielt, ist es fraglich, ob irgendjemand die Wahrheit erfuhr. Jedenfalls war er nicht dazu bestimmt, Liederdichter oder Verfasser mystischer Dichtung zu werden wie seine Helden aus der Geschichte. Daher akzeptierte er die Tatsache, dass er zum Prediger und Propheten geboren war und konzentrierte seine Kraft darauf.

Die Familie Tozer und das amerikanische Volk wurden bald in sehr viel ernstere Probleme verstrickt. Am 7. Dezember 1941, sieben Monate nach der Fertigstellung des Neubaus der *Southside Alliance Church*, startete das japanische Kaiserreich einen gewaltigen Luftangriff auf den amerikanischen Flottenstützpunkt in Pearl Harbor auf Hawaii. Tausende Amerikaner wurden getötet oder verwundet, und militärischer und privater Besitz in Millionenhöhe wurde zerstört. Der Angriff versetzte der amerikanischen Flotte einen schweren, aber keinen vernichtenden Schlag. Der japanische Admiral Yamamoto hatte recht, als er auf die Nachricht, der Überraschungsangriff auf Pearl Harbor sei erfolgreich gewesen, antwortete: »Ich fürchte, das ist alles was wir erreicht haben: Wir haben einen schlafenden Riesen geweckt, der nun von fürchterlicher Entschlossenheit erfüllt ist.« Auch wenn der Krieg weltweit schon seit Ende der 1930er-Jahre tobte, hatten amerikanische Isolationspolitiker geglaubt, die Vereinigten Staaten könnten und sollten neutral bleiben und sich von dem Konflikt möglichst fernhalten. Doch dieser Ballon des hochfliegenden Idealismus platzte an diesem 7. Dezember, und nur wenige Amerikaner sollten unberührt bleiben von dem Weltkrieg, der bis zum August 1945 tobte.

Die Familie von Aiden und Ada Tozer stellte keine Ausnahme dar. Im Laufe des anhaltenden Konflikts bekamen auch sie die Last des Krieges zu spüren. Die Tozers waren echte amerikanische Patrioten. Der Eifer, mit dem sie sich in diesen Kampf stürzten, der Amerika verteidigen und Länder von der deutschen und japanischen Besatzung befreien sollte, kam Aidens Entschlossenheit gleich, Seelen aus Satans Klauen zu befreien.

Aiden liebte sein Vaterland. Seinem ältesten Sohn Lowell gestand er, dass er enttäuscht darüber war, im Ersten Weltkrieg an keinen Kämpfen beteiligt gewesen zu sein. Daher überraschte es Lowell nicht, dass sein Vater ihn begeistert begleitete, als er sich zum Wehrdienst meldete, nachdem die Wehrpflicht noch vor Amerikas Kriegseintritt 1941 wieder in Kraft gesetzt worden war.[144]

Forrest und Wendell erinnerten sich, dass der Krieg ihren Vater von Anfang an emotional berührte. Das lag zum einen daran, dass das Land, das er liebte, angegriffen worden war, aber erst recht daran, dass drei seiner Söhne Kriegsdienst leisteten. Lowell ging zum Heer, Forrest (Bud) zur Marineinfanterie, und Aiden jun. wurde zur Marine einberufen. Rolland (Raleigh) gab ein falsches Alter an und heuerte gegen Kriegsende bei der Marineinfanterie an, doch die Marines deckten seinen Trick auf und warfen ihn nach nur acht Wochen hinaus.[145]

Der Zweite Weltkrieg ließ nur wenige Familien unverändert. Verglichen mit vielen anderen Familien überstanden die Tozers ihn gut, aber dennoch war der Krieg traumatisch für sie. Lowell kam als erster zu Schaden. Er meinte oft scherzhaft, er habe Glück gehabt, dass er in Italien verwundet worden und dann per Schiff zu einem Feldlazarett in Nordafrika transportiert worden war, wo er den ersten von vierzehn Malariaschüben erlitt. Die Armee musste ihn für einen hoffnungslosen Fall gehalten haben, denn sie schickte ihn in ein Krankenhaus nach Texas und musterte ihn später aus. Forrest räumte ein, dass die schwerste Wunde, die er sich im Krieg zugezogen hatte, von einem Baseballspiel bei den Marines stammte, als er von einem nicht ordnungsgemäß geschlagenen Ball getroffen wurde. Trotzdem fühlte er sich den Marines und seinem Land so stark verpflichtet, dass er nach dem Ende der Kampfhandlungen 1945 Reservist blieb. Zu Beginn des Korea-Krieges wurde er wieder in den aktiven Dienst gerufen. In diesem Konflikt wurde er schwer am Bein verwundet und hatte als Kriegsversehrter ein Leben lang damit zu kämpfen, bis er schließlich 2001 an den Spätfolgen starb. Aiden jun. wurde im Pazifik eingesetzt, überstand den Krieg aber relativ unversehrt.

Wer Tozer gut kannte, sah, welche Belastung der Krieg für ihn war. Francis Chase bemerkte, dass »sein Gesicht verhärmt und aschfahl war.« Chase erinnerte sich: Während des Krieges »kam ich oft vorbei, und wir beteten zusammen, besonders, als er erfahren hatte, dass Lowell irgendwo im Italien-Feldzug war.«[146] Tozer sorgte sich nicht nur um das Wohlergehen seiner eigenen Söhne. Er machte es sich zur Gewohnheit, morgens früh aufzustehen – einige Male um 4.30 Uhr –, um junge Männer aus der Gemeinde zum Frühstück einzuladen und sie dann zur Straßenbahn zu begleiten, ehe sie sich in Richtung Krieg aufmachten.[147]

Der Krieg brachte für die Tozers wie für viele Amerikaner mehr mit sich als Sorgen um die Sicherheit von Freunden und Verwandten. Selbst nachdem der Sieg gesichert war, führte der Krieg zu einem gesellschaftlichen und familiären Ungleichgewicht. Der Zweite Weltkrieg hatte die Tozer-Jungen an ferne Orte zerstreut, und einige von ihnen kamen nie wieder nach Hause. Ein Sohn analysierte es folgendermaßen: »Nach dem Krieg waren wir nie wieder eine Familie von neun Personen.«[148] Daher half die Gemeinde den Tozers beim Umzug in ein anderes Haus mit der Adresse 9524 S. Longwood. Dieses Haus war ideal für ihre Situation in der Nachkriegszeit. Es hatte die perfekte Größe für eine schrumpfende Familie, war viel näher an der Kirche und lag in einem besseren Viertel, wo man zwei wunderschöne und geräumige Parks zu Fuß erreichen konnte.

Rückblickend liegt es auf der Hand, dass der Zweite Weltkrieg mit seinen Auswirkungen auf die Familie Tozer für Ada beunruhigender gewesen war als für Aiden. Sie hatte so viel von ihrer Kraft und Persönlichkeit in die Familie gesteckt, und diese nun schrumpfen zu sehen – zumindest was die räumliche Nähe anging –, muss eine große psychische Belastung für sie gewesen sein.

Adas Einsamkeit und mangelndes Selbstwertgefühl verstärkten sich dadurch, dass die Bekanntheit ihres Mannes nach dem Krieg explosionsartig anstieg und er gleichzeitig immer stärker in Anspruch genommen wurde. Wenn Ada in den Jahren zuvor das Gefühl gehabt hatte, nicht beachtet und von ihrem Mann als selbstverständlich angesehen zu werden, wurde dieses Problem nach 1945 nur noch schlimmer.

Mehrere Faktoren trugen zu Aidens stetig wachsender Bekanntheit bei. Erstens stieg er anscheinend selbstverständlich an die Spitze der Leitung der CMA. Wohl trat er bei den Vorstandssitzungen manchen Leuten bereitwillig auf die Zehen, weil er sehr direkt war und sich weigerte, zeitvergeudende Dummheiten zu ertragen. Doch in den Augen der meisten Menschen war Tozer nicht nur außergewöhnlich intelligent, sondern hatte Weitblick und wusste, wie man Menschen dazu bringen konnte, sich auf das Wesentliche zu konzentrieren. Er verdiente sich Respekt, weil er wenig redete. Doch wenn er sprach, hatte er etwas Wichtiges zu sagen. Dr. Bernard King, der Tozer besser kannte als die meisten führenden CMA-Leute, sagte, Tozer habe bei Sitzungen die anderen gemahnt, keine Zeit mehr mit Kleinigkeiten zu vertrödeln und daran zu denken, dass »wir dazu befugt, nein, dafür verantwortlich sind, die großen evangelikalen Grundsätze zu verkünden und das Evangelium ins Herz des Feindeslandes zu tragen. Deshalb sollten wir keine Zeit mit Nebensächlichkeiten verschwenden.«[149]

Tozers Weisheit und seine Fähigkeit, das Gremium zu mahnen, den Kurs beizubehalten, führten dazu, dass er 1946 zum stellvertretenden Vorsitzenden der CMA und 1949 wiedergewählt wurde. Dieser neue Posten bedeutete nicht nur, dass Tozer zu den vierteljährlichen Vorstandssitzungen in New York sein musste, sondern brachte zusätzliche Führungsverantwortung mit sich.

Seine Veröffentlichungen wie auch seine Pflichten als Führungskraft verschlangen zunehmend Tozers Zeit und machten seinen Namen bekannt. Seine Texte erschienen laufend in *The Alliance Weekly*. Seine Artikel waren so einflussreich, dass viele

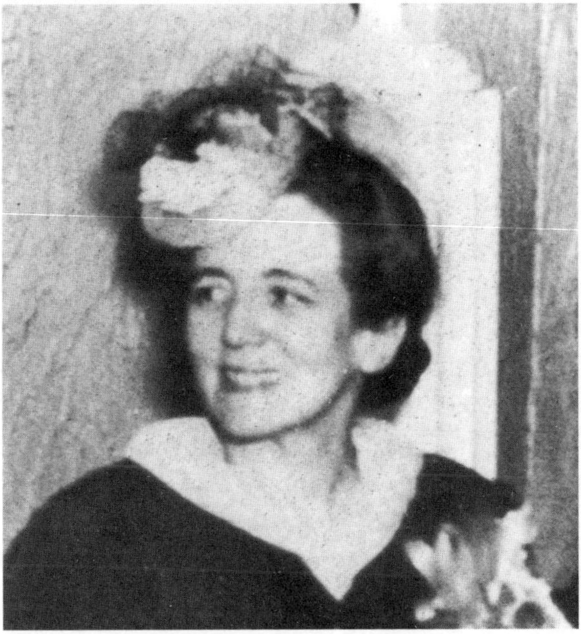

Ada Cecelia Tozer (1945)

Leute sagten, sie hätten die Zeitschrift wegen Tozers Leitartikeln und Beiträgen abonniert, und zahlreiche Leser räumten ein, dass sie in jeder Ausgabe zuerst nach einem Artikel von A.W. Tozer Ausschau hielten. Ab Januar 1944 steuerte er eine regelmäßige Kolumne unter dem Titel »Word in Season« bei, und 1950 wurde er zum Herausgeber von *The Alliance Weekly* gewählt (1958 wurde der Titel zu *The Alliance Witness* geändert). In dieser Funktion verfasste er wöchentliche Leitartikel. Auch wenn diese nicht besonders lang waren – etwa 450-600 Wörter –, wurden sie häufig zitiert, und die meisten wurden im Lauf der Jahre zusammengetragen und in Buchform nachgedruckt.

Da er im Vorstand der CMA war und durch die offiziellen Veröffentlichungen der Allianz in der Öffentlichkeit stand, wurde

Tozer schlagartig innerhalb seiner eigenen Konfession bekannt, und durch seine Bücher fand er Anerkennung in weiteren christlichen Kreisen. Sein erstes Buch schrieb er, weil die CMA ihn bat, zum einhundertsten Geburtstag ihres Gründers ein Buch zu schreiben. *Wingspread: A.B. Simpson: A Study in Spiritual Attitude* erschien 1943. Auch wenn es nicht viel gelesen wurde, erhielt dieses Buch gute Kritiken und fand auch außerhalb der Allianz ein Publikum unter Menschen, die sich in der äußeren Mission engagierten, und unter Anhängern des christlichen Heilungsdienstes. Simpson hatte selbst eine Wunderheilung erlebt und mahnte daher seine Nachfolger, den Dienst des Heilungsgebets auszuüben. Zu seinen Lebzeiten trug er dazu bei, das Interesse am christlichen Heilungsdienst wieder aufleben zu lassen, und wirkte damit Mary Baker Eddy und der Christlichen Wissenschaft erfolgreich entgegen.

Vier Jahre nach der Veröffentlichung der Simpson-Biografie erschien Tozers zweites Buch mit dem Titel *Let My People Go: The Life of Robert A. Jaffray* (1947). Diese Biografie von weniger als 140 Seiten richtete den Blickpunkt auf das Leben eines Missionars der CMA, der Pioniermission in Französisch-Indochina und Indonesien betrieben hatte. Da sie nicht so gut geschrieben war wie das Porträt von Simpson (und die Hauptfigur verglichen mit dem Gründer der CMA sicherlich weniger bedeutsam war), erreichte *Let My People Go* nie ein so großes Publikum wie Tozers erstes Buch. Dennoch verankerte dieses Buch Tozer fest in den Herzen und im Gedächtnis von Menschen, die mit Hilfe von Biografien Menschen für die äußere Mission gewinnen wollten. Daraus ergab sich natürlich das Unvermeidliche. Tozer wurde ein sehr gefragter Redner auf Missionskonferenzen. Ausgaben von *The Alliance Weekly* belegen, dass er Ende der 1940er-Jahre und während des ganzen folgenden Jahrzehnts häufig auf Missionsversammlungen im ganzen Land gepredigt hatte.

Seine Leitungsposition in der CMA, seine Artikel und regelmäßigen Kolumnen im offiziellen Organ seiner Konfession und die Biografien von Simpson und Jaffray trugen alle dazu bei, Tozer in das nationale und internationale Rampenlicht der CMA zu rücken. Doch keine seiner Tätigkeiten vor 1948 machte Tozer in breiteren bibeltreuen und evangelikalen Kreisen so allgemein bekannt wie die Veröffentlichung seines Buches *Gottes Nähe suchen* (The Pursuit of God). Keines von Tozers Büchern – von denen er bis zu seinem Tod 1963 neun veröffentlichte – trug stärker dazu bei, Tozer beinahe in einen Kultstatus zu erheben, vielleicht abgesehen von *Das Wesen Gottes* (The Knowledge of the Holy, 1961).

Die Geschichte hinter diesem Buch ist aufschlussreich. Sie enthüllt vieles über Tozer als geistlichen Menschen; sie erklärt die Quelle seiner außergewöhnlichen Befähigung als Schriftsteller und Prediger, und sie hilft uns, den Mangel von emotionaler Nähe in seiner Ehe teilweise zu verstehen. Ein Jahrzehnt nach Tozers Tod verfasste sein Freund Francis Chase ein Schriftstück mit dem Titel »Einige persönliche Erinnerungen an meinen verstorbenen guten Freund und Bruder Dr. A.W. Tozer« für Robert Battles, der vorhatte, eine Biografie ihres gemeinsamen Freundes zu schreiben. In diesem wertvollen Text, der von einem brillanten und ehrlichen Mann verfasst wurde, welcher nie zu Übertreibungen neigte, finden sich folgende Worte, angelehnt an Tozers eigenen Bericht über die Entstehung von *Gottes Nähe suchen*:

> Er war nach McAllen in Texas eingeladen, um dort zu predigen, und er dachte sich, auf der langen Fahrt dorthin könne er an diesem Buch schreiben. Er stieg in der LaSalle Street in Chicago in den Zug – einen alten Pullman-Schlafwagen. Damals konnte man den Vorhang an der Schlafwagenkabine zuziehen und war dann ganz für sich. Er bat also um einen

kleinen Schreibtisch, den der Schaffner ihm brachte, und fing an zu schreiben. Gegen neun Uhr abends klopfte der Schaffner an die Tür und sagte: »Mein Freund, das ist die letzte Möglichkeit, ein Abendessen zu bestellen – möchten Sie etwas zu essen?« Und er sagte: »Bringen Sie mir etwas Toast und Tee«, was der Schaffner auch tat. [Tozer] schrieb immer weiter, die ganze Nacht durch, und das Ganze kam ihm so schnell ins Herz, wie er nur schreiben konnte, und als sie um 7.30 Uhr am nächsten Morgen in den Bahnhof in McAllen in Texas einfuhren, war das Buch fertig, und alles, was er vor sich gehabt hatte, war bloß die Bibel.[150]

Gottes Nähe suchen sorgte umgehend für Aufmerksamkeit. 1948 wurde es erstmals veröffentlicht und danach, seit über einem halben Jahrhundert, immer wieder. Dieses Buch hat Pastoren und Missionare inspiriert und ermutigt, ebenso wie viele fromme Männer und Frauen, die nach Gottes Herzen leben. Dr. Samuel M. Zwemer, ein Autor, Evangelist und der Vorsitzende der reformierten Kirche in Amerika, verfasste eine aufschlussreiche Einleitung zur ersten Auflage. Er gestand, dass die zehn Kapitel des Buches »eine Selbstprüfung sind, und die Gebete am Ende jedes Kapitels für das stille Kämmerlein, nicht für die Kanzel sind. Ich habe beim Lesen Gottes Nähe gespürt.« Zwemer beschrieb das Buch als »eine meisterhafte Studie über das Innenleben eines Herzens, das nach Gott dürstet und Gottes Wege, seine abgrundtiefe Liebe zu den Sündern und die Höhe seiner unerreichbaren Majestät zumindest ansatzweise begreifen will – dabei wurde es von einem viel beschäftigten Pastor aus Chicago geschrieben!« Zwemer bemerkte scharfsinnig, dieses Juwel von einem Buch sei von einem Mann geschrieben worden, »der anscheinend auf der Suche nach Gott bis spät in die Nacht arbeitete. Sein Buch ist das Ergebnis langen Nachdenkens und von viel Gebet.« Schließlich

Aiden W. Tozer, zirka 1940

kam er zum Kern des Buches: »Es ist keine Theologie des Kopfes, sondern des Herzens.« Tozer selbst sah das Buch als Mittel, um Menschen zu erreichen, die »einen wachsenden Hunger nach Gott selbst« haben.[151]

Gottes Nähe suchen veranschaulicht auf äußerst eindrucksvolle Weise die Wahrheit, von der Tozer überzeugt war: Wenn sich jemand mit der Tiefe seines Dienstes beschäftigt, kümmert sich der Heilige Geist um die Breite. Zwemer lag richtig, was die Entstehung des Buches betraf. Dieses kraftvolle kleine Buch, das einen so tiefen Einfluss auf die Seelen hungriger Christen hatte, die danach verlangten, Gott besser zu kennen, war in Tozers Seele gereift und gewachsen. Und die Reifezeit vollzog sich in langen Stunden der Anbetung und Ehrfurcht vor Gott. Obwohl der Verfasser nie mit seinen Gewohnheiten der stillen Zeit prahlte, wussten die Menschen, die ihn gut kannten, dass der hagere Mann mit der geringen Schulbildung im Verborgenen vieles über seinen Herrn und Gott gelernt hatte. Tozer verbrachte zahllose Stunden im Gebet. Der Großteil seiner ausgedehnten Gebetszeit – bei der seine Bibel und seine Gesangbücher seine einzigen Begleiter waren – fand in seinem Gemeindebüro auf der Rückseite des zweiten Stockes statt. Er hängte seine Anzughose immer sorgfältig auf, schlüpfte in seinen Pullover und seine abgerissene alte »Gebetshose« und setzte sich eine Weile auf seine altertümliche Bürocouch. Nach einer Weile wanderte sein Geist in ein anderes Reich. Mit der Zeit verließ er die Couch, kniete nieder und legte sich schließlich mit dem Gesicht nach unten auf den Boden und sang dem Löwen des Stammes Juda Loblieder.

Niemand maßte sich an, diese Zeiten der innigen Nähe zwischen A.W. Tozer und dem Liebhaber seiner Seele zu unterbrechen. Doch gelegentlich stieg einer der Männer, die ihm am nächsten standen, die Stufen zu seinem Büro hinauf und sah ihn zufällig auf der Couch oder dem Fußboden – wo er überhaupt nichts von der Welt mitbekam. Francis Chase, Harry Verploegh und Tozers Assistenzpastor Ray McAfee sahen ihn alle das ein oder andere Mal in einer dieser Körperhaltungen. Und mehr als einer von ihnen berichtete, dass Tozer mit dem Gesicht nach unten auf dem alten Teppich weinte oder stöhnte.[152]

Geistlich wache Christen sagten, dass Tozer den »Duft des Heiligen Geistes« hatte. Andere drückten es anders aus und sagten, er habe die »heilige Salbung« oder es sei offensichtlich, dass »er bei Jesus gewesen« sei. Tozer bestritt nie, dass er viele Stunden seines immer voller werdenden Terminkalenders im Gebet verbrachte. Im Gegenteil, er war der Meinung, dass jeder, der Christus besser kennen und ihn mehr lieben wolle, sich Zeit für das Gebet im stillen Kämmerlein nehmen müsse.

Natürlich betete Tozer zu verschiedenen Zeiten und auf unterschiedliche Weise – er nutzte jeden Augenblick, den er mit dem Herrn verbringen konnte. Clara Moore, ein Mitglied der *Southside Church*, berichtete, dass Pastor Tozer nach dem Umzug in das Haus in der Longwood Avenue häufig die drei Kilometer zu seinem Büro zu Fuß ging, wenn das Wetter es erlaubte. Sie sah ihn dann um 6.00 oder 6.30 Uhr morgens in seinem schwarzen Regenmantel und dem schwarzen Filzhut vorbeigehen. »Er hatte einen kraftvollen Gang und schwang beim Gehen seine Hände hinter dem Rücken hin und her.« Es ist gut möglich, dass er dabei betete, aber auf jeden Fall wusste sie, dass »er wegen seiner Gebetszeit in die Kirche ging, die normalerweise den ganzen Vormittag dauerte.« Clara war seit Kurzem mit Merrill Moore verheiratet, der in den 1950er-Jahren neben Pastor Tozer als vorläufiger Jugendpastor tätig war.[153] Anders als ihr Ehemann, der Tozer bewunderte und an seinen Lippen hing, verspürte sie keinen Wunsch, dem Pastor nachzueifern. Trotz seiner aufrichtigen Frömmigkeit und seiner sehr einflussreichen Predigten sah sie die Dinge mit den Augen einer Frau. Auch wenn Frau Moore es nicht näher ausführte, zeigten ihre Bemerkungen, dass ihr Ada Tozer leidtat. Der Frau war es selbst überlassen, wie sie von einem Ort zum anderen kam, und ihr viel beschäftigter Mann weigerte sich, ein Auto zu kaufen. Clara Moore erinnerte sich: »Frau Tozer kam im Winter völlig durchgefroren von den langen, kalten Fußmärschen zur Kirche.« Sie sah, wie sie »versuchte, bei Leuten Mitfahrgelegenheiten zu schnorren.« Kurz gesagt kam es dieser jungen Frau so vor, als ob für Frau Tozer »das Leben sehr hart« gewesen sei.[154]

Die Schlussfolgerung drängt sich auf, dass Tozer die Kluft zwischen sich selbst und Ada vergrößerte, je mehr er Zeit mit Gott verbrachte und Einladungen zu Predigtreisen annahm. Sie fühlte sich – zumindest in gewissem Maße – einsam und im Stich gelassen, vor allem, nachdem die älteren Söhne ausgezogen waren, um zu studieren und sich ein eigenes Leben aufzubauen.

Weder die sieben Kinder noch die Männer, die Aiden gut kannten, glaubten, dass er Ada absichtlich verletzte. Im Gegenteil, alle waren davon überzeugt, dass er seine Frau liebte. Doch er fügte ihr tiefe Verletzungen zu, und anscheinend geschah dies ihr ganzes Eheleben hindurch.[155]

Hat sie ihn je mit ihren Gefühlen konfrontiert? Hat sie ihn je gedrängt, mehr Zeit zu Hause zu verbringen oder ihr ein Auto zu kaufen? Das wissen wir nicht. Doch eines ist klar: Er glaubte, Frauen zu verstehen, und hatte schnell oberflächliche Diagnosen zur Hand, wenn er gelegentlich einen emotionalen Ausbruch mitbekam. Eines Tages versuchte beispielsweise eine junge Frau in der *Southside Alliance Church*, ältere Frauen als Mentorinnen für eine Mädchengruppenarbeit zu gewinnen, um eine evangelistische Aktion in der Gegend durchzuführen. Als eine ältere Frau um ihre Mitarbeit gebeten wurde, brach sie in Tränen aus und sagte, sie habe einfach zu viel zu tun, um noch weitere Aufgaben zu übernehmen. Tozer beobachtete den Vorfall. Als die unglückliche Frau gegangen war, versuchte er, der jungen Frau zu helfen, den Vorfall zu verstehen, und deutete das Problem mit den Worten: »Sie ist gerade in dieser Lebensphase.«[156] Es wäre interessant gewesen, wie Ada Tozer die Reaktion der verzweifelten Frau interpretiert hätte.

Aus zahlreichen und vielleicht verworrenen Gründen fand Aiden Tozer zunehmend Zeit für andere Menschen, aber nicht für seine Söhne und seine Frau. Von 1945 bis zu seinem Tod im Jahr 1963 steckte Tozer ein scheinbar unendliches Maß an Kraft in die jüngere Generation. Die Sonntagabendgottesdienste in der Kirche in der Union Avenue lockten während Tozers Tätigkeit dort weiterhin Hunderte von Studenten an. Sie kamen vom vierzig Kilometer entfernten *Wheaton College*, und vom *Moody Bible Institute* kamen sie per Auto oder Straßenbahn. Männer und Frauen im Studentenalter waren darauf erpicht, einem intelligenten und gut verständlichen Redner zuzuhören, der von der Irrtumslosigkeit der Bibel ausging und damit zu radikalem Gehorsam aufrief.

Dass Tozer bei den Studenten sonntagabends so beliebt war, führte zu weiteren Begegnungen mit Menschen aus dem Umfeld der Universitäten. Dr. V. Raymond Edman, seit 1941 Rektor des *Wheaton College*, wurde ein enger Freund von A.W. Tozer. Die beiden Männer teilten viele Erfahrungen und Interessen. Der 1900 geborene Edman war drei Jahre jünger als Tozer. Edman trug eine Brille, bekam früher als Tozer eine Glatze und war etwas kräftiger. Im Ersten Weltkrieg war er freiwilliger Rekrut in der Armee der Vereinigten Staaten gewesen. Während Tozer Autodidakt war, hatte sich Edman in der Universität nach oben gearbeitet. 1922 hatte er einen Abschluss als Bachelor an der Universität Boston mit Spanisch als Hauptfach gemacht. Er kam in Kontakt mit Dr. Paul Rader, während dieser das *Bible Training Institute* der CMA in Nyack im Bundesstaat New York leitete. Durch Rader bekam er Anschluss an die Allianz, und nach ihrer Hochzeit gingen er und seine Frau als Missionare nach Ecuador. Schließlich kehrten die Edmans wegen Raymonds Gesundheit in die Vereinigten Staaten zurück, und er studierte wieder und machte einen Master-Abschluss in amerikanischer Geschichte und promovierte über internationale Beziehungen an der *Clark University* in Massachusetts.

Ab 1937 unterrichtete Dr. Edman Geschichte am *Wheaton Col-*

lege. 1941 wurde er zum Rektor des Colleges gewählt. Als Edman nach Wheaton kam, war ihm Tozers Name bereits ein Begriff, da er als Mitglied der Allianz viele von Tozers Artikeln in *The Alliance Weekly* gelesen hatte. Persönlich begegneten sich die beiden Männer im Jahr 1940 und wurden treue Freunde. Beide hatten Verständnis für Frauen und Männer im Studentenalter und fühlten sich von Gott geführt, diese in ihrem Glauben zu ermutigen. Tozer lud Dr. Edman häufig ein, in der *Southside Church* zu predigen, und drängte den College-Professor, für die Zeitschrift der Allianz zu schreiben. Nachdem Edman Rektor des *Wheaton College* geworden war, verging kaum ein Jahr – zumindest bis die Tozers 1959 nach Kanada zogen –, in dem der Pastor von *Southside* nicht ins *Wheaton College* geholt wurde, um in der dortigen Kapelle zu predigen.[157]

Tozer teilte seine Kanzel mit Raymond Edman, und dieser öffnete das Rednerpult im College für Tozer, da sie beide eine fast identische Auffassung von der Bibel hatten. Als Männer der Allianz bekannten sie sich voll und ganz zu den vier Säulen ihrer Konfession, nämlich zu Jesus Christus als Erlöser, als demjenigen, der heilig macht, als Heiler und als kommendem König. Darüber hinaus waren jedoch auch beide völlig davon überzeugt, dass Gott alle wiedergeborenen Christen nach der Bekehrung zu einem »tieferen geistlichen Leben« einlädt. Jeder der Männer hatte nach der Bekehrung erlebt, wie die Gnade ganz persönlich in ihm wirkte und ihn veränderte. Und jeder von ihnen wusste zwar, dass der Geist Jesu Christi in jedem Menschen anders wirkt; doch aus der Bibel, der Kirchengeschichte und aus ihrer persönlichen Erfahrung wussten sie auch, dass der Geist Jesu Christi auf eine tief greifende, verändernde und Gott verherrlichende Weise, die den meisten Christen selten bewusst ist, in seinen erwählten Menschen immer weiter wachsen und durch sie strömen möchte.

V. Raymond Edman schrieb seine Ansichten darüber, was er als befreiendes und erfüllendes Leben ansah, in einem Buch mit dem Titel *Sie fanden neues Leben* (They Found the Secret, 1960) nieder. In dieser Sammlung geistlicher Biografien von zwanzig Personen stellte Edman kurze Porträts von namhaften Christen wie Amy Carmichael und Dwight L. Moody und ihre Erfahrungen mit dem tieferen geistlichen Leben dar.

Tozer wartete mit einer ähnlichen Betrachtungsweise auf, wenn auch nicht in Form von historischen Biografien, sondern als Reihe von Artikeln in der Zeitschrift *Christian Life*, die in einem kleinen Buch mit dem Titel *Keys to the Deeper Life* (1957) veröffentlicht wurden.[158] Zuvor hatte Tozer seine Ansichten zu dem »tieferen geistlichen Leben« in mehreren Ansprachen in der Kapelle von Wheaton kundgetan – zehn im Jahr 1952 und eine zwei Jahre später.[159]

Junge Menschen liebten Tozer, wie eine frühere Generation D. L. Moody geliebt hatte. Wie der weltberühmte Evangelist des neunzehnten Jahrhunderts verstand Tozer es, mit jungen Erwachsenen zu kommunizieren, und er hatte eine heilige Befähigung vom Heiligen Geist, mit der er das Herz der Menschen ebenso wie ihren Verstand erreichte. Wie Moody und Edman forcierte auch Tozer keine pfingstlerischen Glaubenslehren oder die Gabe der Zungenrede. Stattdessen bekamen die Menschen zu hören, dass es nur ein Teil unserer Berufung ist, etwas über Jesus Christus zu wissen, die korrekten Glaubenslehren zu kennen und fleißig die Bibel zu lesen. Der Herr wolle aber, dass seine Leute »ihn kennen«, nicht nur »etwas über ihn wissen«. Im Geist von Johannes 17,3 heiße ewiges Leben, den Vater und Jesus Christus, den er gesandt hat, zu *kennen*. Wie Moody mahnte Tozer die Menschen, sich auf ein tieferes geistliches Leben mit Christus einzulassen. Häufig äußerte Tozer diese oder ähnliche Worte:

> Zehntausende Gläubige sind stolz darauf, dass sie Römer und Epheser verstehen, können aber nicht verschleiern, dass ihre Herzen und Paulus' Herz in krassem Widerspruch zueinander stehen.
>
> Der Unterschied lässt sich folgendermaßen ausdrücken: Paulus suchte, fand und suchte weiter. Sie suchen und finden und suchen nicht weiter.
>
> Nachdem sie Christus »angenommen« haben, neigen sie dazu, das Leben durch Logik und Erfahrung durch Glaubenssätze zu ersetzen.
>
> Für sie wird die Wahrheit ein Schleier, der Gottes Gesicht verhüllt; für Paulus war sie eine Tür, die genau in seine Gegenwart führte ... Viele Anhänger von Paulus' Lehre folgen ihm in seinem leidenschaftlichen Streben danach, Gott wirklich zu erleben, nicht nach. Kann man diese Menschen überhaupt paulinisch nennen, allerhöchstens dem Namen nach?

Im Folgenden führte Tozer dies anhand eines Zitats aus *Die Wolke des Nichtwissens* näher aus. Er war der Meinung, diese Schrift enthalte ein Gebet, das den Kern der Lehre vom tieferen geistlichen Leben zum Ausdruck bringt:

> Gott, vor dem alle Herzen offenliegen ... und vor dem nichts Geheimes verborgen werden kann, ich flehe dich an, reinige die Absichten meines Herzens mit dem unbeschreiblichen Geschenk deiner Gnade, damit ich dich vollkommen lieben und dich angemessen preisen kann. Amen.

Tozer fuhr fort:

> Wer von den wahrhaft vom Geist Geborenen, wenn er nicht von falscher Lehre beeinflusst wurde, kann etwas gegen eine

> Herzensreinigung einzuwenden haben, die so gründlich ist, dass sie ihm erlaubt, Gott vollkommen zu lieben und angemessen zu preisen? Doch das ist genau das, was wir meinen, wenn wir von der Erfahrung des »tieferen geistlichen Lebens« sprechen. Bloß sind wir der Meinung, dass sie sich tatsächlich im Herzen abspielen und nicht nur vom Kopf akzeptiert werden sollte.[160]

Worte wie diese steckten die Herzen von Tausenden junger Frauen und Männer in Brand, die sich nach mehr sehnten. Sie waren nicht auf der Suche nach emotionalen Höhepunkten oder geistlichen »Erlebnissen». Im Gegenteil, die meisten jungen Leute im *Wheaton College* und am *Moody Bible Institute* waren in der aufkeimenden Pfingstbewegung genug Ausschweifungen begegnet. Das war nicht ihr Ziel. Vielmehr wollten sie Jesus Christus besser kennenlernen, damit sie ihn einer Welt voller verlorener und verwirrter Seelen bekannt machen konnten.

Tozers Predigten zu Studenten in der Gegend von Chicago wurden berühmt. Bald wurde er zu bibeltreuen und evangelikalen Hochschulen an anderen Orten eingeladen. Während der 1940er- und den 1950er-Jahre predigte der Pastor der *Chicagoer Allianz* auch am *St. Paul Bible College* (Minnesota). In den 1950er-Jahren übernahm er zweimal die Gottesdienste bei den geistlichen Rüstwochen am *Wheaton College,* ebenso wie 1948 und 1954 am *Fort Wayne Bible College* (Indiana), außerdem hielt er 1952 die Ansprache zum Studienabschluss am *Houghton College* (New York). Am *Taylor College* (Indiana) predigte er 1960, und im selben Jahr am *Nyack College*. Das *Wheaton College* verlieh Tozer 1950 die Ehrendoktorwürde (Dr. jur.), und auch das *Houghton College* ernannte ihn zwei Jahre später zum Ehrendoktor (Dr. jur.). Auch wenn Tozer nie danach strebte, »Doktor« genannt zu werden, war er sicherlich dankbar dafür, von so angesehenen christlichen Hochschulen wie *Houghton* und *Wheaton* auf diese Weise geehrt zu werden.[161]

Tozers Einfluss auf Hochschulangehörige lässt sich nicht messen, doch die Berichte darüber sind nahezu endlos. Billy Graham erinnerte sich, dass er vor seinem Abschluss am *Wheaton College* 1943 mehrmals in die *Southside Church* ging, um Tozer zu hören, und sagte, er sei immer stark gesegnet worden.[162] Dr. J. Julius Scott, der emeritierte Professor der *Wheaton Graduate School*, erinnerte sich, dass Tozers Aufforderungen, »Gott selbst zu kennen«, nicht nur »etwas über Gott zu wissen«, in seinem ersten Semester in *Wheaton* Anfang der 1950er-Jahre einen dauerhaften Eindruck in seiner Seele hinterlassen hatten.[163] Ebenso berichtete der verstorbene Dr. Bernard King, der 1941 sein Studium am *St. Paul Bible College* abgeschlossen hatte, er habe Tozer bei der offiziellen Semestereröffnung in dem Jahr persönlich kennengelernt, als die USA in den Zweiten Weltkrieg eintraten. Seine Beziehung zu Tozer, die ihren Anfang im College nahm, stufte er als äußerst wichtig für sein geistliches Leben und seinen Dienst ein.[164]

Dr. Tozers Einfluss auf jugendliche Schüler kam seiner Wirkung auf Studenten gleich. Er sprach häufig auf Treffen von *Jugend für Christus* über äußere Mission und die radikale Hingabe an Jesus Christus. Außerdem wurde er einer der beliebtesten Redner bei Jugendversammlungen der *Christian and Missionary Alliance* an Orten wie New York und Cincinnati, aber auch in Chicago.[165]

Wenn Dr. A.W. Tozer eine besondere Beziehung zu Jugendlichen, Studenten und zu Dr. Edman und dem *Wheaton College* im Besonderen hatte, so entwickelte er eine noch engere Bindung zum *Moody Bible Institute*. Tozer genoss eine Freundschaft mit den Rektoren des Instituts, Will H. Houghton und William

Culbertson, der während der Blütezeit von Tozers Arbeit in der Großstadt Chicago im Amt war. Tozers Beziehung zu Dr. Culbertson, der 1950 eine eindrucksvolle Einleitung zu Tozers Buch *The Divine Conquest* schrieb, wurde besonders eng. Und als Dr. Culbertson von Tozers Tod erfuhr, schrieb er:

> Sein Dienst an mir, sowohl ganz persönlich als auch in seinem öffentlichen Wirken, ist für mich ein Schatz, an den ich mich stets erinnern werde. Der Herr hat Dr. Tozer mit vielen Gaben ausgestattet. Als Gottes Diener war er treu in der menschlichen Seite der Entfaltung der gottgegebenen Talente. Und das Beste ist, dass er die Gegenwart und Kraft von Gottes Geist kannte.[166]

Diese beiden Rektoren des *Moody Bible Institute* waren dankbar für Tozers tief greifenden Einfluss auf die Moody-Studenten. Es gibt keine quantitativ bestimmbaren Daten dazu, doch Menschen, die zu Tozers Zeit die *Southside Church* besuchten, behaupteten, dass unter den Gottesdienstbesuchern sonntagabends zwar viele Studenten von *Wheaton* und anderen Einrichtungen in der Gegend waren, die große Mehrheit aber vom *Moody Bible Institute* kam. Ein Grund hierfür war natürlich, dass die Moody-Studenten einen viel kürzeren Weg zur 70. Straße/Union-Straße zurücklegen mussten als die anderen, die über Chicagos Vororte verteilt waren. Abgesehen von den Gottesdienstbesuchen der Studenten, erhielt Tozers Einfluss auf ein breiteres Publikum außerhalb der CMA seinen Auftrieb vor allem durch das Angebot des *Moody Bible Institute* (MBI), eine eigene Radiosendung beim hauseigenen Radiosender WMBI zu gestalten.

Tozers Beziehung zum *Moody*-Radiosender geht auf den Anfang der 1940er-Jahre zurück. Dr. Will Houghton, der von 1937 bis

1947 als Rektor des MBI amtierte, hatte die Vision, einen christlichen Radiosender als Lichtquelle in einer immer dunkler werdenden Welt einzusetzen. Die Historiker des *Moody Bible Institute,* Robert G. Flood und Jerry B. Jenkins, schrieben: »Als sich in Europa ein Krieg entzündete, setzte Houghton in der wachsenden Weltkrise das Radio ein. Er war der Meinung, das *Moody Bible Institute* solle eine Vorreiterrolle spielen.« Folglich »regte Houghton eine Sendungsreihe mit dem Titel ›Zurück zur Bibel‹ an, die im ganzen Land ausgestrahlt wurde.« Flood und Jenkins berichteten: »1941 begann das WMBI, ganztägig zu senden, und zum ersten Mal hatte *Moody* eine Frequenz ganz für sich.«[167]

A.W. Tozer fügte sich gut in die Philosophie des WMBI von geistlichem Dienst und Kommunikation ein. Tozer war nie ein Unterhaltungskünstler, sondern wollte möglichst vielen Menschen die Wahrheit der Bibel nahebringen. Tozers glasklare Predigten – denen allen seine Auffassung der Irrtumslosigkeit der heiligen Bibel zugrunde lag – harmonisierten vollkommen mit der Zielsetzung des *Moody Bible Institute.*

Tozer war schon in den 1940er-Jahren für gelegentliche Botschaften eingeladen worden, und die Zuhörer verlangten nach mehr. Deshalb erklärte sich der viel beschäftigte Prediger und Schriftsteller 1951 bereit, samstagmorgens eine regelmäßige Sendung mit dem Titel *From the Pastor's Study* (Aus dem Studierzimmer des Pastors) zu übernehmen. Noch stärker als die vier Bücher, die er in den 1950er-Jahren veröffentlichte, machten die landesweiten MBI-Radiosendungen Tozers Namen unter bibelgläubigen Christen bekannt. Glen A. Lehman, der Landesgeschäftsführer der *Independent Fundamental Churches of America* (Unabhängige bibeltreue Gemeinden Amerikas), erwähnte lobend Tozers Einfluss auf viele seiner Leute, und meinte, er selbst sei »durch das Hören seiner Sendungen über WMBI gesegnet« worden.[168]

Obwohl Dr. Tozer normalerweise sonntags eine Sonntagsschulklasse leitete, morgens und abends predigte und bei den Gebetsversammlungen mittwochabends eine kurze Andacht hielt, fand er dennoch während seiner Jahre in Chicago die Zeit, sieben Bücher zu schreiben. Die ersten drei – *Wingspread* (1943), *Let My People Go* (1947) und *Gottes Nähe suchen* (Im Original *The Pursuit of God*, 1948) wurden als Bücher konzipiert und geschrieben. Die nächsten vier Bände – *The Divine Conquest* (1950), *The Root of the Righteous* (1955), *Keys to the Deeper Life* (1957) und *Born after Midnight* (1959) – forderten weniger von ihm, da sie aus überarbeiteten Predigten oder Artikeln bestanden. Dennoch war Tozer Perfektionist, wenn es um sein Schreiben ging. Deshalb nahm die Überarbeitung von Texten für die Veröffentlichung viel Zeit in Anspruch.

Tozer konnte dieses Arbeitspensum, das schwächer veranlagte Menschen umgebracht hätte, auf Dauer nur bewältigen, weil er und die Gemeindeleitung sich schließlich einig wurden, dass sie einen Assistenzpastor in Vollzeit und schließlich auch eine dritte Person brauchten – gewöhnlich war dies ein für befristete Zeit eingestellter Assistenzpastor oder ein Praktikant, der Jugendarbeit machte und in verschiedenen Bereichen des Pastorendienstes aushalf. Anfang der 1940er-Jahre stellte er seine ersten beiden Mitarbeiter an, doch sie wurden bald in eigene Gemeinden berufen.

Tozer begab sich ernstlich auf die Suche nach einem hauptamtlichen und hoffentlich langfristigen Assistenzpastor, nachdem er zu der unumstößlichen Überzeugung gelangt war, dass Gottes Leute Anleitung in einer auf Gott ausgerichteten Anbetung brauchten. Im Lauf der Jahre entwickelte Tozer eine Liebe zu traditioneller Kirchenmusik und besonders zu Kirchenliedern aus vergangenen Jahrhunderten, in denen Christus im Mittelpunkt stand. Was Tozer sich wünschte, war ein musikalischer Leiter, der auch ein Herz dafür hatte, die Herde zu betreuen.

Nach viel Gebet fanden die Mitglieder der Gemeindeleitung und Pastor Tozer ihren Mann in Raymond McAfee. McAfee war ein äußerst gut aussehender Mann von mittlerer Statur und knapp 1,80 m Größe. Er hatte welliges, dunkelbraunes Haar, ebenso dunkle Augenbrauen und tiefe Grübchen, die noch stärker wurden, wenn er sein gewinnendes Lächeln aufblitzen ließ. McAfee war etwa zwanzig Jahre jünger als Tozer, doch wie der ältere Mann war er mit einer Sehnsucht nach größerer Nähe zu Gott gesegnet. Die beiden Männer merkten gleich, dass sie geistliche Brüder waren. In der Tat sah Tozer in McAfee einen Mann, der ein enger Freund in seiner sogenannten »Gesellschaft des brennenden Herzens« werden sollte.[169]

McAfee stieß 1943 zum Mitarbeiterstab der *Southside Alliance Church* und blieb bis 1959 ein treuer Assistenzpastor, mit Ausnahme eines Jahres (1949), in dem er Afrika, Asien und Europa bereiste, um Missionare zu besuchen. Tozer hatte sehr viel Freude an seinem Mitpastor, und McAfee betrachtete den Hauptpastor immer als seinen gottgegebenen geistlichen Mentor. Als Musikpastor diente er seinem Chef auf vielfältige Weise.[170] Erstens plante er die Musik für die Sonntagsgottesdienste, leitete den Chor und übernahm den Großteil der Seelsorgegespräche. McAfee konnte eine Musikauswahl zusammenstellen, die perfekt zur Theologie von Tozers Predigten passte. Der Hauptpastor ließ seinem Mitarbeiter die Freiheit, sämtliche Lieder für einen Gottesdienst auszuwählen. Die einzige Einschränkung in der Freiheit des Musikpastors betraf das Schlusslied. Tozer wollte immer bis zum Ende der Predigt warten, damit das ausgewählte Lied gut zur Aussage der Predigt passte. Meistens fragte Tozer McAfee gleich nach der Predigt, was man seiner Meinung nach singen sollte. Keiner der beiden konnte sich erinnern, an dieser

Stelle des Gottesdienstes je unterschiedlicher Meinung gewesen zu sein. Im Gegenteil, manchmal betete Tozer und fühlte sich vom Geist zu einem bestimmten Lied geführt. Dann lehnte sich Tozer hinüber zu McAfee und sagte: »Was meinst du, was wir jetzt singen sollen?« – fast immer war es die Nummer, die Dr. Tozer im Sinn hatte. Für beide Männer war eine solche Übereinstimmung ein Hinweis darauf, dass der Heilige Geist sie zu ihrer gemeinsamen Arbeit geführt hatte und dass er sie segnete.

Ray McAfee hatte noch mehr zu bieten als sein musikalisches Talent. Neben anderen Gaben war er ein ausgezeichneter Prediger. Immer wenn Aiden Tozer die Kanzel an McAfee übergab, bekam die Gemeinde reiche geistliche Nahrung direkt aus der Heiligen Schrift. Auch wenn Predigen nicht das war, was McAfee sonntags am liebsten tat – viel lieber leitete er den Chor und den Gemeindegesang –, verspürte er Gottes Wohlgefallen, wenn er die alltäglichen Aufgaben eines Pastors erledigte. Tozer machte nicht gerne Krankenbesuche und fühlte sich bei Hausbesuchen nie wohl. So war der extrovertierte McAfee die perfekte Ergänzung zu Tozer, der in seelsorgerlichen Einzelgesprächen von Natur aus schüchtern war. Und neben seinem musikalischen Dienst hatte McAfee große Freude an klassischer Seelsorge, weil er die Menschen aufrichtig liebte und gerne persönliche Gespräche mit ihnen führte.

Tozer wurde wegen seiner Zurückhaltung bezüglich der traditionellen Aufgaben eines Pastors von manchen Leuten kritisiert. Eine Frau, deren Mann in den 1950er-Jahren zwei Jahre lang unter Tozer als Praktikant in der Jugendarbeit tätig war, sagte, aus ihrer Sicht sei die *Southside Alliance Church* ein »Predigtzentrum«, aber keine echte Gemeinde gewesen.[171] Andere teilten ihre Meinung, doch völlig objektiv war sie bestimmt nicht. Dr. Tozer war sicherlich ein »Lehrpastor«. Dennoch kümmerten sich McAfee und auch die Praktikanten darum, dass Kranke und Einsame besucht wurden, dass Hausbesuche stattfanden, und dies alles geschah auf Pastor Tozers Anweisung.

Raymond McAfee gab seinem Freund und Chef, und auch der Gemeinschaft der *Southside Alliance*, viel. Doch es war keine einseitige Regelung. McAfee verdiente ein angemessenes Gehalt, doch noch wichtiger war, dass er das Vorrecht – wie er es nannte – hatte, Dr. Tozer herumzufahren. McAfee erinnerte sich: »Solange ich ihn kannte, besaß er nie ein Auto. Deshalb fuhr ich ihn bei vielen Gelegenheiten zu Terminen oder in ein Restaurant.« Auf diesen Spritztouren erhielt der musikalische Leiter eine lebensverändernde Allgemeinbildung. »Kaum waren wir im Auto, las er Watts, Wesley, Eckhart, Fénelon, Faber, Guyon, Burns, Shakespeare, Keats, Byron, Wordsworth, Milton, Emerson, um einige der Autoren zu nennen.« Tozer las nicht nur laut vor, »er las ein paar Zeilen, legte das Buch auf seinen Schoß und äußerte sich dazu. Manchmal stellte er mir Fragen zur Bedeutung dessen, was er gerade gelesen hatte.«

Tozer brachte McAfee noch mehr bei, als gute Literatur zu lesen. Er mahnte ihn, Bibelverse auswendig zu lernen, darüber zu beten und dann Gott um Hilfe zu bitten, »die offenbarte Wahrheit zu begreifen.« Tozers »Unterrichtsmethode war es, Grundsätzliches darzustellen und sich nicht bloß mit Wortstudien, schlauen Überblicksdarstellungen oder Statistiken zu beschäftigen.« Tozer »erkannte, dass die Heilige Schrift sich direkt an den Willen wendet, und das war stets sein Ansatz.« McAfee sagte, dass Dr. Tozer nichts von Lehre oder Predigten hielt, die lediglich Emotionen hervorriefen. Sentimentale und emotionale Aufrufe waren nicht sein Stil, »obwohl ich häufig ein Publikum gesehen habe, das von seiner Verkündigung der Wahrheit tief bewegt war.« Tozer »beharrte auch darauf, dass Gefühle zwar ein Organ der menschlichen Erkenntnis seien, der Wille aber das Wichtigste sei.«[172]

A. W. Tozer lehrte seinen jungen Mitarbeiter auch viel über das Gebet. »Dr. Tozer merkte gerne an: Wie ein Mensch betet, so ist er auch.« Von all dem, was Raymond von seinem Mentor lernte, »ist es sein Gebetsleben, das den bleibendsten Eindruck bei mir hinterlassen hat.« Tozer erlaubte es McAfee – er ermutigte ihn sogar dazu –, sich ihm bei manchen seiner wertvollen frühmorgendlichen Gebetszeiten anzuschließen. Dieses Zusammensein mit seinem Lehrer in diesem »Allerheiligsten« führte den jungen Mann zu einer Tiefe der Vertrautheit mit Jesus Christus, die er zuvor nicht gekannt hatte. »Nichts brachte in mir solches Wachstum hervor wie diese Treffen dienstag-, donnerstag- und samstagmorgens, die wir mit dieser Übung verbrachten.« McAfee erinnerte sich, dass Tozer manchmal »mit nach oben gewandtem Gesicht kniete, mitunter lag er auf dem Boden.« Während er betete, sah Tozer tatsächlich »die Schönheit und Herrlichkeit der Dreieinigkeit, und in kaleidoskopischer Pracht sah er vor seinem entzückten Auge die eine oder andere Eigenschaft vorbeiziehen.« Wie seine Predigten waren auch Tozers Gebete ehrlich, freimütig, humorvoll und intensiv. »Sein Predigen wurde von seinem Beten beeinflusst.« Beim »Predigen verkündete er, was er im Gebet gelernt hatte.«[173]

Dass Tozer so viel in seine Gebetszeit mit Gott investierte, war laut McAfee die Quelle seiner Salbung und Kraft in Wort und Schrift. Was Raymond McAfee dienstags, donnerstags und samstags beobachtete und miterlebte, tat Tozer an jedem Tag der Woche außer an Sonntagen, an denen er keine unbegrenzte Gebetszeit machen konnte.

Der persönlich sehr zurückhaltende und schüchterne Hauptpastor öffnete sich gegenüber dem jungen Raymond McAfee so sehr wie sonst gegenüber niemandem, ausgenommen vielleicht Francis Chase. Einen kurzen Eindruck davon, wie sehr sich Tozer an der Gemeinschaft mit McAfee erfreute, konnte man Ende

1949 erhalten. McAfee hatte sich mehrere Monate freigenommen, um Missionare auf der ganzen Welt zu besuchen. Bei seiner Rückkehr nach Chicago besuchte er Dr. Tozer. McAfee hatte diese Begebenheit folgendermaßen in Erinnerung:

> Nach meiner Rückkehr ... besuchte ich Dr. Tozer, der mit einer Erkältung im Bett lag. Nun, wenn er im Bett oder krank war, erlaubte er niemandem, ihn zu sehen, aber mich ließ er zu sich. Ich hatte ihn seit Monaten nicht gesehen, und ich werde nie vergessen, wie ich in das Schlafzimmer kam und ihn sah, und seine ersten Worte zu mir nach meiner Rückkehr von Afrika und all diesen Reisen waren: »Also, Marco Polo«, eine typische Bemerkung. Ich ging zurück in die Kirche ..., und der letzte Teil meiner Zeit mit ihm war bedeutender als der erste.[174]

Tozer hatte Freude an der Gemeinschaft mit McAfee, und er merkte auch, dass dies ein junger Mann war, den Gott in den geistlichen Dienst berufen hatte. Daher gab Tozer das, was er empfangen hatte, gerne wie Paulus weiter an seinen Mitarbeiter, der Timotheus ähnelte, und schenkte ihm Zeit und Offenheit. Dadurch konnte McAfee seine eigenen Gaben entfalten und Menschen auf eine Weise betreuen, die selbst seinem Mentor nicht möglich war. Tozer weckte in McAfee das Verständnis dafür, dass jemand, der zu Christus kommt, zu einer vollständigen Bekehrung berufen ist. Anhand seiner eigenen Umkehr und Pilgerschaft veranschaulichte er, was Jesus Christus in den Menchen tun möchte, die er berufen hat. Er erklärte, dass sich als Folge seines eigenen anfänglichen Bekehrungserlebnisses »nicht nur sein Herz für das Wirken des Heiligen Geistes und die Sündenvergebung und die Reinigung durch das Blut geöffnet habe, sondern sich auch sein Geist geöffnet habe.« McAfee erinnerte sich an Tozers Aussage über sich selbst, »er sei als junger Mann so unwissend gewesen, dass es ein Wunder sei, dass sein Kopf nicht vor lauter Leere eingefallen sei. Aber gleich« nach seiner Bekehrung »öffnete sich sein Geist wie eine Sonnenblume für die Sonne, und er bekam Hunger, nahezu grenzenlosen Hunger, und er fing an zu lesen.« Er hatte auch Hunger nach einer größeren Fülle des Heiligen Geistes, und seine Schwiegermutter »legte ihm die Hände auf, damit er die Gabe des Geistes empfangen sollte.« Tozer betete so, wie Jesus es in Lukas 11 gelehrt hatte, ganz wie die von V. Raymond Edman in *Sie fanden neues Leben*[175] beschriebenen Menschen wie Dwight L. Moody und Amy Carmichael – das heißt, er bat um eine größere Erfüllung mit dem Heiligen Geist, suchte danach und klopfte immer wieder bei Gott darum an. Einige Jahre zuvor hatte er seine Schwiegermutter gebeten, mit ihm um die Gabe der Unterscheidung zu beten. Und wie McAfee aus erster Hand beobachtete: »Er besaß sie tatsächlich.«

McAfee räumte ein, dass sein Mentor »manchmal deprimiert und fast schwermütig war«. Wahrscheinlich hing dies auch mit seinem scharfen Urteilsvermögen über die Kirche im Allgemeinen und bestimmte Menschen im Besonderen zusammen. Wenn man in der Kirche schädliche Tendenzen wahrnimmt – vor allem Tendenzen zur Unterhaltung statt Anbetung und die Neigung, statt biblischen Modellen wirtschaftlichen Grundsätzen und Geschäftsmodellen zu folgen – und dabei noch verunglimpft wird, weil man sich gegen solche Tendenzen ausspricht, kann das einen sicherlich verleiten, zu verzagen. Jedenfalls warnte Tozer McAfee: »Wenn du glücklich sein willst, bitte nie um die Gabe der Unterscheidung.«

Von Zeit zu Zeit packte Aiden Tozer die Verzweiflung, doch aus McAfees Blickpunkt verharrte er nicht darin, weil er wusste, wie er wieder hinauskam. Das war eine Lektion, die McAfee von

Tozer gelernt hatte: Wenn die Seele von Dunkelheit umfangen ist, sollte man allein an einen einsamen Ort gehen und Gott begegnen. Auf den Punkt gebracht: »Eine Zeit der Ermutigung in der Gegenwart des Herrn, und er gewann Abstand zu den Umständen.«

Kein anderer junger Mann hatte das Privileg, so viel Zeit mit Tozer zu verbringen wie McAfee, doch auch viele andere sahen ihn eine Zeit lang als ihren Mentor an und haben sich dieses Vorrechts voll Dankbarkeit erinnert. Merrill Moore war zwei Jahre lang Jugendpastor, und seine Frau erinnerte sich, dass er von seiner Zeit unter Tozer maßgeblich beeinflusst wurde.[176] Ira Gerig arbeitete von 1942 bis Mitte 1943 anderthalb Jahre lang mit Tozer zusammen, und auch er erhielt Ermutigung und konstruktive Anleitung. Er wies darauf hin, dass die *Christian and Missionary Alliance* Tozers Begabung für die Unterweisung und Ermutigung junger Pastoren erkannt hatte. Deshalb organisierte sie gelegentlich ganztägige Veranstaltungen, bei denen der Chicagoer Pastor etwas von seiner Weisheit an die neue Generation von Pastoren weitergab.[177] Gerald Smith, der in der Allianz führend und unter anderem dreiundzwanzig Jahre lang im Ausschuss für Veröffentlichungen tätig war, trug dazu bei, sechzehn Bände von Tozers Artikeln in Buchform herauszugeben. Er erinnerte sich, dass Tozer bei diesen Treffen für junge Pastoren äußerst zuvorkommend gewesen war. Er gab den Männern ganz praktische Ratschläge. So sagte er ihnen beispielsweise, sie sollten in ihren Beziehungen zum anderen Geschlecht vorsichtig sein und warnte sie auch davor, dem Wunsch nach Geld zu verfallen. Besonders einfühlsam war seine Mahnung, sie sollten die Falle umgehen, die von ihnen betreuten Gemeinden als »ihre Gemeinden« anzusehen, und Äußerungen wie »meine Gemeinde, meine Kanzel, mein Pastorenamt« unbedingt vermeiden. Die Männer schenkten ihm Gehör, weil er sich von vielen anderen bekannten Predigern, Lehrern und Verfassern dadurch abhob, dass er frei von jeglichem persönlichen Ehrgeiz war und seine eigenen Bücher nie bewarb. Bei einer Konferenz weigerte er sich sogar, einen Büchertisch aufzustellen und sagte: »Ich bin kein Buchhändler, und ich will keine Ehre für meine Verfasserschaft.«[178]

Ein weiterer junger Geistlicher, der bei A.W. Tozer wertvolle Weisheiten sammelte, war Gordon Cathey. Zu den Schätzen, die er fand, gehörte Tozers Empfehlung, sich mit C.S. Lewis als lesenswertem Schriftsteller zu beschäftigen, denn: »Er ist einer der wenigen originellen Denker unserer Zeit.« Tozer half Cathey auch bei seiner Predigtvorbereitung, indem er sagte: »Ich wende mich nie an die Bibel, um eine Predigt zu finden; ich wende mich an die Bibel, um Gott zu finden. Dann empfange ich die Worte für eine Predigt.«[179]

Der Pastor Ed J. Maxey, der Mitte der 1950er-Jahre zwei Jahre lang Tozers Assistent war, verbrachte den Großteil seiner Zeit mit Jugendarbeit. Unter Tozers Anleitung arbeiteten er und seine Frau Shirley mit Jugendlichen. Sie machten auch evangelistische Hausbesuche und führten Einsätze in dem südlich von Chicago gelegenen Vorort South Holland durch. Tozer wollte die Gegend von South Holland mit Evangelisation und einer Gemeindegründung erreichen. Die Maxeys legten das Fundament für eine CMA-Gemeinde, die Anfang 1957 gegründet wurde. Später gingen sie als Missionare nach Neuguinea, doch Ed Maxey blickte voller Dankbarkeit auf seine zwei Jahre mit Dr. Tozer zurück. Auf die Frage, wobei er am meisten von Tozer gelernt habe, erwiderte er, Tozer habe ihm »fast nichts über Seelsorge« beigebracht. Maxey meinte, dass Ray McAfee andererseits »eine Erweiterung von Tozers Persönlichkeit war, und er übernahm den Großteil der Seelsorge.« Doch auch wenn Tozer »kein Vorbild dafür war, wie man Seelsorge betreibt«, so beschäftigte er dennoch einen Mann, der »außergewöhnliche Seelsorge machte«. Maxey lernte viele positive Lektionen von Tozer. Erstens gewann er eine ökumenischere Perspektive. Tozer mochte die Mennoniten und sagte, sie »lieben die Bibel«. Er respektierte auch die christlichen Mystiker und ermunterte Maxey, Literatur aus diesem Gebiet zu lesen. Tozer beschäftigte sich auch gerne mit Thomas Merton. Als ein junger Mann einmal meinte: »Wenn Merton so gut ist, warum ist er dann immer noch römisch-katholisch[?]«, antwortete Tozer: »Du bist so ein guter Christ, warum bist du immer noch evangelisch[?]«.[180]

Maxey räumte ein, dass er Tozer nicht annähernd so nahestand wie Ray McAfee. Dennoch lud ihn der Hauptpastor häufig ein, montags gemeinsam mit ihm und McAfee zu Mittag zu essen. Nach dem Mittagessen führte Tozer sie zu Antiquariaten und gab ihnen seine Liebe für gedruckte und zwischen zwei Buchdeckel gebundene Worte weiter. Tozer weckte in Maxey ein Interesse an der Geschichte des frühen Christentums. Er kaufte gerne Bücher und erwarb häufig mehrere, um sie dann Maxey, McAfee oder anderen zu schenken, von denen er glaubte, sie würden dadurch gesegnet. Maxey erinnerte sich, dass Tozer sie an seiner Begeisterung für Dichtung teilhaben ließ, und er unterhielt sie auch mit Erzählungen und der Geschichte von Kirchenliedern, die ihm viel bedeuteten.

Maxey räumte ein, dass Dr. Tozer sich sonntags nicht viel Zeit für die meisten Erwachsenen der Gemeinde nahm. Stattdessen ging er still und heimlich in das Kinderzimmer und spielte mit den Kindern. Die Mütter, die dies beobachteten, liebten ihn dafür; und die Kinder reagierten auf ihn, als wäre er ein Großvater. Die Maxeys hatten eine Tochter im Vorschulalter. Joy wurde zu einem von Tozers Lieblingen, und die beiden hegten große Bewunderung füreinander.

Aiden W. Tozer (1956)

Maxey, der spätere Missionar in Neuguinea, äußerte sich rückblickend dankbar gegenüber Tozer für alles, was er ihm in diesen zwei Jahren als sein Assistent beigebracht hatte. Die Lektion, die im Lauf der Jahre am eindrücklichsten in Erinnerung blieb, hatte mit dem Predigen zu tun. Er erinnerte sich, dass ein junger Theologiestudent an Tozer schrieb und ihn fragte, wie er seine Predigten vorbereite. Wie es für ihn typisch war, verwies Tozer auf den Herrn und schrieb: »Ich knie mich nieder und schaffe es, drei Predigten pro Woche zusammenzubringen.« Laut Maxey legte Tozer Wert darauf, dass vor der Verkündigung die Erfahrung stand. »Er sagte, er würde die Wahrheit erleben und dann reden.«[181]

Während sich A.W. Tozer intensiv damit befasste, Artikel und Bücher zu schreiben, Predigten vorzubereiten und zu halten und als Mentor für junge Männer zu fungieren, schaffte er es auch, sich etliche Feinde zu machen. Da er bemerkte, dass die amerikanische Kirche dem Nachkriegswahn verfallen war, alles »groß« zu machen, warnte Tozer die Christen mit scharfsichtigem Geist vor der »größer ist besser»-Mentalität. Und als er sah, dass viele Kirchen wie die Autos der 1950er-Jahre mit ihren grellen Farben und wuchtigen Stoßstangen und Heckflossen prunkhaft und luxuriös wurden, entwickelte sich der Wächter von der *Southside Alliance* zu einem noch freimütigeren Propheten. In der Furcht, die Kirche würde zu einer billigen Imitation der Welt verkommen, statt eine authentische biblische Alternative zu sein, griff er die »Alleinunterhaltungsprediger« an. Seiner Meinung nach nahmen sich diese Pastoren und Leiter Hollywood zum Vorbild. Sie »tun das altehrwürdige Vorgehen der Heiligen ungeduldig ab und streben nach Farbe, Lichtblitzen, Größe, Schwung und Pep. Stilles Vertrauen, Beständigkeit, Ruhe: Auf diese Dinge wird in großer religiöser Aufregung verzichtet.« Tozer beklagte den Trend, wonach »Zahlen vorgehen, weshalb alles möglich ist, wenn es eine große Menschenmenge anzieht.« Er veranschaulichte diese Entwicklung mit folgendem Beleg: »Das bedrückendste Beispiel für die schäbigen Methoden, mit denen man eine Menschenmenge anlocken will, das mir untergekommen ist, erschien kürzlich auf der Kirchenseite der Tageszeitung einer Großstadt.« Tozer zitierte die Schlagzeile, mit der eine Missionsversammlung beworben werden sollte: »19.30 Uhr: Bewegende Bilder über den Kannibalismus.«[182]

Tozer war strikt dagegen, Methoden aus dem Geschäftsleben in das Christentum zu bringen. Dies zeigt ein Brief von ihm an den Verlag Union Gospel Press in Cleveland in Ohio, in dem er die Titelseite von *Christian Life* anprangerte, einer Zeitschrift, die sich selbst als das »erläuternde Nachrichten- und Wirtschaftsmagazin für evangelikale Christen« bezeichnete. Die Titelseite für März 1956 zeigte das Foto einer neu gebauten Kirche. Unter dem Bild stand: »Diese Kirche kann innerhalb von vier Tagen errichtet werden.« Im Inneren der Zeitschrift befand sich ein Artikel, der die Fertigkirchen eines Herstellers anpries, die sich preislich zwischen »15 000 und 35 000 Dollar« bewegten und »innerhalb von vier Tagen aufgebaut werden können.« Tozer sagte, er schrieb »in einem freundlichen Geist, aber wir müssen an unsere jungen Leute denken!« Dieser »schockierend schlechte Geschmack«, so hoffte er, sei nicht die neue Marschrichtung der Redaktion, denn falls dem so wäre, »wird es für uns notwendig werden, [Ihr] Material nicht weiter zu benutzen.«[183]

Wenn Tozers Kritik an der zunehmenden kulturellen Anpassung schon viele beleidigte, so tat er dies erst recht mit seinem Angriff auf das, was er als »Oberflächlichkeiten in der Religion« bezeichnete. Er rief zu einer Rückkehr zur Würde in der Kirche auf, denn er war tief bekümmert darüber, dass es immer weniger echt biblische und fromme Führungspersonen gab.[184]

Mit seiner Veröffentlichung der Biografien von A. B. Simpson und Robert A. Jaffray fiel Tozer auch bei einigen seiner eigenen Allianz-Leute in Ungnade. Tozer, der ewige Realist, stellte auch einige Schwächen der beiden Männer dar. Manche Leute zogen jedoch frisierte Porträts vor. Seine kurzen Biografien waren den Menschen, denen künstliche Heilige lieber waren, »zu echt«.[185]

A. W. Tozer stieß einige Bibeltreue und Evangelikale vor den Kopf, als er zu einer mystischen – das heißt einer »echten persönlichen Beziehung« – zu Jesus Christus aufrief. Er behauptete, jede sogenannte persönliche Beziehung zu Jesus Christus müsse heutzutage mystisch sein, da er nicht mehr auf den Straßen dieser Erde unterwegs sei. Doch für manche Leute klang Mystizismus zu sehr nach Heidentum, und so schreckten sie vor Tozers Formulierung, wenn auch nicht vor deren Kern, zurück. Andererseits verärgerte er noch eine weitere Gruppe, die er die »Pseudomystiker« nannte. Für Tozer gab es in dem öffentlichen Gebetsleben vieler Protestanten eine gut gemeinte, doch fehlgeleitete Tendenz. Tozer meinte: »Gebete richten sich nicht an die Zuhörer [sondern an Gott], dennoch sind sie dazu bestimmt, von ihnen gehört zu werden, und sollten mit diesem ehrlichen Wissen im Hinterkopf formuliert werden.« Der Apostel Paulus, bemerkte er, »macht das im Ersten Korintherbrief ganz deutlich.« Er fuhr fort: »Es würde uns gut tun, wenn wir in diesen Tagen der religiösen Oberflächlichkeiten die ganze Angelegenheit des öffentlichen Gebets überdenken würden.« Wir »verlieren nichts von dem geistlichen Gehalt, wenn wir das Gebet durchdenken und es ehrfürchtig hinterfragen.« In erster Linie ging es ihm um den »Pseudomystizismus, der eine zärtliche Nähe zu Gott vortäuscht, dem aber diese atemlose Ehrfurcht fehlt, die der wahre Anbetende in der Gegenwart des heiligen Gottes immer verspüren muss.« Anhand von Belegen aus der Geschichte schrieb Tozer: »Wer Luthers Gebete gehört hat, hat uns von der gewaltigen Wirkung berichtet, die sie oft auf die Zuhörer hatten.« Luther begann ganz demütig, »sein Geist kehrte in völliger Selbstverleugnung das Gesicht nach unten, und manchmal erhob er sich zu so kühnen Bitten, dass die Zuhörer aufschreckten.« Doch leider gibt es heute zu viel »albernen Geist, [der] sich manchmal in religiöser Babysprache ausdrückt, die gänzlich unwürdig für Menschen ist, die den Allerhöchsten anreden.« Tozer fand es respektlos, »einen sogenannten Christen in einer taktlos vertrauten Stimme zuckersüße Worte gegenüber jemandem äußern zu hören, den er oder sie ›lieber Jesus‹ nennt.« Das sei »eine schockierende Erfahrung für jeden, der den Himmel schon offen gesehen und sprachlos vor der heiligen Gegenwart Gottes gestanden hat. Niemand, der sich je vor dem brennenden Dornbusch verneigt hat, kann danach leichtfertig von Gott reden, noch viel weniger der unbesonnenen Anrede Gottes schuldig sein.«[186]

Das Anti-Tozer-Lager wuchs, als er mehrfach die Scofield-Studienbibel lobte, von der er sagte, er schätze und benutze sie, gleichzeitig aber vor einigen ihrer erläuternden Anmerkungen warnte. »Was Sie tun müssen, ... ist, die Bibel zu lesen. Und Sie können eine Scofield-Bibel lesen, wenn Sie auf die Anmerkungen achtgeben.« Er meinte, ihm sei vorgeworfen worden, die Scofield-Bibel abzulehnen, doch er sagte, im Gegenteil, »ich habe vier von ihnen verschlissen, und Nummer fünf habe ich zu Hause ... Ich schenke nur den Anmerkungen keinen Glauben. Wenn sie anfängt, zu behaupten, etwas sei anders, als es tatsächlich ist, gehe ich einfach darüber hinweg. Aber sie teilt Ihnen die Abschnitte hübsch ein.« Die Lehre, dass das in der Apostelgeschichte bezeugte gewaltige Wirken des Heiligen Geistes und die in Römer 12 und 1. Korinther 12 und 14 aufgezählten Geistesgaben durch Gottes Willen aufgehört hätten, war in Tozers Augen eine Bibelauslegung auf der Grundlage von Erfahrungen und basierte nicht auf der gesamtbiblischen Perspektive.[187]

Tozers Kritiker kamen auch aus anderen Bereichen. Nachdem er seinen kämpferischen Artikel »Die Gefahr des religiösen Films« verfasst hatte, fanden ihn Kinogänger eng und sektiererisch, und sie missbilligten seine pauschale Verurteilung der Unterhaltung aus Hollywood. Jahre später räumte er sogar selbst gegenüber zweien seiner Kinder ein, dass er mit seiner Kritik an religiösen Filmen zu weit gegangen war.[188]

Mit seinen gelegentlichen Attacken auf Katholiken löste er Diskussionen aus. Wie viele Protestanten beharrte er darauf, dass die Katholiken zu viel Wert auf Werke legten, was zu Lasten der Lehre von der Erlösung durch Gnade und Glauben ging. Er schimpfte über den seiner Meinung nach »nicht schriftgemäßen unnötigen Ballast« wie »Weihwasser [und] das Emporheben der Hostie«.[189] Solche Äußerungen brachten sicherlich Katholiken gegen ihn auf, doch auch einige gestandene evangelikale Christen empfanden sie als bestenfalls unangemessene Fehlinterpretationen der Bedeutung katholischer Praktiken.

Ironischerweise wurde Tozer von einigen Protestanten scharf dafür kritisiert, dass er gegenüber Katholiken zu friedliebend und nachsichtig sei. Aus ihrer Sicht war Tozer im Irrtum, wenn er die Schriften von frühen Kirchenvätern und -müttern wie Juliana von Norwich, Augustinus, Franz von Assisi und Miguel de Molinos lobte, um nur einige zu nennen. Laut einigen seiner Kritiker waren diese Schriftsteller keine Stammväter der Gesamtkirche – sie waren römisch-katholisch. Tozer ging mit diesen Schwarzsehern ebenso um wie mit negativen Kommentaren wegen seiner häufigen Bezüge auf die vor-nizäischen Kirchenväter oder auf neuzeitliche Autoren wie Thomas Merton. Aus Tozers Blickwinkel kannten diese Heiligen den Herrn ganz genau, und er lernte aus ihren Werken, wie man Christus näherkommt – auch wenn er nicht mit allem übereinstimmte, was sie glaubten.

Tozer war ein komplexer Mensch, der sich zu seinen Lebzeiten und bis heute noch nicht leicht in eine Schublade stecken lässt. Auch wenn er durch und durch evangelisch war, lernte er viel von den westlichen und östlichen Sakramentalisten. Und sein Sohn Aiden jun. war freudig überrascht darüber, dass A. W. Senior sich gegenüber einem römisch-katholischen Geistlichen dankbar und wohltätig zeigte, der während der Kämpfe im Zweiten Weltkrieg der Seelsorger seines Sohnes gewesen war.[190]

Genau diese überkonfessionelle Vielfalt machte Dr. Tozer bei manchen Leuten beliebt, während sie bei anderen Kritik hervorrief. Tozer wurde oft dafür kritisiert, zu ökumenisch zu sein. Männer, die Tozer gut kannten und in der Allianz führend waren, wie Bernard King, Gerald Smith und Harry Verploegh, lobten Tozers freundliche und verantwortungsvolle »Aufgeschlossenheit« gegenüber Brüdern und Schwestern außerhalb der CMA. Tozer gab der CMA zwar immer den Rat, der Evangelischen Allianz Amerikas nicht beizutreten, da er der Meinung war, der Standard der Glaubenssätze würde um der Einheit willen auf den kleinsten gemeinsamen Nenner abgesenkt. Dennoch wurde er im Lauf der Jahre immer überkonfessioneller. Wenn Menschen oder Konfessionen sich zur Irrtumslosigkeit der Bibel und zum Kern der Lehre des Glaubens, der ein für allemal überliefert ist, bekannten, setzte sich Tozer für die Gemeinschaft mit ihnen ein. Wegen seiner Aufgeschlossenheit gegenüber Gläubigen aus anderen Traditionen wurde unter ein paar verärgerten CMA-Pastoren und Vorstandsmitgliedern ständig geraunt, Tozer sei kein »verlässlicher CMA-Mann« .[191]

Tozer war nie ein Repräsentant der Allianz im Sinne von »meine Konfession hat auf jeden Fall recht«. Stattdessen war er in jedem Fall der Meinung, dass sich wahre Liebe und Loyalität am ehesten durch eine von konstruktiver Kritik bereicherte Gemeinschaft und Partnerschaft zeigen. Letzten Endes war Tozer allerdings doch ein loyaler Allianz-Mann. Er liebte seine Konfession zu sehr, um nicht prophetisch zu reden, wenn er auf dem biblischen Kompass auch nur die geringste Abweichung vom wahren Norden entdeckte. Er liebte die relativ große Freiheit, die die Pastoren der CMA innerhalb der Grenzen der evangelikalen Rechtgläubigkeit genossen, und seiner Meinung nach war keine andere Konfession der Berufung zu innerer und äußerer Mission so gehorsam wie die CMA. Wie stark sich Tozer selbst dem Missionsbefehl verpflichtet fühlte, zeigt sich daran, dass er weiterhin als Evangelist tätig war, selbst nachdem er ein viel beschäftigter Pastor, Schriftsteller und Konferenzredner geworden war. Er bezog auch die *Southside Church* in die Evangelisation vor Ort ein und motivierte die Mitglieder, Zeit und Geld in mehrere Gemeindegründungen im Großraum Chicago zu investieren. Auch der Schwerpunkt von *The Alliance Weekly* (und später *The Alliance Witness*) wich während Tozers Schriftleitung von 1950 bis 1963 nie davon ab, eindeutig und zielstrebig für Gemeindegründungen und Außenmission einzutreten und diese zu unterstützen.

Die gelegentlichen Anfälle von Schwermut oder geistlicher Depression, die Ray McAfee bei Dr. Tozer beobachtete, hatten viele Ursachen. Dazu zählten die bereits erwähnte Belastung durch seine Gabe der Unterscheidung und das konstante Nörgeln der Kritiker, das allen Pastoren zuteil wird. Als Tozer in zunehmendem Maße eine Person des öffentlichen Lebens wurde, nahmen natürlich mündliche und schriftliche Angriffe wie auch Lob und Anerkennung zu. Diese Gegebenheiten trugen alle dazu bei, Tozers Stimmung von Zeit zu Zeit zu drücken, doch auch die Beziehung zu seiner Frau fügte ihm geistlichen und seelischen Schmerz zu.

Die Gründe für Spannungen in einer Ehe lassen sich selbst dann schwer bestimmen, wenn sowohl der Ehemann als auch die Ehefrau bei diesem Thema mitteilsam sind. Im Fall von Aiden und Ada Tozer gibt es jedoch nur wenige Belege, die es erlauben, definitive Schlussfolgerungen zu ziehen. Wie in früheren Kapiteln dargelegt, wirkten Aidens Entscheidungen in seinem geistlichen Dienst, sein Arbeitspensum und das anscheinende Fehlen eines guten Vorbilds in seinem Vater zusammen und fügten Ada von den frühen Jahren ihrer Ehe an Kränkungen zu. Es ist auch klar, dass die familiären Veränderungen während der Jahre in Chicago für Ada sowohl Schmerz als auch Erfüllung brachten. Während des Zweiten Weltkriegs und unmittelbar danach zogen die fünf ältesten Söhne endgültig aus, schlossen ihre Ausbildung ab und gründeten eigene Familien. Stanley, der jüngste Sohn, zog 1949 oder 1950 aus. Rebecca wurde dagegen erst 1939 geboren, und sie blieb zu Hause, bis sie achtzehn Jahre alt war, etwa acht Jahre vor dem Tod ihres Vaters.

Rebecca und alle ihre Brüder bis auf einen glaubten, dass sie bei Weitem das Lieblingskind ihres Vaters war. Zumindest teilweise trifft dies vermutlich zu, da sie das einzige Mädchen war, und ihre relativ späte Ankunft sie in den Augen ihrer überraschten Eltern zu einem besonderen Geschenk Gottes machte.

Rebecca hatte eine gute Beziehung zu ihrer Mutter, doch es bestand eine Bindung zu ihrem Vater, die die elterlichen Spannungen verschärfte. Die einzige Tochter der Tozers räumte ein, dass sie eine einzigartige Nähe zu ihrem Vater erleben konnte, weil fünf ihrer Brüder bereits nicht mehr zu Hause waren, solange sie zurückdenken konnte. Stanley war ihrer Erinnerung nach einen Teil der Zeit anwesend, doch größtenteils lebte sie wie ein Einzelkind – außer an Sonntagen, wenn einige ihrer Brüder zu einem Familienessen nach Hause kamen. »Das Sonntagsessen wurde zur Familienzeit. Wir waren oft ziemlich viele Leute. Einige meiner Brüder und ihre Frauen und Kinder kamen dazu.« Rebecca erinnerte sich, dass auch »irgendwelche Leute, die meine Mutter nach Hause brachte«, dabei waren.[192]

Rebecca liebte diese sonntäglichen Zusammenkünfte, bei denen »wir tolle Diskussionen über eine Vielzahl von Themen führten, darunter Krieg, Politik oder Dichtung. Und niemand machte einen herunter, wenn man anderer Meinung war. Es war immer ein freundliches, aber hitziges Gespräch.« In ihrer Erinnerung war alles »sehr anregend«.

Rebecca verbrachte viel Zeit allein mit ihrem Vater. Er ermunterte sie, viel zu lesen. Es gab keine Zensur ihrer Lektüre, doch Aiden hinterfragte sie und ermutigte sie, kritisch an Bücher heranzugehen. Von ihrem Vater lernte sie die Liebe zu Büchern; und er nahm sich Zeit, um mit ihr in der Natur spazieren zu gehen und ihr beizubringen, wie man Flora und Fauna beobachtet und Geschick beim Schießen mit Pistole und Gewehr entwickelt.

Laut Rebecca las ihre Mutter nicht viel – *Reader's Digest* war alles, was sie je aufschlug –, und sie begleitete sie nie auf ihren Wanderungen oder Ausflügen zum Zielscheibenschießen. Ob Adas fehlende Beteiligung ihre eigene oder Aidens Entscheidung war, ist nicht klar. Doch Rebecca erinnerte sich, dass sie ihren Vater ab dem Alter von acht oder neun Jahren häufig zu

Sommerbibelkonferenzen und Zeltversammlungen begleitete, Reisen, an die sie gerne zurückdenkt, weil es dort so viele andere Kinder gab. Dauerhaft in ihr Gedächtnis eingeprägt hatte sich jedoch, dass »Mutter nicht mitkam«. Da sie sich zu Hause um keine Kinder mehr kümmern musste, »hätte Mutter zu den Konferenzen und Zeltlagern gehen können. [Aber] Vater ließ es nicht zu.« Und niemand sagte je, warum. Rebecca erinnerte sich, dass ihr Vater sie eines Sommers bei einer Zeltversammlung mit auf eine Wanderung nahm. Er riss ein Stück Birkenrinde von einem Baum und zeigte Rebecca dann, wie sie darauf einen Brief schreiben konnte, so wie früher die Indianer kommunizierten. »Ich schickte Mama einen Brief auf der Birkenrinde, und sie ärgerte sich bis zum Ende ihres Lebens darüber.« Rebecca sagte, etwas habe einen Keil zwischen ihre Eltern getrieben, das sie nie ganz verstand.

Abgesehen von diesen Spannungen war Rebecca ihrer Mutter nicht entfremdet, die, wie sie berichtete, großartig Geschichten erzählen konnte. Vielmehr hätte sie keinen Bezug zu dem Erbe ihrer Familie, wäre ihre Mutter nicht bereit gewesen, Geschichten über beide Seiten der Familie zu erzählen. Aiden sprach nie über seine Familie und wünschte auch keine Beziehung zu irgendwelchen Verwandten außer seinen eigenen Kindern und Enkeln.

Rebecca hatte schöne Erinnerungen daran, in der Familie Tozer aufgewachsen zu sein. Die tollen Geschichten der Mutter über die Familie und Vaters erfundene Geschichten über abenteuerlustige Kaninchen bereicherten ihre Kindheit ebenso wie die Freude an Haustieren. Es gab zu Hause immer Katzen, außerdem einen unvergesslichen Cockerspaniel namens Buff.

Die Freude an Geschichten und Haustieren konnte jedoch die Wolken der Verzweiflung nicht völlig vertreiben, die sich durch die Probleme der Eltern über die Familie legten. Rebecca sagte,

Ada und Aiden W. Tozer (zirka 1950)

ein wesentlicher Grund für die Entfremdung ihrer Eltern sei die Tatsache gewesen, dass ihre Mutter durch und durch romantisch war, während ihr Vater umgekehrt jegliche Gefühlsduselei und Zurschaustellung von Gefühlen mied und sich vor Nähe zu fürchten schien. Falls dies nicht genug war, um eine Kluft zwischen den Eltern aufzutun: Aidens Weigerung, Verwandte einzuladen oder zu besuchen – sowohl seine als auch Adas –, »verletzte uns alle«, sagte Rebecca.

Aufgrund dieser Probleme und vieler weiter in der Vergangenheit verborgen liegenden Gründe meinte Rebecca: »Mutter war eine traurige Frau. Sie bemühte sich, fröhlich zu sein«, doch manchmal überwältigte sie der Schmerz. Sowohl Aiden als auch Ada litten an Depressionen, und keiner der beiden schien zu wissen, wie er wirklich geheilt werden konnte.

Als Rebecca ins Jugendalter kam und relativ unabhängig wurde, fand Ada Tozer Freude in der Tätigkeit, die sie schon von den ersten Ehejahren an geliebt hatte. Nun, da sie durch nichts mehr gebunden war, stürzte sie sich begeistert in ihre Seelsorgetätigkeit und besuchte Kranke und Menschen, die ihre Wohnung nicht mehr verlassen konnten. Sie machte auch seelsorgerliche Besuche – auch wenn sie es nie so nannte – bei Frauen aus der Gemeinde, die einsam waren und Ermutigung brauchten. Auch zu Armen und Menschen am Rande der Gesellschaft ging sie und bot ihnen Ermutigung und jegliche andere Hilfe an, die sie aufbringen konnte. Außerdem verbrachte sie Zeit mit anderen Frauen, die noch jung im Glauben waren, und zeigte ihnen, wie sie im Glauben wachsen konnten.[193]

Ab der Mitte der 1950er-Jahre verlieh Ada Tozers Engagement ihr ein Gefühl der Freiheit und Nützlichkeit und brachte neue Dimensionen der Freude in ihr Leben. Dennoch gab es Wunden, die kein Einsatz für andere völlig heilen konnte. Einige

Bekannte der Tozers, die Zeltveranstaltungen im Sommer und Bibelkonferenzen besuchten, sagten: »Bei diesen Versammlungen wurde sie nie gesehen.«[194] Doch sie sahen nicht das gesamte Bild. Als Rebecca ihren Vater nicht mehr begleitete, nahm Ada zumindest an einigen Versammlungen teil. Allerdings erklärte sie bei einer Konferenz einer Freundin: »Ich bin Frau Tozer, und keiner kennt sie.« Sie lachte, aber dabei könnte es sich auch um Sarkasmus gehandelt haben.[195]

Mehrere Jahre nach Aidens Tod und nachdem sie 1964 Leonard Odam geheiratet hatte, fasste Ada ihre Sicht von Aiden und ihrer Beziehung folgendermaßen zusammen: »Niemand weiß, wie einsam mein Leben war, vor allem, nachdem die Kinder ausgezogen waren.«[196]

Wie ironisch und traurig, dass Ada Tozer solche Einsamkeit erlebte, und auch Aiden kurz vor seinem Tod gegenüber einem Pastor bemerkte: »Mein Leben war einsam.«[197]

Kapitel 7
»Ich glaube nicht, dass es im Reich Gottes eine Farbgrenze gibt«
Toronto und darüber hinaus (1958–1963)

Im Laufe der 1950er-Jahre breitete sich Dr. A.W. Tozers Ruf weiter aus. Bis 1959 waren sieben Bücher von ihm erschienen, und unter seiner Herausgeberschaft erreichte *The Alliance Witness* die höchste Auflage aller Zeiten. Sein Radiodienst erreichte wöchentlich Hunderttausende von Zuhörern, und seine Bekanntheit wuchs mit seinem anstrengenden Terminplan, der gefüllt war mit Vorträgen bei Jugend- und Collegeversammlungen, diversen Konferenzen und sommerlichen Zeltveranstaltungen an weit verstreuten Orten, ebenso wie bei nationalen und regionalen Versammlungen zur Ermutigung von Pastoren vor Ort. Sicher wäre ein geringerer Mensch vom Stolz angesteckt worden. Doch dieser Mann, der von den Bergen aus Clearfield County in Pennsylvania einen so weiten Weg zurückgelegt hatte, identifizierte sich nie zu sehr mit seinem wachsenden Ruhm. Er ließ sich nie von Zahlen oder dem Beifall wankelmütiger Menschen beeindrucken. Tozer hatte zu viele Jahre damit verbracht, die Bibel zu lesen und über Gottes Majestät nachzudenken, als dass er sich von seinem eigenen Ruf hätte beeindrucken lassen.

Dennoch empfanden manche Menschen – und selbst langjährige Mitglieder der Konfession der *Christian and Missionary Alliance* – Tozer als sarkastisch und unnahbar. Sie meinten, dass er zu kritisch gegenüber Gemeinden sei, die versuchten, Menschen mit Hilfe ausgefallener Methoden zu erreichen, die in der Mitte des zwanzigsten Jahrhunderts modern waren. Ihrer Meinung nach war A.W. Tozer kein Prophet, sondern schlichtweg arrogant. Doch diese Einschätzung wurde dem Mann nicht gerecht. Seine Art war sicherlich manchmal ruppig, und seine gut gemeinte Direktheit konnte empfindsame Seelen verletzen. Wer Tozer gut kannte, wusste jedoch, dass er dazu berufen war, ein Hesekiel für die Kirche des zwanzigsten Jahrhunderts zu sein. Tozer war überzeugt, die Kirche werde zunehmend anthropozentrisch und verrenne sich, indem sie von Menschen geschaffene Methoden einsetzte, um unbekehrte Seelen zu erreichen. Diese Überzeugung klang für die Mehrheit der CMA und für eine breitere Masse der Evangelikalen richtig. Zum größten Teil war Tozers Aufforderung an die Kirche, Buße zu tun und sich auf den Geist Christi zu verlassen, eine willkommene Botschaft.[198]

Dass dieser moderne Prophet wahrhaft demütig war, auch wenn seine Methoden rau sein konnten, lässt sich daran ablesen, wie stark er sich dem Gebet widmete. Tozer nahm Jesus Christus ernst, als dieser sagte: »Wer in mir bleibt, und ich in ihm, wird viel Frucht bringen. Denn getrennt von mir könnt ihr nichts tun« (Johannes 15,5). Für Tozer war es von höchster Bedeutung, sich vor einem Dienst zu hüten, dessen Werke erfolgreich scheinen, aber keine Frucht bringen. Daher tat er nur das, wovon er wusste, dass es ihm helfen würde, in Jesus zu bleiben – das heißt, er verbrachte immer mehr Zeit mit der Bibel und im Gebet. Im Lauf der Jahre baute Tozer diese Angewohnheit immer weiter aus. Dabei sann er gleichzeitig über die Heilige Schrift nach, lobte denjenigen, der sie inspiriert hatte, bat um Gottes Hilfe, Worte mit seelenverändernder Kraft zu schreiben, und bezog die Wahrheiten auf den Alltag.

E.M. Bounds sagte einmal, ein Prediger, der wenig bete, sei hochmütig, da er glaube, er könne seinen Dienst aus eigener Kraft tun. Wenn umgekehrt ein Bewusstsein für die Notwendigkeit des Gebets ein Beweis für zumindest ein Mindestmaß an Demut ist, war dies bei Tozer sicherlich zu erkennen.

Dr. Tozers Liebe zum Gebet ließ ihn nicht so himmlisch gesinnt werden, dass er die Not auf der Erde nicht mehr wahrnehmen konnte. Im Gegenteil, er war den Armen gegenüber sensibler als viele seiner Kollegen. Auf den Straßen von Manhattan stießen Tozer und seine Vorstandskollegen häufig auf Bettler. Einige der Männer schoben die Bettler rasch beiseite und behaupteten, sie besäßen vermutlich mehr Geld als die Leute, die sie anbettelten. Tozer dagegen war anderer Meinung und hatte immer etwas Geld, um es einem Bettler in die Hand zu drücken. Er hatte stets ein Auge für Menschen, die ein paar Dollar oder ein Wort der Ermutigung brauchten. Zudem wurde er von Ada darin bestärkt, den Leidenden zu helfen. Sie hatte einen wohlverdienten Ruf dafür, dass sie sich in jeder Gemeinde, in der sie tätig waren, um die Menschen kümmerte, die am meisten litten und benachteiligt waren. Ada und Aiden glaubten beide: »Wem viel gegeben ist, bei dem wird man viel suchen.« Und sie wussten beide ganz genau, dass das, woran sie sich geistlich und materiell erfreuten, unverdiente Geschenke Gottes waren. In dieser Hinsicht wurde Ada nie für ihre heilige Angewohnheit kritisiert, sonntags einsame Menschen zum Essen an ihren Tisch zu bringen, obwohl Pastor Tozer nicht gerne Gäste hatte und die mit der Gastfreundschaft verbundene Pflicht zu leichter Unterhaltung nicht mochte.[199]

In den 1950er-Jahren, als ihn das Radio und die Bücher unter Evangelikalen längst allgemein bekannt gemacht hatten, drückte Dr. Tozer seine Freude darüber aus, unter Menschen aus den unteren und mittleren Gesellschaftsschichten zu sein. Andere Prediger kletterten vielleicht die Gesellschaftsstufen hinauf und betrachteten dies als Zeichen für Gottes Gunst, doch Tozer kehrte gerne beinahe jeden Sommer nach Mahaffey Camp zurück und predigte in den Bergen von Pennsylvania mehrere Tage lang zu der wirtschaftlich benachteiligten Landbevölkerung. Er mochte auch seine Stammgemeinde in der *Southside Alliance Church.* Es stimmt, dass diese Gemeinde einige gut betuchte Mitglieder wie Verploegh und Chase hatte, doch es gab dort wenige, falls überhaupt, Großverdiener, und größtenteils waren die Mitglieder hart arbeitende Arbeiter.[200]

Während Tozers Jahren in der *Southside Alliance Church* veränderte sich die Gegend in einem Umkreis von gut drei Kilometern um die 70. Straße/Union-Straße. Im Laufe der drei Jahrzehnte, die Tozer Pastor in Chicago war, reduzierte sich die Zuwanderung von Ausländern auf ein Rinnsal, verglichen mit der Flutwelle von Europäern, die im späten neunzehnten und frühen zwanzigsten Jahrhundert bis zum Ersten Weltkrieg nach Chicago geströmt war. Andererseits zogen jedes Jahrzehnt Hunderttausende von Afroamerikanern aus dem ländlichen Süden in die Industriestädte des oberen Mittleren Westens, ebenso wie Weiße vom Lande und aus Kleinstädten, die alle von der größten Stadt in Illinois angelockt wurden und davon träumten, dort mehr Geld zu verdienen.

Der Bezirk um Tozers Heimatgemeinde herum war nur einer von vielen in Chicago, der einen Bevölkerungswandel erlebte. In den Jahren nach dem Zweiten Weltkrieg bezogen dort Tausende von Afroamerikanern Wohnungen und kleine Einfamilienhäuser. Die weißen Arbeiter, die vorher dort gewohnt hatten, waren in dem wirtschaftlichen Aufschwung nach dem Krieg erfolgreich genug geworden, um weiter nach Süden oder Westen in größere und modernere Häuser zu ziehen. Die schwarze Bevölkerung in Chicago umfasste in den 1960er-Jahren schließlich weit über 800 000 Personen.

Diese Veränderungen, die tief greifende Auswirkungen auf Chicago als Ganzes hatten, hinterließen auch Spuren in der Gemeinschaft der *Southside Church.* Mitglieder und regelmäßige Besucher zogen allmählich fort in Viertel mit ausschließlich weißer Bevölkerung. Manche pendelten sonntags zurück zur Kirche, doch andere wechselten als Mitglieder zu Gemeinden, die näher an ihren Wohnorten lagen.

Ein paar afroamerikanische Familien besuchten die Gemeinde in der 70. Straße/Union-Straße, und einige kamen sogar regelmäßig und machten sie zu ihrer Heimatgemeinde. Doch bis zum Ende der 1950er-Jahre hatte die »Flucht der Weißen« zu einem Besucherrückgang bei den Sonntagmorgengottesdiensten geführt.

Trotz der sich ändernden Bevölkerungsstruktur behauptete sich die Sonntagsschule und erlebte sogar einen leichten Teilnehmerzuwachs. Auch die Abendgottesdienste florierten in diesen Jahren dank der Liebe der Studenten zu Dr. Tozer. Doch trotz dieser positiven Zeichen wuchs der Druck auf die Gemeinde, sich weiter westlich ein Anwesen zu suchen, um den Menschen entgegenzukommen, die ihrer langen Pendelzeit überdrüssig wurden.

Es gab weitere Zwänge, ein Grundstück zu finden und ein neues Gebäude zu errichten. Manchen Weißen missfiel es, Teil einer Bevölkerung zu sein, die zunehmend schwarz wurde. Sie gaben zu, die Gemeinde in ein nur von Weißen bewohntes Viertel verlagern zu wollen. Tozer persönlich verspürte keinen Wunsch umzuziehen. Dass das Viertel zunehmend von wirtschaftlich schwächeren Menschen bevölkert wurde – sowohl von Schwarzen als auch von Weißen –, war ihm egal. Wäre es nach ihm gegangen, wäre er in der 70. Straße/Union-Straße geblieben und hätte betreut, wen auch immer Gott dorthin schickte.

Das Leben in Chicago in den 1950er-Jahren war jedoch äußerst kompliziert. Während der einstige Fabrikarbeiter und jetzige Geistliche vor Ort bleiben wollte, stand er mehr als nur dem Druck vonseiten seiner überwiegend weißen Gemeinde gegenüber. Viele Afroamerikaner, die sich in der Gegend der *Alliance Church* ansiedelten, wollten, dass die CMA-Leute ihnen die

Kirche verkauften. Sie machten deutlich, dass ihnen eine viele Rassen umfassende Gemeinde nicht behagte. 1958 und 1959 schrieben mehrere Personen an Dr. Tozer, als sie das Gerücht hörten, dass die Konfession über einen Verkauf des Gebäudes und einen Umzug in ein rein weißes Viertel nachdachte. Eine Frau schrieb Tozer und brachte ihre Betroffenheit zum Ausdruck: »Ich lehne den vorgeschlagenen Plan ab, die Gemeinde zu verlagern: (1) profitiere ich ganz egoistisch« davon, dass die Gemeinde am jetzigen Standort ist, und ich »wäre nicht in der Lage, weiter ... nach Süden oder Westen zu fahren.« Außerdem, sagte sie als Studentin, (2) »gibt es andere Studenten, die gleicher Meinung sind.« Letztlich empfand sie es als »eine widerliche Art von Ironie, dass eine Gemeinde, die so großen Wert auf den Aspekt der Mission legt, ein Missionsfeld verlässt, das buchstäblich zu ihr kommt«.[201]

Dr. Tozer antwortete umgehend. Er äußerte seine Dankbarkeit dafür, dass sie ihm mitgeteilt hatte, dass die Gemeinde sie ermutigt hatte. Dann bekannte er: »Die Frage eines Umzugs beschäftigt mich stark.« Weiter schrieb er, dass es aus seiner Sicht und der Sichtweise von 90 Prozent der Mitglieder »völlig in Ordnung wäre, wenn die Hälfte unserer Gemeindeglieder farbig wäre. Es würde mich nicht im Geringsten stören. Vielmehr glaube ich, dass es mir gefallen würde.«

Tozer fuhr fort:

> Die Tatsachen sind allerdings folgende: Der Vormarsch der Farbigen auf South Side ist beschlossene Sache. Die Farbigen wollen sich nicht mit den Weißen zusammenschließen. Sie wollen, dass die Weißen verschwinden, und das sagen sie auch klipp und klar. Dass die Integration nicht funktioniert, liegt nicht an den Vorbehalten unserer Leute, sondern an denen der Farbigen selbst. Sie haben mindestens einen Umzug veranstal-

tet, bei dem sie ihre Absicht verkündet haben, [die Viertel] Englewood und Brainerd zu übernehmen, und haben Herumtreiber in die Mehrfamilienhäuser um unsere Kirche herum geschickt, die verlangten, dass die Weißen verschwinden und die Farbigen einziehen lassen.

Sie werden mir sicher zustimmen, dass dies ein ganz anderes Licht auf die Sache wirft. Bitte beten Sie weiterhin.[202]

Zwei Monate später bekam Pastor Tozer Post von einer anderen Frau – einer »Neuen in Chicago« –, die ihn inständig bat, die Gemeinde nicht zu verlegen, da es in der South Side so wenige bibellehrende Gemeinden gebe.[203]

Weitere Briefe zum selben Thema trafen ein. Einer kam aus Saginaw in Michigan. Ein dortiger Pastor hatte von dem Problem der Southside-Gemeinde gehört, zu »integrieren oder umzuziehen« und bot Hilfe an, um Integrationsmöglichkeiten zu finden, denn »egal, wie es ausgeht, es wird einen Einfluss auf das evangelikale Zeugnis gegenüber den Negern im ganzen Land haben.«[204]

Tozer war sich völlig darüber im Klaren, was für ein Zeugnis von der Entscheidung über Weggehen oder Bleiben ausging. Er wusste auch, dass es Afroamerikaner in der South Side gab, die eine integrierte Gemeinde wollten. Von anderer Seite wurde jedoch geraten, das Zeugnis der CMA wäre in den Augen der Schwarzen positiver, wenn die Weißen ihnen das Gebäude verkaufen würden. Zwar wünschten sich einige Schwarze und Weiße aufrichtig eine Integration, doch andere Personen aus beiden Volksgruppen weigerten sich entschieden.

Obwohl während des Erstens Weltkriegs Schwarze anfingen, in großer Zahl nach Chicago zu ziehen, betrieb die Stadt in den meisten öffentlichen Einrichtungen keine Rassentrennung. Dennoch gab es oft starke Spannungen zwischen den beiden Bevölkerungsgruppen. Vielen Weißen, vor allem aus der schlecht gebildeten Arbeiterklasse, behagte es nicht, dass Schwarze in ihre Wohngegenden und Arbeitsorte zogen. 1919 brachen beispielsweise Rassenunruhen aus, die fünf Tage andauerten und erst aufhörten, als dreiundzwanzig Schwarze und fünfzehn Weiße umgekommen waren und die Nationalgarde von Illinois die Ordnung wiederhergestellt hatte.[205]

Nach den Unruhen zogen auch weiterhin Afroamerikaner nach Chicago, doch es war nie leicht für sie, eine Unterkunft zu finden. Nach und nach gelang es diesen Schwarzen vom Lande jedoch – langsam und qualvoll angesichts des Widerstands der Weißen –, in einem immer größer werdenden Gebiet im Süden Chicagos Wohnungen zu mieten oder zu kaufen. Während manche Schwarze dankbar waren, sich in diese Wohngebiete integrieren zu können, taten andere gezielt ihren Wunsch kund, die Weißen mögen umziehen. Einige dieser schwarzen »Segregationisten« waren schlichtweg so engstirnig wie viele Weiße, doch ein eher praktisches Problem spielte ebenfalls eine Rolle. Weiße konnten fast überall hinziehen und stießen auf keine Farbgrenzen. Wenn sie das Geld hatten, konnten sie sich in den meisten Wohngegenden neu ansiedeln. Schwarze waren dagegen in ihrer geografischen Mobilität schmerzlich begrenzt, selbst wenn sie das Geld hatten. Banken »sperrten« häufig Wohnviertel, indem sie sich einfach weigerten, Immobilienkredite an Schwarze zu vergeben. Nach dem Zweiten Weltkrieg hatte Chicago den Ruf, feindlich gegenüber Schwarzen zu sein, die versuchten, in ausschließlich von Weißen bevölkerte Wohnviertel zu ziehen. In der Stadt Cicero in der Nähe von Chicago wurde beispielsweise eine schwarze Familie, die ein Haus gekauft hatte und eingezogen war, 1951 von einer weißen Volksmenge gewaltsam verjagt, wobei das Haus beschmiert, die Fenster eingeschlagen und die hilflose Familie beschimpft wurde.[206]

Der Vorfall in Cicero war kein Einzelfall, und des Weiteren standen Schwarze, die ihre eigenen Kirchengebäude für ihre Konfessionen haben wollten, vor dem rassenübergreifenden Problem der Steuerfrage. Die Stadt, der Landkreis und verschiedene Stadtbezirke wollten für den Neubau von Kirchen keine Grundstücke von der Liste der besteuerbaren Grundstücke streichen. Daher hatten die Führer schwarzer Konfessionen wenig andere Möglichkeiten, als Kirchen zu erwerben, die bereits nicht mehr auf dieser Liste standen – und diese waren zum Großteil im Besitz von Weißen.

Diese verzwickten Gegebenheiten erklären zumindest teilweise, warum manche Schwarze A. W. Tozers Gemeinde bedrängten, weiterzuziehen und an sie zu verkaufen. Die Frage der Steuerbefreiung von kirchlichen Grundstücken erwies sich in der Tat als Punkt, an dem der Idealismus einiger Schwarzer und Weißer, die die Integration wünschten, mit der herben Realität steuerhungriger Lokalbehörden zusammenprallte.

Schließlich erkannte Tozer, dass die Gemeindeleitung bereits einer Meinung war. Das Gebäude sollte verkauft, ein Grundstück außerhalb von South Side erworben und ein neues Gebäude errichtet werden. Obwohl Pastor Tozer die Autorität der Gemeinde anerkannte, diese Entscheidung zu treffen, kannte er auch seine eigenen Grenzen. Er erklärte sich bereit, den Entschluss mitzutragen, erklärte aber allen, dass er weder die Kraft dafür habe noch sich von Gott geführt fühle, einen Umzug und ein Bauprojekt zu betreuen. Francis Chase erinnerte sich, dass Tozer über die allmähliche Auflösung der Einheit, die sie früher im Viertel und in der Gemeinde genossen hatten, tief betrübt war und den Entschluss zum Umzug akzeptierte. Doch er sagte der Gemeinde: »Jetzt, in diesem Lebensabschnitt, glaube ich nicht, dass ich ein weiteres Bauprojekt durchhalten könnte und auch nicht lange als euer Pastor weitermachen kann, denn ich kann so wohl nicht tun, was Gott von mir will, ... und ich kann nicht Pastor dieser Gemeinde sein, und vor allem dieses Bauvorhaben nicht durchführen.«[207]

Trotz dieser Belastungen Ende der 1950er-Jahre verlor Tozer nie seine Produktivität oder seinen Sinn für Humor. 1959 veröffentlichte er *Born after Midnight* und hatte es geschafft, alle Beiträge für einen Band mit dem Titel *Of God and Men*, der 1960 erschien, fertig zu schreiben. Auch sein Vortragskalender innerhalb und außerhalb der Gemeinde blieb voll. Da er in den letzten Jahren zwei Ehrendoktorwürden verliehen bekommen hatte und sein Schriftenverzeichnis ständig wuchs und immer mehr Aufmerksamkeit erregte, fingen laut Francis Chase alle »aus der Gemeinde« an, »ihn ›Doktor‹ zu nennen, doch er blieb einer von uns«, mit seinem normalen Sinn für Humor. Als ihn eines Tages jemand mit Doktor ansprach, erwiderte er: »Ich bin immer noch Praktikant.«[208]

Als sich herumsprach, dass der gefeierte Chicagoer Pastor sein Amt aufgab, versuchten zahlreiche Gemeinden, ihn für sich zu gewinnen. Doch Tozer merkte deutlich, dass Gott ihn dazu berief, sich auf das Schreiben und die Vorträge zu konzentrieren, ohne die Verantwortung für die Betreuung einer Ortsgemeinde. Deshalb lehnte er sämtliche Angebote ab.

Als die Leute schlussfolgerten, Tozer setze sich zur Ruhe, korrigierte er sie: »Ich werde predigen, solange ich eine Bibel halten kann.« Er räumte zwar scherzhaft ein, dass die Leviten ihren Dienst im Alter von fünfzig beendeten: »Aber die Propheten gingen nie in den Ruhestand. Ich setze mich also nicht zur Ruhe, außer um ein paar neue Räder aufzuziehen, damit ich noch ein bisschen schneller und weiter vorankomme.«[209]

Tozer machte öffentlich bekannt, dass er vorhatte, seine Kraft dem Schreiben und den Vorträgen auf Konferenzen zu widmen und weiter als Herausgeber von *The Alliance Witness* tätig zu sein. Daher erwähnte er auch seinen Wunsch, in die Gegend von New York zu ziehen, um in der Nähe des Büros der *Christian and Missionary Alliance* zu sein.[210]

Die zweitgrößte protestantische Gemeinde im kanadischen Toronto in Ontario – *Avenue Road* im Herzen der Stadt – hatte sich kürzlich der CMA angeschlossen. Diese Gemeinde wollte Tozer sehr gerne als neuen Pastor berufen, da sie das Ziel hatte, die Studenten an der Universität von Toronto zu erreichen. Seit mehreren Jahren arbeitete die *Avenue Road Church* eng mit der Ortsgruppe der Studentenmission *InterVarsity* an der Universität zusammen, und sie alle wussten, dass Tozer die Studenten dort würde erreichen können. Die Gemeinde meldete sich bei Tozer und bat ihn, ihre freie Pastorenstelle in Betracht zu ziehen. Er lehnte gleich ab, dankte ihr, aber bestand darauf, dass er nicht mehr dazu berufen war, Gemeindepastor zu sein.[211]

Die Leiter von der *Avenue Road* meldeten sich bei Bezirksdekan William J. Newell und fragten: »Was müssen wir tun, um Dr. Tozer als unseren Pastor hierherzubekommen?« Er antwortete: »Ich glaube, ich weiß, wie ich Ihren Kandidaten herholen kann. Beten Sie für mich; ich werde ihn anrufen.« Newell rief Tozer an und fragte ihn, ob er zumindest bei einem Morgen- und einem Abendgottesdienst in der *Avenue Road Alliance Church* predigen würde. Er antwortete: »Ich gehe überallhin, um zu predigen, aber es muss ganz klar sein, dass ich kein Interesse daran habe, Pastor der *Avenue Road Church* zu werden.«[212]

Tozer ging nach Toronto und predigte beim Morgen- und Abendgottesdienst. Er kam gut an, und die Gemeinde – einschließlich vieler Universitätsstudenten – wollte ihn unbedingt haben. Folglich machte die Gemeindeleitung nach Beratung mit William Newell Tozer ein Angebot, mit dem er nicht gerechnet hatte und das er auch nicht ablehnen konnte. Sie erkannten

Tozers Weigerung, als Gemeindepastor vor Ort zu wirken, an. Die Männer sagten Tozer, sie hätten einen jungen Mann, der bereit sei, ihr Pastor zu werden, »aber wären Sie einfach bereit, hier jeden Sonntag zweimal zu predigen?« Der junge Mann, der unser Pastor wird, »wird sich um alles kümmern. Sie werden an keinen Sitzungen teilnehmen, keine Krankenbesuche machen, keine Grundsteine legen, an keinen Picknicks teilnehmen, keine Neubauten einweihen oder sonst irgendetwas tun müssen. Predigen Sie einfach sonntags zweimal, das ist alles.« A.W. Tozer war sprachlos. Hier war ein Angebot, der predigende Geistliche zu werden, der lediglich sonntags für zwei Predigten verantwortlich war und den Rest seiner Zeit frei war, die Geschäfte der Allianz zu führen, zu reisen und zu predigen. Er erklärte sich bereit, zu beten und innerhalb einer Woche zu antworten.[213]

Inwieweit er Adas Wünsche berücksichtigte, ist ungewiss. Doch innerhalb weniger Tage rief er in Toronto an und nahm die Berufung an. Im Dezember 1959 brachen er und Ada allein auf – auch Rebecca war inzwischen ausgezogen – in den fruchtbarsten Abschnitt ihres Lebens.

Die bisher größte evangelikale Gemeinde in Toronto wurde von Oswald J. Smith betreut, einem bekannten und anziehenden Prediger und Verfasser zahlreicher Andachtsbücher. In der größten Stadt Ontarios gab es wenige evangelikale Gemeinden, weshalb Smiths Gemeinde regelmäßig bis auf den letzten Platz von Menschen besetzt war, die Hunger auf prophetische Predigten mit biblischer Grundlage hatten. Innerhalb eines Jahres war jedoch Tozers neue Gemeinde in der Avenue Road die größte Gemeinde Torontos geworden. Dies lag nicht daran, dass Tozer sich zum Ziel gesetzt hätte, die Nummer eins zu werden. Im Gegenteil, er bewunderte Oswald Smith und dessen Predigen und hatte keinen Wunsch nach einem Wettstreit. Doch Smith blieb seiner Kanzel oft fern, da er einer der gefragtesten evangelikalen Pre-

Aiden W. Tozer und Ada Cecelia Tozer (1961)

diger Nordamerikas war. Daher wanderten die Leute hinüber zur Avenue Road, denn Tozer hielt sein Versprechen, sonntags zweimal auf der Kanzel zu stehen – außer in seltenen Ausnahmefällen.

Außerdem waren da noch die Universitätsstudenten. Vermutlich kein anderer Prediger in den Vereinigten Staaten und Kanada eroberte den Verstand und die Herzen von Menschen im Studentenalter so wie A.W. Tozer. Innerhalb von anderthalb Jahren war die Kirche in der Avenue Road bei beiden Gottesdiensten voll besetzt, und mindestens ein Drittel der Gottesdienstbesucher, für die es zum Teil nur noch Stehplätze gab, waren Leute vom College und von der Universität. Und Tozer ermutigte sie liebend gern.[214]

In den nächsten dreieinhalb Jahren von Anfang 1960 bis zum Frühjahr 1963 kam Aiden W. Tozer als Prediger und Verfasser erst richtig in Schwung. Sein Buch *Of God and Men* erschien

1960. Wie Tozer sagte, konzentrierte es sich einfach auf »Gott und die Menschen und ihre Beziehung zueinander – ich glaube, dass dies alles ist, was in dieser Welt zählt, und darüber habe ich hier geschrieben.«[215] Im Jahr darauf gab er mit dem Buch *Das Wesen Gottes* (im Original *The Knowledge of the Holy*), das viele für Tozers Hauptwerk halten, sein Debüt bei dem Verlag *Harper Publishers*. Das war das einzige der neun zu seinen Lebzeiten veröffentlichten Bücher, das von einem großen weltlichen Verlag verlegt wurde. Alle anderen seiner Bücher wurden von *Christian Publications* herausgebracht, dem offiziellen Verlag der CMA.

Mehrere Faktoren trugen dazu bei, dass *Das Wesen Gottes* Tozers bestverkauftes Buch wurde – damals wie heute. Erstens war Harper ein großer und etablierter Verlag. Die Marke Harper war angesehen, weil sie zahlreiche erstklassige Autoren verlegte. Ihre Werke wurden von Großhändlern vertrieben, die Zugang zu breiten Märkten hatten. Zweitens war Tozer inzwischen international anerkannt. So hatte beispielsweise der gefeierte Prediger Dr. Martyn Lloyd-Jones, der eine der einflussreichsten Kanzeln der englischsprachigen Welt innehatte, Tozer gedrängt, nach London zu kommen und in seiner dortigen Gemeinde zu predigen. Außerdem waren 1960 bereits viele von Tozers *Alliance*-Artikeln regelmäßig in der britischen Zeitschrift *Life of Faith* nachgedruckt worden, die von Evangelikalen im Vereinigten Königreich viel gelesen wurde. Doch ebenso wichtig für die guten Verkaufszahlen war das Thema des Buchs und die Art und Weise, wie dieser reife Autor es entwickelte.

Gottes Nähe suchen war zwar nie so beliebt wie *Das Wesen Gottes*, erwies sich aber auch als gern gelesenes Buch – eines, durch das der offensichtlich von Gott bevollmächtigte Autor eifrig diese, wie er es formulierte, »steigende Zahl von Menschen« nährte, »deren religiöses Leben von einem wachsenden Hunger nach Gott selbst geprägt ist«, Menschen, die »begierig nach geistlicher Wirklichkeit sind ... durstig nach Gott«. Tozer betete, dieses Buch möge eine Erweckung fördern, nach der er sich mit Leib und Seele sehnte; und er glaubte, dass der Durst nach lebendigem Wasser im Ausland »der einzige Vorbote einer Erweckung« sei, »den ich am religiösen Horizont ausmachen konnte«.[216]

Diese Worte hatte er kurz nach dem Zweiten Weltkrieg niedergeschrieben. Doch 1961, beinahe zwanzig Jahre später, als Tozer *Das Wesen Gottes* schrieb, hatte sich die religiöse Landschaft verändert. Tozer sah keine Anzeichen einer Erweckung mehr. Ganz im Gegenteil: Seit der Veröffentlichung von *Gottes Nähe suchen* hatte er weitere achtzehn Jahre im Gebet verbracht und war kreuz und quer durch die Vereinigten Staaten und Kanada gereist und hatte gepredigt und dabei die Menschen gemahnt, sich seiner »Gesellschaft des brennenden Herzens« anzuschließen. Dabei hatte er leider erkannt, dass die meisten Menschen (Christen eingeschlossen) eine solch geringe Vorstellung von Gott hatten, dass sie kaum den Wunsch verspürten, seine Nähe zu suchen. Aus Tozers Sicht hatten religiöse Billiganbieter, die den Menschen eine minderwertige Gnade andrehten, das Gottesbild der Menschen fürchterlich geschmälert. Während Tozer die christlichen Mystiker verschlang, die über die Majestät und Herrlichkeit des heiligen Gottes staunten – des Glorreichen, der seine »erstaunliche Gnade« auf uns Sünder ausgoss –, und während er ausgiebig vom Brunnen des tieferen geistlichen Lebens trank, gelangte er zu der Überzeugung: »Die Gemeinde hat den Sinn für Gottes Majestät verloren und hat ihre einstige Gottesvorstellung durch eine andere ersetzt, die gering und Gott unangemessen ist.«

Tozer argumentierte: »Diese für einen glaubenden und denkenden Menschen völlig unwürdige Tat geschah nicht bewusst oder absichtlich, sondern nach und nach. Doch gerade dieses Unbewusste macht alles noch schlimmer.« Tozer sah »zahlreiche kleinere und weitverbreitete Übel« aufgrund dieser »geringe[n] Gottesvorstellung«. Nach dem Verlust »des Majestätsbegriffs verlieren wir auch das Bewusstsein für Gottes Gegenwart und die Ehrfurcht vor ihm.« Um es gewählt auszudrücken: »Wir haben den Geist der Anbetung und die Fähigkeit verloren, uns innerlich zu sammeln und Gott in anbetungsvollem Schweigen zu begegnen.« Das Christentum Anfang der 1960er-Jahre »bringt einfach keine Christen mehr hervor, die das Leben im Geist richtig zu schätzen wissen oder persönlich erfahren.« Aus diesem Grund schrieb Tozer *Das Wesen Gottes*. In diesem Buch stellte er mehr als zwanzig Eigenschaften Gottes mit einem Kommentar zu »ihre[r] Bedeutung für das Glaubensleben« dar.[217]

Dieses brillante Buch berührte eine Saite in den Herzen der Christen – von denen inzwischen viele der Samariterin am Brunnen ähnelten. Tozers neues Buch half anderen, zweitausend Jahre später erneut zu hören, was Jesus zu ihr gesagt hatte: »Ihr wisst wenig über den, den ihr anbetet.«

Das Wesen Gottes: Eigenschaften Gottes und ihre Bedeutung für das Glaubensleben war eine knappe Äußerung von einem Mann, der sich wünschte, dass die Menschen gemeinsam mit ihm das Wesen und die Eigenschaften Gottes sähen, wie Gott selbst sie offenbarte, und dass sie durch diese Vision gemeinsam mit ihm in jubelndem Lobpreis vor Gottes Thron niederfielen.

Tozer verstand die Menschen, weil er ihnen zuhörte, und er erinnerte sich auch noch lebhaft an seine eigene Vergangenheit. Ihm war klar, dass Menschen, die gerade erst anfangen, ihre Augen für Gottes Majestät zu öffnen, einfach nicht wissen, wie sie ihn preisen können. Deshalb machte er sich daran, ein weiteres Buch mit dem Titel *The Christian Book of Mystical Verse* vorzubereiten, das er sich als Fortsetzung zu *Das Wesen Gottes* vorstellte. Der kraftvolle Prediger entwarf dieses Büchlein als ein Hilfsmittel zur Anbetung. Er wählte über hundert seiner liebsten

»mystischen Strophen« aus und sortierte sie in Kategorien, um den Menschen zu helfen, den lebendigen Gott anzubeten. Er erklärte, der Begriff »mystisch« sei unter Evangelikalen zwar lange inakzeptabel gewesen, treffe in Wirklichkeit jedoch auf geistliche Größen wie Charles Wesley, Isaac Watts, John Newton und eine Menge weiterer Namen zu – einschließlich des Apostels Paulus, Moses und des Königs David. Diese »Mystiker« seien nicht »emotional instabil, unrealistisch und, was am schlimmsten ist, theologisch unvernünftig.« Vielmehr »bezeichne ich denjenigen als evangelikalen Mystiker, der von dem Evangelium in eine innige Gemeinschaft mit der Gottheit geführt worden ist. Seine Theologie umfasst nicht mehr oder weniger als das, was in der christlichen Heiligen Schrift gelehrt wird.« Wie die Heiligen von einst, einschließlich »der Märtyrer, Reformatoren, Puritaner, Evangelisten und Missionare«, unterschieden sich diese »von dem gewöhnlichen rechtgläubigen Christen nur dadurch, dass der eine seinen Glauben in den Tiefen seines Wesens erfährt, während der andere dies nicht tut.« Kurz gesagt, der Mystiker »lebt in einer Welt der geistlichen Wirklichkeit.«[218]

Anfang 1963 stellte Tozer die Gedichte für dieses Buch zusammen und schickte sie eilig an seinen Verlag *Christian Publications*. Währenddessen reiste er weiterhin viel und predigte Anfang der 1960er-Jahre bei mehr Konferenzen, als er es je zuvor geschafft hatte. Zwischendurch schrieb er treu die Leitartikel für *The Alliance Weekly*, erfüllte seine Pflichten als Leitungsmitglied der CMA und bereitete zwei Predigten pro Woche in seiner Rolle als predigender Geistlicher der *Avenue Road Church* vor.

Dr. Tozer war mit der Vereinbarung eingestellt worden, dass er als Prediger und Lehrer ohne die Pflichten eines normalen Pastors fungierte. Diese Aufgaben ließ er gerne in den Händen seiner Mitarbeiter, doch der Prediger und Schriftsteller verschloss nicht die Augen vor seiner Herde. Wie Ada hatte auch Aiden stets die Menschen am Rande der Gesellschaft im Blick, und mit seinem Umzug nach Toronto änderte sich diese Gewohnheit nicht. In der Tat gab es einen Mann, der ihm besonders auffiel. Es war ein Witwer namens Leonard Odam, der jeden Sonntag den Morgen- und Abendgottesdienst besuchte und eifrig den Worten des amerikanischen Predigers lauschte. Aiden fiel auf, dass Herr Odam normalerweise alleine nahe der Vorderseite saß und niemand besondere Notiz von ihm nahm. Während ihres ersten Jahres in Toronto drängte Aiden Ada, Odam anzubieten, neben ihr zu sitzen, damit er nicht so einsam wäre. Da Ada selbst immer einen Blick für einsame Seelen hatte, baten sie gemeinsam Leonard, bei ihr vorne in der Nähe der Kanzel zu sitzen, da beide regelmäßig ohne die Freude familiärer Begleitung am Gottesdienst teilnahmen.

Im Frühjahr 1963 fühlten sich Ada und Aiden allmählich heimisch in Kanada. Obwohl Aiden mehr reiste als je zuvor, war er zumindest jedes Wochenende zu Hause. Der reiselustige Prediger hatte ein straffes Vortragsprogramm für 1963, darunter Veranstaltungen in New York, Ontario und Oregon im Sommer, sowie weitere Auftritte bei Konferenzen im Herbst und Winter.

Zu Adas Alltag gehörten regelmäßige wöchentliche Missionsgebetstreffen. Um ihre Seelsorgebesuche in Krankenhäusern und bei Bettlägerigen zu machen, nahm sie die Dienste von Freunden, die ein Auto hatten, und die gut ausgebauten öffentlichen Verkehrsmittel Torontos in Anspruch. Auch Aiden fuhr mit dem Bus und der Straßenbahn, aber er hatte auch stets ein paar junge Pastoren und Praktikanten, die ihn gerne durch die Gegend fuhren. Als Gegenleistung erhielten sie kostenlose Mittagessen und viele Stunden der Unterhaltung über Bücher und darüber, wie man eine lebendige Beziehung zu dem Herrn entwickelt. Auch

Keith A. Price, der später ein bekannter Prediger und Evangelist wurde, war unter diesen jungen Männern aus Toronto, deren Mentor Dr. Tozer war. Tozer nahm Price ins Schlepptau, und »mehr als alles andere«, so Price, »zeigte er mir, wie man diesen Durst nach Gott löscht.« »Als er erfuhr, dass ich keine offizielle theologische Ausbildung hatte, ermutigte er mich mit den Worten: ›Um Gott zu dienen, brauchen Sie weder einen Titel, noch ein Büro oder eine Visitenkarte.‹« Price erinnerte sich, dass er Tozer eines Tages fragte, ob er noch mal zur Schule gehen sollte, weil er »die Schule mit vierzehn verlassen« hatte. Tozer erwiderte: »Junger Mann, Sie haben Hunger nach Gott. Sie sind gut beschäftigt damit, das Wort zu lehren. Meiner Beobachtung nach gewinnen viele wie Sie, die zurückgehen, um ihre Ausbildung abzuschließen, nie wieder die Schlagkraft, die sie einmal hatten. Suchen Sie Gott weiterhin selbstständig.« Tozer bekannte, dass er selbst die Schule im Alter von vierzehn Jahren verlassen hatte und nie zurückgegangen war. »Aber eines spricht für Sie und mich: Wir *wissen*, dass wir nicht wissen, und deshalb versuchen wir weiterhin, es herauszufinden.«[219]

Das alltägliche Leben in Toronto verlief für die Tozers ähnlich wie das Leben in Chicago. Ada hatte wohl größere Freiheiten für ihren Besuchs- und Gebetsdienst, weil die Kinder außer Haus waren. Und Aiden hatte als Pastor in Kanada zwar weniger Pflichten, doch von seiner neu gewonnenen Freiheit scheint er wenig, falls überhaupt etwas, der Frau gewidmet zu haben, mit der er seit fünfundvierzig Jahren verheiratet war. Das Gebet, Predigen, Schreiben, Reisen und die Begleitung junger Männer nahmen die meisten seiner Stunden in Anspruch. Diese Tätigkeiten ließen keine Zeit, um eheliche Nähe zu entwickeln, ohne die beide ohnehin zu leben gelernt hatten.

Für die Leute in der *Avenue Road Church* in Toronto wirkten

Dr. und Frau Tozer wie ein glücklich verheiratetes Ehepaar. Und in gewisser Weise waren sie das auch. Nachdem sie jahrzehntelang treu miteinander gegangen waren – wenn auch in ihren jeweils eigenen Lebenswelten –, hatten sie eine relativ angenehme Ebene des Auskommens gefunden.

Früh am Sonntagmorgen des 12. Mai änderte sich der normale Ablauf des gemeinsamen Lebens in Toronto schlagartig. Aiden hatte starke Schmerzen in der Brust, Ada rief einen Arzt, und Aiden wurde zur Beobachtung ins Krankenhaus gebracht. Ada verbrachte an diesem Sonntag mehrere Stunden bei ihm, doch auf sein Drängen hin kehrte sie an jenem Abend nach Hause zurück. Dort wollte sie sich ausruhen, während er damit rechnete, sich vor der für Montagvormittag angesetzten Reihe von Untersuchungen ordentlich ausschlafen zu können.

Um 0.45 Uhr wachte der Prediger der *Avenue Road Church* kurz durch den stechenden Schmerz eines Herzinfarkts auf. Innerhalb weniger Augenblicke ließ er die Erde hinter sich und stand seinem geliebten Erlöser von Angesicht zu Angesicht gegenüber.

Ein Gedenkgottesdienst wurde am 15. Mai in Toronto abgehalten. Ein weiterer fand zwei Tage später in Chicago statt. Dr. A.W. Tozer wurde in Chicago bestattet, doch 1976 ließ Ada seine sterblichen Überreste umbetten und auf dem Friedhof einer kleinen presbyterianischen Kirche in Ellet in Ohio in der Nähe von Akron bei ihrer Familie beisetzen.

Aiden W. Tozer war weniger als einen Monat vor seinem Tod sechsundsechzig geworden. Ada war vierundsechzig. Nun war sie mehr allein als je zuvor und hatte nur wenig Geld auf der Bank. Da sie über die Finanzen der Familie nie Bescheid gewusst hatte, erfuhr sie erst nach Aidens Tod, dass er regelmäßig jeden Monat die Hälfte seines Gehaltes an die Gemeinde zurückgegeben hatte. Außerdem hatte er es versäumt, von der CMA bereitgestellte Zuschüsse für einen Pensionsfonds zu beantragen. Und 1959 hatte er einen Vertrag mit *Christian Publications* unterschrieben, in dem er auf sein Recht auf Gewinnbeteiligung für Taschenbuchausgaben von *Pursuit of God*, *Root of the Righteous* und *Born After Midnight* verzichtete – seine Bücher bei diesem Verlag, die sich am besten verkauften.

Zur Ehre des Vorstands der *Christian and Missionary Alliance* muss man sagen, dass die Pension, die Dr. Tozer hätte anhäufen können, überschlägig berechnet und an seine Witwe ausbezahlt wurde. Bei der letzten Abrechnung hatte sie 5 000 Dollar als Lebensversicherung und 7 000 Dollar Ersparnisse, einschließlich der Pensionsgelder.[220]

A.W. Tozer hinterließ seiner Frau lediglich geringe finanzielle Sicherheit, doch er hatte ihr nahegelegt, sich an Leonard Odam zu wenden. Keiner der drei – weder Leonard, noch Aiden oder Ada – hätte voraussehen oder sich vorstellen können, welche langfristigen Auswirkungen diese Sonntagmorgenbeziehung haben sollte.

In den Monaten nach Dr. Tozers Tod sahen sich Ada und Leonard im Gottesdienst und trafen sich privat. Er war seit mehreren Jahren verwitwet und beinahe zehn Jahre älter als sie. Beide liebten Gott und hatten ihre Ehepartner geliebt und waren ihnen treu ergeben gewesen. Nun erlebten sie eine grenzenlose Freude, wenn sie zusammen waren. Ein Jahr nach Aidens Tod heirateten sie. Die Frischvermählten machten ihre Hochzeitsreise nach West Virginia und verbrachten mehrere Tage im Haus einer von Adas engsten Freundinnen aus Toronto, die 1962 von Kanada nach West Virginia gezogen war. Ethel Wolfe erinnerte sich, dass die Odams ihre Flitterwochen im »Haus meiner Mutter« verbrachten. Ethel und ihre Familie »dekorierten das Schlafzimmer, in dem die

Frischvermählten wohnten, und machten eine große Sache daraus.« Ethel und ihre Mutter »hängten im ganzen Schlafzimmer dreieckige Wimpel auf, wie bei der feierlichen Eröffnung von Läden.«[221]

Zehn Jahre lang freuten sich Ada und Leonard an ihrem gemeinsamen Leben. Nach allem, was man hört, einschließlich ihrer Briefe an Freunde, brachte diese zweite Ehe Ada Erfüllung, Freude und ein Gefühl von Freiheit, wie sie es noch nie erlebt hatte. Sie nahm Leonard Odams Namen an und begann, Briefe mit »Ada Cecilia Odam« zu unterschreiben. Sie strahlte Unabhängigkeit aus und lernte als eine ihrer ersten Befreiungshandlungen, Leonards Auto zu fahren. Zum ersten Mal in ihrem Leben war sie nicht mehr von anderen Menschen oder den öffentlichen Verkehrsmitteln abhängig, um in der Stadt herumzukommen.

Während der Jahre 1964 bis 1974 erkundigten sich mehrere Personen, die Ada nahestanden, liebevoll nach ihrem Glück. Ihre Antwort war stets dieselbe: »Nie in meinem Leben bin ich glücklicher gewesen. Aiden liebte Jesus Christus, aber Leonard Odam liebt mich.«[222]

Kapitel 8
»Wenn mein Feuer nicht groß ist, so ist es doch echt«
Vermächtnis

Seit A.W. Tozers Tod ist nahezu ein halbes Jahrhundert vergangen, und diese Jahre bieten genug Abstand, um sein Vermächtnis zumindest vorläufig beurteilen zu können. Jedes ehrliche Porträt dieses christlichen Mystikers und Propheten des zwanzigsten Jahrhunderts zeigt deutlich, dass er bei Weitem nicht perfekt war. Selbst nach seiner Bekehrung, nachdem er in der Gnade gewachsen war und jahrelang einen reifen und erfolgreichen Dienst ausgeübt hatte, waren persönliche Schwächen in der Tat offensichtlich. Dass er seine sensible und ihm ergebene Frau immer wieder, wenn auch unabsichtlich, verletzte, lässt sich nicht widerlegen. Dass er ein paar jungen Männern, deren Mentor er war, mehr von sich selbst offenbarte als seinen eigenen Kindern – möglicherweise mit Ausnahme seiner Tochter Rebecca –, ist unbestreitbar. Dass er einige Mitglieder seiner Gemeinde und ein paar Pastorenkollegen kränkte – doch ohne böse Absicht –, ist mehr als klar.

Ein Rückblick nach mehreren Jahrzehnten liefert jedoch einige wichtige Fakten. Erstens wurden alle sieben von Tozers Kindern standfeste Christen, und nicht eines von ihnen trug Bitterkeit gegenüber seinem Vater in seinem Herzen. Jedes von ihnen wurde nach weltlichen Maßstäben relativ erfolgreich und fügte sich recht gut in die Gesellschaft ein. Sie alle brachten zum Ausdruck, dass sie Gott dankbar für ihre Mutter und ihren Vater waren, und dies aus gutem Grund. Alle sieben Kinder bekamen nicht nur genug Nahrung und Kleidung. Sie lernten auch, Gott anzubeten und alle Menschen zu respektieren, und wurden von beiden Eltern stark ermutigt, sich möglichst weit zu bilden. Das ist besonders in Anbetracht der Tatsache bemerkenswert, dass weder Ada noch Aiden je die Gelegenheit gehabt hatten, die Highschool abzuschließen. Dazu kommt, dass es unter Bibeltreuen und Evangelikalen zu Anfang und Mitte des zwanzigsten Jahrhunderts eine starke anti-intellektuelle Strömung gab. Dank der unermüdlichen Ermutigung durch die Eltern machten fünf der Kinder einen College-Abschluss, und drei erwarben einen weiteren Abschluss von angesehenen Universitäten: Lowell (Doktor der Amerikanistik, *University of Minnesota*); Forrest (Doktor der Rechtswissenschaften, *University of Chicago*) und Stanley (Doktor der kirchlichen Seelsorge, *Mead Seminary, University of Chicago*).

Im Rückblick ehrt es Ada, dass sie ihren Schmerz in Würde und mit einem Geist der ausgeprägten Nachsicht annahm. Da sie ihrem Mann und ihren Kindern in Liebe ergeben war, wussten nur wenige Menschen von ihrem Kummer; und die Hälfte derer, die davon wussten, leitete es aus eigener Beobachtung ab, statt es aus erster Hand gehört zu haben. Ada Tozer war eine Christin, die ihre Worte mit Bedacht wählte, und sie hatte längst gelernt, keinen Klatsch zu verbreiten. Letztlich sprach sie begeistert darüber, was Aiden für Gottes Herrlichkeit erreicht hatte und wie er Gottes Reich gefördert hatte. Zärtlich ließ sie sogar seine sterblichen Überreste aus Chicago holen und zwischen den Gräbern ihrer geliebten Familie auf einem Friedhof in Ohio bestatten. Es gibt keinen Hinweis darauf, dass sie es jemals aussprach, doch es muss ihr Befriedigung verschafft haben, zu wissen, dass A.W. Tozer nie einen solchen Wirkungsgrad hätte erreichen können ohne ihre persönliche und gebetsreiche Sorge für ihn, ihre Kinder und die Menschen jeder Ortsgemeinde, in der sie tätig waren. Außer dem Vermächtnis der gläubigen direkten Angehörigen hinterließ A.W. Tozer auch eine Vielzahl von jungen Männern

Tozers Nachkommen im Jahr 1963: Forrest, Lowell, Rebecca, Aiden jun., Wendell, Stanley und Raleigh (v. li.)

und Frauen, die dankbar berichteten, dass seine Predigten, Artikel und Bücher ihr Glaubensleben mit Christus gefestigt hätten. Viele junge Missionare bezeugten, dass Tozer der Mann war, den Gott benutzt hatte, um sie in einen hauptamtlichen geistlichen Dienst zu berufen. Dr. H. Wilbert Norton, der ehemalige Rektor der *Trinity Evangelical Divinity School* am *Trinity College* und spätere Dekan der *Wheaton College Graduate School*, sagte: »Tausende von Christen hörten, wie er ... bei sechs der ersten acht *Mid-America Keswick Conventions* die Bibel klar und deutlich auf das Leben bezog.« Norton sagte: »College- und Universitätsstudenten liebten ihn«, und bei der Tagung der Studentenmission *InterVarsity* 1954 in der Universität von Illinois sprach Tozer zu »Tausenden von Studenten«. Seine Predigt über »Der Mensch, den Gott gebraucht« beflügelte Hunderte, »sich Gottes Willen und Missionsprojekten für die Welt zu widmen«. Norton berichtete auch, dass Tozers Predigten und Schriften »vielen Evangelikalen einen neuen Respekt für die Rolle des Verstandes im Leben eines Christen nahebrachte«, und dass »er auch den Intellektuellen half, ... die Rolle der Frömmigkeit als ein Ausdruck des Verstandes und des Herzens zu sehen«.[223]

Auch Dr. William Culbertson, der Rektor des *Moody Bible Institute* und ein sehr einflussreicher Mann unter Evangelikalen, hielt bei dem Gedenkgottesdienst für Tozer in Chicago eine Ansprache und pries seinen Freund mit folgenden Worten:

> Sein Dienst an mir, sowohl ganz persönlich als auch in seinem öffentlichen Wirken, ist für mich ein Schatz, an den ich mich stets erinnern werde. Der Herr hat Dr. Tozer mit vielen Gaben ausgestattet. Als Gottes Diener war er treu in der menschlichen Seite der Entfaltung der gottgegebenen Talente. Und das Beste ist, dass er die Gegenwart und Kraft von Gottes Geist kannte.[224]

Tozers enger Freund Francis Chase bestätigte, dass mit Ausnahme von A.B. Simpson niemand mehr als A.W. Tozer dazu beigetragen hatte, dass die *Christian and Missionary Alliance* das Evangelium verbreiten, Gemeinden gründen und weltweit Missionare aussenden und unterstützen konnte. Die langfristigen Auswirkungen einer solchen Tätigkeit lassen sich nicht messen. Doch laut Chase war es ebenso wichtig, dass Tozer eine persönliche Leidenschaft für den Herrn Jesus Christus hatte und gleichzeitig in der Lage war, andere zu ermutigen, Christus kennenzulernen und ihn mehr zu lieben. »Nie predigte er so erfolgreich, wie wenn er über die Wunder seines alles übersteigenden Gottes sprach«, sagte Chase. »Seine Kräfte wurden von keinen vorübergehenden theologischen Launen oder Modeerscheinungen gebunden. Er hatte nur eine verzehrende Leidenschaft. Es war die

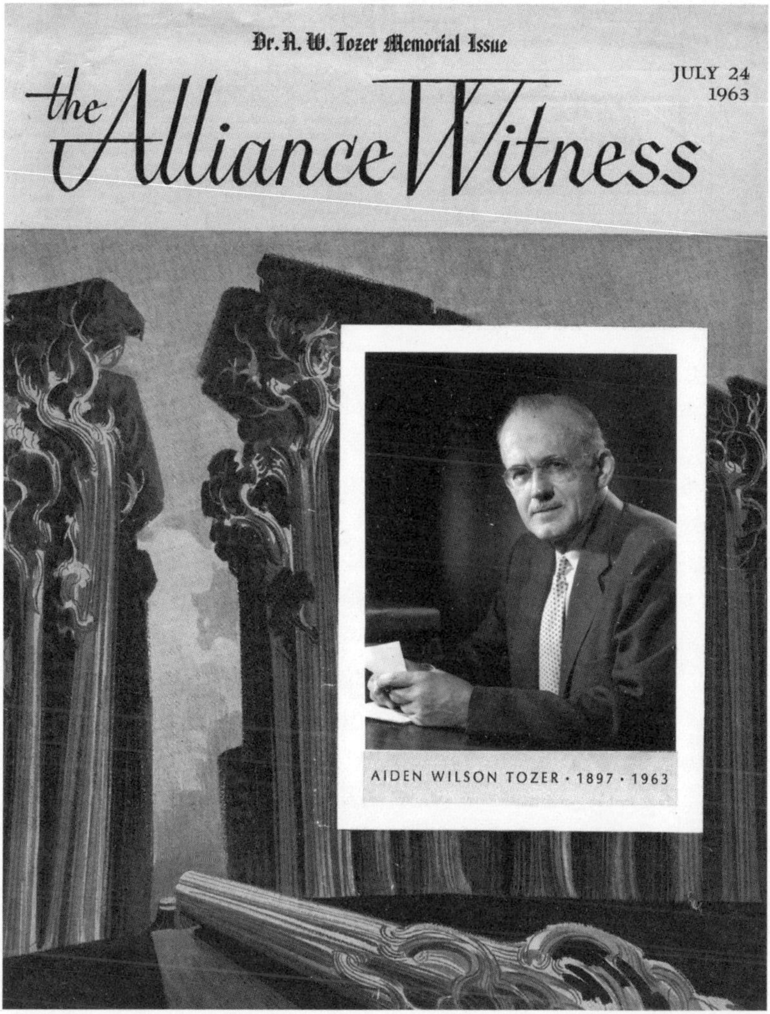

Suche nach Gott selbst.« Chase erinnerte sich, dass Tozer »oft sagte: ›Mit Gott lässt sich leicht leben.‹«[225]

Eine sorgfältige Untersuchung von Tozers Predigten und Artikeln von den 1920er-Jahren bis zu seinem Tod im Jahr 1963 zeigt, dass sich sein Schwerpunkt leicht verlagerte. Zu Beginn seiner Laufbahn als Prediger tat er die Arbeit eines traditionellen Evangelisten – er zeigte den gekreuzigten und auferstandenen Christus und rief die Menschen dann auf, ihre Sünden zu bekennen und Buße zu tun. Tozer hatte ein Herz dafür, verlorene Seelen zu erreichen, und es war ihm ein wichtiges Anliegen, eine Erweckung in Nordamerika ausbrechen zu sehen. Seine Predigten waren auffallend prophetisch, und sie sprechen die Menschen im frühen einundzwanzigsten Jahrhundert sicher ebenso an wie Tozers Zeitgenossen. Tozer stellte sich fehlgeleiteten führenden Christen entgegen. Ein Mann drückte es so aus: »Er war eine Stimme in der Wüste der toten Rechtgläubigkeit, des überholten Liberalismus und der miesmachenden Neo-Orthodoxie.«[226] Er rief Heilige und Sünder gleichermaßen auf, Buße zu tun und sich zu bekehren.

All diese Probleme waren und bleiben aktuell und aufwühlend. Tozers bleibendes Vermächtnis rührt jedoch daher, dass er allmählich erkannte, dass die christliche Kirche – sowohl ihre Führer als auch ihre Basis – nie wirklich bekehrt und neu belebt würde, wenn sie nicht durch Gottes Sohn, den Herrn Jesus Christus, zu einer biblischen Vorstellung des himmlischen Vaters käme.

Hierin liegt Tozers bleibendes Vermächtnis. Seine Leidenschaft dafür, Gott zu kennen, ist immer noch ansteckend. Er war ein paulinischer Mystiker, der mit beiden Beinen fest auf der Erde stand, beide Augen auf die Heilige Schrift geheftet hielt und sein Herz Christus geschenkt hatte. 1948 schrieb er diese Worte in dem Vorwort zu *Gottes Nähe suchen*: »Andere sind vor mir viel näher auf die heiligen Geheimnisse eingegangen als ich. Doch wenn mein Feuer nicht groß ist, so ist es doch echt, und es gibt vielleicht Menschen, die ihre Kerze an seiner Flamme anzünden können.«[227]

Bis heute fangen Viele an Tozers Liebe zu Gott Feuer. Seine

Bücher werden immer noch in großen Auflagen verkauft, und *Gottes Nähe suchen* und *Das Wesen Gottes* werden von mehr Menschen mit Hunger nach »mehr« gelesen als zu seinen Lebzeiten. Erst die Ewigkeit wird das ganze Ausmaß und die Auswirkungen von Tozers »Gesellschaft des brennenden Herzens« offenbar machen.

Anhang 1: Dem christlichen Gottesdienst wieder Würde verleihen

A Word in Season

Alliance Weekly, 1. Juli 1944

Vielleicht werde ich nun, da die Zeit, in der das Leben angeblich anfängt, bei mir längst vorbei ist, allmählich konservativ. Doch was auch immer der Grund sein mag, ich bekenne, dass ich sehr erschüttert darüber bin, wie hartnäckig sich unter religiösen Menschen etwas hält, das ich in Ermangelung eines Namens die Hollywood-Mentalität nenne.

Ich war so naiv zu glauben, die traurige Vorstellung der Alleinunterhaltungsprediger vor einigen Jahren hätte uns ernüchtert. Ich glaubte, wir hätten uns von der Form der abartigen Psychologie erholt, die wir uns durch die Spielfilme eingefangen haben, doch offenbar war ich zu optimistisch. Wie Malaria hat es uns wieder erwischt.

Wie verläuft diese Krankheit? Sie verzerrt den Blick, sodass das Opfer wahre Werte in der Arbeit für den Herrn nicht wahrnehmen kann. Es tut das altehrwürdige Vorgehen der Heiligen ungeduldig ab und strebt nach Farbe, Lichtblitzen, Größe, Schwung und Pep. Stilles Vertrauen, Beständigkeit, Ruhe: Auf diese Dinge wird in großer religiöser Aufregung verzichtet.

Zahlen gehen vor, deshalb ist alles möglich, wenn es eine große Menschenmenge anzieht.

Das bedrückendste Beispiel für die schäbigen Methoden, mit denen man eine Menschenmenge anlocken will, das mir untergekommen ist, erschien kürzlich auf der Kirchenseite der Tageszeitung einer Großstadt: »19.30 Uhr: Bewegende Bilder über den

Kannibalismus.« Und damit machten sie Werbung für eine Missionsversammlung!

Die fiebernden Propheten, die diese höchst nervöse Variante des echten Christentums vorantreiben, sehnen sich nach öffentlicher Aufmerksamkeit, wie ein Fieberpatient nach Wasser dürstet. Diese Aufmerksamkeit ist ihr Leben. Ihr schamloses Geschrei nach Zeitungsberichten ist Beweis genug für ihre üppige Fleischeslust, und niemand weiß das besser als die sarkastischen Journalisten, die mit dem Textmaterial umgehen müssen.

Selbst in den besten geistlichen Kreisen, wo die Symptome weniger ausgeprägt sind, gibt es noch zu viele Hinweise auf diese Krankheit. Kirchliche Personalgremien verlangen »große« Namen für ihre Gottesdienste; und wenn sie manchmal gezwungen sind, sich mit einem demütigen und unbekannten Diener des Herrn zufriedenzugeben, sitzen sie enttäuscht und unbehaglich da und fragen sich nervös, was die Öffentlichkeit von ihrem Mann halten wird.

Verglichen mit dem Geist und der Lehre des Neuen Testaments ist diese ganze Einstellung ungläubig und weltlich, und die Folgen können letztlich nur tragisch sein.

Ein Plädoyer für die christliche Würde

Alliance Weekly, 30. März 1946

Der Heilige Geist hat eine Würde an sich, die Teil seines Wesens ist und die gewissermaßen jeder Seele verliehen wird, in der er wohnt.

Mit *Würde* ist nicht Wichtigtuerei oder Snobismus gemeint, sondern das, was das Wörterbuch als »gehobenen Charakter; edle oder förmliche Zurückhaltung bei Verhalten, Auftreten oder Stil; Erhabenheit und Anmut« bezeichnet. Dies beschreibt die Person unseres Herrn Jesus Christus so perfekt, dass man beinahe meinen könnte, der Verfasser des Lexikons habe an ihn gedacht, als er dies schrieb. Ein solch gehobener Charakter ergibt sich daraus, dass man den eigenen Wert in Gott hoch einschätzt, sich mit himmlischen Dingen beschäftigt, ein gutes Gewissen und ein Herz voll reiner Liebe hat.

Eine süße Würde war stets ein Kennzeichen der wahren Heiligen. Sie haben eine gewisse Ernsthaftigkeit im Verhalten an sich, eine freundliche Zurückhaltung, die Vertraulichkeit verhindert, aber grenzenloses Vertrauen weckt und die Menschen zu sich zieht, die ernsthaft gesinnt oder betrübten Herzens sind.

In seinem ausgezeichneten Gedicht »Das verlassene Dörfchen« beschreibt Oliver Goldsmith den Landpfarrer aus alten englischen Zeiten, und seine Beschreibung macht den flotten Alleinunterhaltungspredigern Schande, die auf modernen Kanzeln reichlich vertreten sind. Ein einfacher Mann war er, dieser ländliche Hirte, und »reich, bey vierzig Pfunden des Jahrs«. Doch seine angeborene Charakterstärke erhob ihn weit über das gewöhnliche Umfeld, in dem er sich abmühte, und verlieh seinem Leben eine Erhabenheit, die über die Majestät von Machthabern und Königen hinausging.

Trat er als Lehrer auf, die Wahrheit zu verkünden,
Dann wusst er Würd' und Ernst mit Sanftmuth zu verbinden,
So seiner Herde Hirt, ganz Lieb' und Freundlichkeit,
War er mit Rath und Trost und Hülfe stets bereit,
Er theilte ihren Gram so gern als ihr Vergnügen;
Doch seine ernsteren Gedanken alle stiegen
Empor, und ruhten dort. So streckt zum Himmel kühn
Ein hoher Berg sein Haupt; die dunklen Wolken ziehn
An seiner Brust vorbey, und lagern sich im Thale,
Doch seine Stirne glänzt im hellen Sonnenstrahle.[228]

Der Protestantismus hat seine Herrlichkeit verloren (oder erkennen lassen, dass er sie nicht mehr besaß), als wir anfingen, unsere Geistlichen mit Kosenamen anzureden, als wir in der Tat feststellten, dass wir das tun *konnten.* Als »Billy«, »Bob« und »Bud« auf die Kanzel traten, erlosch die Achtung vor den Geistlichen. Wir haben uns bemüht, der fleischlichen und die Sünde liebenden Öffentlichkeit zu beweisen, dass der Prediger des Evangeliums ein »echter Kerl« ist, nicht anders als andere Leute, außer dass er »Jesus angenommen« hat. Dies hat dazu geführt, dass der Respekt, den man früher vor dem Mann Gottes hatte, deutlich gesunken ist. Die verwirrte und konfuse Welt wird wahrscheinlich unbesehen glauben, was wir über uns selbst behaupten. Wenn wir selbst nicht hoch genug über uns selbst und den inneren Wert unseres eigenen Lebens denken, um es nicht vulgär sein zu lassen, wird die Welt unser Urteil akzeptieren und uns dementsprechend behandeln. Doch der Verlust sowohl für die Kirche als auch für die Welt ist unermesslich.

Das anstößige Benehmen mancher Bibeltreuer ist eine echte Tragödie für die sterbende Welt. Niemand mit auch nur einem Funken Ernsthaftigkeit im Leib will seine Seele einem religiösen Clown anvertrauen, und vielerorts sind die einzigen Religiösen, die die Feierlichkeit ihres Berufs noch beibehalten, die Modernisten und die Priester. Dies, und nicht der fehlende Wille, Christus nachzufolgen, ist vielleicht eine bessere Erklärung dafür, warum die Bevölkerung in Scharen von der Strenggläubigkeit zum Liberalismus und vom Protestantismus zur katholischen Kirche wechselt. Nichts fällt uns leichter, als uns selbst ein Alibi zu liefern und die Schuld auf die historisch-kritische Bibelauslegung zu schieben, doch glaube ich jedenfalls nicht, dass sie an allem schuld ist. Vielleicht ist der Verlust des öffentlichen Vertrauens die eigentliche Ursache.

Wie leichtfertig unser Geist ist, zeigt sich in unserer Sprache, unserer Musik und unserem Gottesdienst. Ein Großteil unserer heutigen religiösen Werbung weist denselben Makel auf. Stellen Sie sich, wenn Sie können, eine von einem der heutigen flotten Evangelisten geschriebene Zeitungsannonce vor, in der eine Veranstaltung mit Charles G. Finney angekündigt wird. Sie würde höchstwahrscheinlich ungefähr so lauten:

> Darauf haben Sie schon lange gewartet!
> Wir präsentieren den fantastischen Erweckungsstar
> Chas. G. (Chuck) Finney
> um Punkt 20.00 Uhr
> »Chuck« wird Sie garantiert mit seinem Vortrag mitreißen.
> Er predigt – und wie!
> Außerdem tritt Pastor Daniel (Dan) Nash auf.
> Der alte »Auf den Knien«-Nash persönlich.
> Sicher der eifrigste Fürbitter, der je vor einem amerikanischen Publikum erschienen ist.
> Er hat sogar schon mit einem Präsidenten gebetet!

Dadurch, dass ich dies schreibe, mache ich mich vielleicht genau der Sache schuldig, die ich beklage. Wenn es eine Rechtfertigung dafür gibt, dann die, dass ich diese Art von Reklame schon oft in Großstadtzeitungen gesehen habe. Eine solche Sache ist zu schrecklich, als dass man ohne Schmerz über sie nachdenken könnte, und so etwas hätte auch nicht passieren können, wo ein Mann wie Finney beteiligt ist. Ein Blick auf den geisterfüllten Erweckungsprediger, und der Werbetexter wäre verunsichert zurückgeschreckt. Der Mann Gottes hätte eine solch geschmacklose Prahlerei aus der Welt gejagt. Er hätte nie zugelassen, dass er auf diese Weise lächerlich gemacht wird. Was für ein Jammer, dass viele unserer heutigen Evangelisten ein solch aufgeblähtes Gerede über sich nicht nur zulassen, sondern sogar Vergnügen daran zu finden scheinen.

Das aufgeregte Verlangen nach »Kontakten«, dem man überall in religiösen Kreisen begegnet, ist ein weiteres Symptom für dieselbe erbärmliche Armut des Lebens. Die einsamen Einöden vernehmen heute selten den Schrei eines Mose oder eines Elia. Diese haben den Berg und die Wüste verlassen und bevölkern nun die Cafeterias, um Kontakte für das Evangelium zu knüpfen. Schopenhauer sagte: »Je mehr ein Mensch in sich selbst ist, desto weniger benötigt er von anderen Menschen – desto weniger können ihm auch andere Menschen bedeuten. Deshalb neigt ein hohes Maß an Intellekt dazu, einen Menschen unsozial zu machen.« Wenn man »ein hohes Maß an Intellekt« in ein »hohes Maß an Geistlichkeit« abändern würde, wäre der Spruch nach wie vor wahr. »Die größten Heiligen«, sagte Thomas von Kempen, »mieden die Gesellschaft von Menschen, wo es ihnen möglich war, und entschieden sich dafür, stattdessen in aller Stille für Gott zu leben. Derjenige, der also zu den inneren und geistlicheren Dingen der Religion gelangen will, muss sich mit Jesus von der Menge und dem Druck der Menschen lösen.« Einer von Wesleys Biografen sagte über ihn: »Er lebte ständig bei Gott und kam lediglich zu festgelegten Zeiten herunter, um zu den Menschen zu sprechen.«

Es steht außer Frage, dass die meisten von uns aus eigenem Interesse zu viel reden. Wir nennen es »Gemeinschaft«, doch die Folgen sind selten positiv, häufig schlecht. Die normale Folge von religiöser Fachsimpelei ist, dass sie den Geist verunreinigt und dem inneren Leben schadet. »Sooft ich unter Menschen war, kehrte ich als geringerer Mann zurück als zuvor.« Das haben Hunderte ernsthafter Christen bezeugt. Wie süß war die Gemeinschaft der Heiligen in den dunklen Stunden der Verfolgung, als Gottes Leute wenige und verstreut waren. »Da unterhielten sich die, die den Herrn achteten, miteinander, und der Herr bemerkte es und hörte ihnen zu. Und er ließ alle, die Ehrfurcht vor ihm hatten und seinen Namen achteten, in ein Buch eintragen, um sich an sie zu erinnern« (Maleachi 3,16). Das ist eine Sache. Billige Vertraulichkeit und fleischliche Geschwätzigkeit sind eine ganz andere.

Wir sollten jedoch daran denken, dass wahre christliche Würde eine geistige Eigenschaft ist, die auf lange Gemeinschaft mit Gott und eine ständige Beschäftigung mit himmlischen Wahrheiten folgt. Sie lässt sich nicht nachahmen. Charakterliche Leichtfertigkeit ist ein Beweis für ein enges Herz. Paulus rief gegenüber den Korinthern aus: »[E]ng aber ist's in euren Herzen. ... [M]acht auch ihr euer Herz weit« (2. Korinther 6,12f; L). Ein geweitetes Herz wird das Billige der Seele kurieren. Gewöhnlichkeit und leichte Vertraulichkeit können dem Heiligen Geist nicht lange Gesellschaft leisten, und auch nicht dem Menschen, in dem er seine gesegnete Wohnung nimmt.

Zusammenfassend kann man sagen, dass das, was wir wirklich brauchen, innerer Reichtum ist. Wir müssen lernen, still zu sein und zu wissen, dass Gott Gott ist. Wir müssen »die Gegenwart Gottes üben«, bis wir etwas von der hohen Gesinnung unseres göttlichen Begleiters annehmen. Wir müssen das Schweigen pflegen und die Reichtümer der geheimen Orte entdecken. Wir müssen Gott in den Tiefen unserer eigenen Seele entdecken.

Gottes Kirche braucht Propheten, die Art von Propheten, die von Schweigen und langem Nachsinnen hervorgebracht werden. Solche Propheten werden keine einfachen Gefährten sein; sie werden keine prima Kerle mit einem »Zeugnis für Jesus« sein. Sie werden ernsthafte Männer sein, deren Augen weit blicken; und obwohl sie vielleicht demütig und bescheiden sind wie der Herr, den sie verehren, wird sie eine Aura der Königlichkeit umgeben, eine edle Zurückhaltung im Verhalten, die man nicht verkennen kann. Und wenn es vor Christi Wiederkehr Hoffnung für die Kirche gibt, liegt diese Hoffnung bei solchen Männern.

Anhang 2:
Der Niedergang einer frommen Führerschaft

Der Niedergang einer frommen Führerschaft

Alliance Weekly, 11. Mai 1946

Die aktive Führung des Evangeliumsflügels der amerikanischen Kirche ist in den letzten Jahren größtenteils aus den Händen von Männern mit festem christlichen Charakter in den Einfluss junger Männer übergegangen, die weder aufgrund ihrer Bildung noch ihrer Frömmigkeit besonders bemerkenswert sind, aber ein Gespür für Öffentlichkeitsarbeit, grenzenlosen Ehrgeiz und ein recht gutes Talent für erfolgreiche Werbung haben. Der Ernst wurde beiseite geschoben, um der Pfiffigkeit Platz zu machen, und der Anfänger sitzt jetzt im Sattel – in direktem Verstoß gegen die ernste Warnung des Apostels Paulus.

Keine geistlichen Riesen

Die Riesen des Reiches Gottes, die vor ein oder zwei Generationen lebten und wirkten, sind jetzt heimgegangen. Solange sie unter uns lebten, führten sie die Kirche durch die bloße Kraft ihrer Gaben und die anerkannte Überlegenheit ihres persönlichen Charakters. Doch so seltsam dies klingt, waren sie selbst zwar bedeutende und angesehene Männer, doch nicht in der Lage, eine ihnen ebenbürtige geistliche Nachkommenschaft zu zeugen. Als sie uns einer nach dem anderen verließen, fielen ihre Mäntel auf Männer, die ihnen in Begabung, Bildung und Frömmigkeit weit unterlegen waren. Die Generation, die jetzt die Verantwortung trägt, besteht aus den Söhnen und Enkeln der alten geistlichen Helden, und der Niedergang wurde von Jahr zu Jahr größer.

Die Schlussfolgerung mag düster klingen, doch wir müssen

davon ausgehen, dass die Gattung der geistlichen Riesen heute innerhalb der Grenzen der evangelikalen Rechtgläubigkeit entweder ausgestorben ist, oder dass sie sich, falls sie doch noch existiert, aus irgendeinem Grund merkwürdig ausdrückt. Denn es ist wohl kaum lieblos, wenn man folgert, dass im Leben und Wirken unserer modernen Evangeliumspropagandisten keine geistliche Größe feststellbar ist.

Einer der einst über Israel ausgesprochenen Wehrufe lautete, seine Prinzen sollten Kinder sein. Gott sagte, er würde aus Jerusalem und Juda den Mächtigen, den Richter, den Propheten, den Weisen und den Alten, den ehrenwerten Mann und den Ratgeber wegnehmen und ihm Kinder als Prinzen geben und kleine Kinder über es herrschen lassen. Wie sehr es auch beklagt werden mag, es ist dennoch nicht einmalig und auch nicht ungewöhnlich, dass die Würdigeren von den weniger Würdigen geführt werden. Denn es ist oft der Fall, dass die auf einem bestimmten Gebiet Mächtigen schweigen, während die Quasi-Großen laut schreien. Die Öffentlichkeit, die ja neutral ist, folgt gewöhnlich der hartnäckigsten Stimme. Platon sagte, die Strafe, die gute Menschen dafür erhielten, dass sie sich nicht in der Politik engagieren, bestünde darin, dass sie von schlechten Menschen regiert werden. Heutzutage haben vernünftige, Gott ehrende Gläubige ihre Führung an geringere Männer abgegeben, die ihnen in Frömmigkeit nicht gleichkommen, sondern die machthungrig und deshalb bei der ersten Gelegenheit bereit sind, die Führung zu übernehmen.

Unwürdige Programme

Viele unserer heutigen Evangeliumsprogramme weisen eine beunruhigende Ähnlichkeit mit den bekannten Radiosendungen auf. Alle Elemente sind vorhanden: der Sponsor, das Produkt, die Künstler, die Darbietung und die Werbung. Der Sponsor, den man hinter allem vermutet, ist der Herr; das Produkt ist das Evangelium; die »Künstler« sind die verschiedenen Sterne am evangelistischen Firmament, sowohl Redner als auch Sänger; die Darbietung ist die Vorführung, die diese Stars zur Belustigung des Publikums inszenieren; und die Werbung ist die pflichtbewusste Schleichwerbung, die hin und wieder zugunsten des Herrn und des Evangeliums präsentiert wird. Das Ganze ist eine gute Nachahmung einer Seifenoper. Der kritische Zuhörer bleibt mit dem Gefühl zurück, dass der Künstler eine von seinem Sponsor unabhängige Gefolgschaft hat, und würde er den Sponsor wechseln, seine Anhänger einfach mit ihm wechseln und weiterhin das Programm genießen würden.

Brüder, diese Dinge sollten nicht so sein. Der wahre Zeuge hat getrennt vom Herrn keine »Aufführung«. Seine Aufführung ist es, seinen Herrn offenbar zu machen. Er wird keine Anerkennung finden, wo sein Herr abgelehnt wird, und er wird nur dann und dort anerkannt, wo sein Herr willkommen geheißen wird. Samuel wurde von Israel als Herrscher verworfen, aber erst, nachdem Israel zuerst Gott verworfen hatte.

Kompromisslose Führer

Wir brauchen heute Führer, die sich so vollständig mit dem das Kreuz tragenden Jesus identifizieren, dass sie getrennt von ihm kein Leben haben, keinen Ehrgeiz, außer, ihn in den Augen der Menschen herrlich erscheinen zu lassen. Solche Menschen werden keine Stellung und keinen Ruf anstreben. Christus selbst wird ihre Herrlichkeit und ihr Alles sein.

Derjenige ist ein armes und erbärmliches Beispiel für einen Christen, der einen Sitz bei einem Festmahl annimmt, bei dem sein Herr nicht willkommen ist, der in dem Sonnenschein einer Freundschaft badet, die sein Herr nicht teilen kann. Der wahre Diener wünscht sich nichts mehr, als dort zu sein, wo Jesus ist, mit ihm in der Gunst der Menschen zu bestehen oder zu fallen, jederzeit mit ihm zu leiden oder sich zu freuen.

In einer Zeit wie dieser muss sich jeder echte Christ entscheiden, ob er sich mit den religiösen Zeiten treiben lässt und kraftlos dorthin geht, wohin ihn die lauten Werber bringen, oder ob er standhaft bleibt, um den Bewegungen zu widerstehen, die ihn allmählich von der vernünftigen und zuverlässigen Lehre geistlicher Religion wegbringen. Der Christ, der eine geistliche Vision und den Mut hat, ihr zu folgen, wird nicht lange zögern, welchen Kurs er einschlägt. Er wird sein Haus in Ordnung bringen und sich bereit machen, zusammen mit seinem Erlöser sein Kreuz zu tragen.

Unerprobte Bewegungen

Genau hier ist der Ort, um die Frage der diversen Bewegungen und Organisationen zu erörtern, die heutzutage wie Pilze aus dem Boden schießen. Welche Einstellung sollte der Gott ehrende Christ gegenüber diesen vielen haben, die lärmend um seine Unterstützung und seine Loyalität werben? Dies lässt sich nicht in einem Satz beantworten, und dennoch fällt eine Orientierung nicht schwer, wenn man nur ein wenig unabhängiges Urteilsvermögen und den Mut hat, allein dazustehen.

Es gibt ein paar solche Organisationen, die der christlichen Öffentlichkeit Respekt abnötigen können und daher unsere Unterstützung verdienen. Doch größtenteils sind die vielen Organisationen, die hier und da aufsprießen, nichts weiter als sichtbare Beweise für die Angst einiger und den Ehrgeiz anderer Menschen. Die Ehrgeizigen führen, und die Furchtsamen folgen ihnen. Die Folge ist eine Vielzahl von sich überschneidenden Gruppen, die jedes Jahr Millionen Dollar verbrauchen, um Büros zu unterhalten und Gehälter zu zahlen, um Projekte weiterzuführen, von denen es moralisch gewiss ist, dass Gott sie nicht angefangen hat. Es ist unsere Pflicht, uns von all solchen Dingen abzuwenden.

Jede Bewegung, die um unsere Unterstützung bittet, sollte man auf ihre gesunde christliche Frömmigkeit hin prüfen. Wir haben absolut das Recht, ihre Referenzen zu sehen, bevor wir uns auf ihre Seite schlagen. Das inspirierte Wort befiehlt uns sogar, dies zu tun, und wir verweigern Gott den Gehorsam, wenn wir es nicht tun. Wir sollten zuerst fragen: Wer ist der Held des Stücks, Christus oder irgendein Star am religiösen Himmel? Des Weiteren, wird das Projekt von heiligen und sich selbst verleugnenden Menschen geführt, von denen berichtet wird, dass es ihnen ganz um Gottes Ehre geht? Gibt es Hinweise auf das Wirken des Heiligen Geistes in der Bewegung, oder entstand sie ganz schmerzlos irgendwo bei einem geselligen Mittagessen? Ist diese Organisation wirklich erforderlich, oder ist sie ein Duplikat eines bereits vorhandenen Versuchs, dasselbe zu erreichen? Wird unser Geld, wenn wir es in ihre Kassen einzahlen, dazu verwendet, die Botschaft von einer Liebe, die stirbt, zu verbreiten, und Gläubige in dem Versuch zu ermutigen, Christus ähnlicher zu werden? Helfen wir Männern und Frauen, in bescheidener Demut zu leben, zu lernen, sich um ihre eigenen Angelegenheiten zu kümmern, zu Hause fromm zu leben und ihre Pflichten als Pilger der Ewigkeit zu erfüllen, oder spenden wir, um überbezahlte Menschen zu unterstützen, die nicht wissen, was Opfer heißt? Fördern wir die persönliche Ehre von Menschen mit Hunger nach Bekanntheit oder unterstützen wir wirklich das Werk des Heiligen Geistes in dieser Generation?

Ehe wir bei religiösen Paraden mitmarschieren, sollten wir besser innehalten und herausfinden, wohin sie führen. Früher oder später müssen wir alle vor Christi Richterstuhl erscheinen, um das Urteil für die Dinge zu empfangen, die wir im Leib getan haben. Jetzt haben wir die Gelegenheit, unsere Marschrichtung festzulegen. Dann wird es zu spät sein.

Die Anziehungskraft dessen, der Christus ähnlich ist

Man kann wohl mit Recht sagen, dass der Verfasser dieser Zeilen von allen Menschen am wenigsten würdig ist, Jesus Herr zu nennen oder in seinem sündlosen Namen zu sprechen. Amen. So sei es. Dennoch habe ich eine Seele zu retten, einen Gott zu verherrlichen, und vor dem großen Gericht kann niemand für mich bürgen. Dort muss ich alleine stehen; und wenn es notwendig sein sollte, dass ich hier eine kurze Zeit alleine stehe, werde ich mir, wenn der Tag kommt, nicht wünschen, es wäre anders gewesen. Wenn meine Kameradschaft es wert ist, erbeten zu werden, wird der fromme Mann, der demütige Mann und der Heilige sie erhalten. Wer mich an seine Seite rufen möchte, muss Kleider haben, die nach Myrrhe und Aloe und Kassia aus Elfenbeinpalästen riechen. Er soll mir seine Narben zeigen und dann meine Dienste verlangen. Ich werde sie nicht zurückhalten. Gerne will ich mich neben dem Mann abmühen, der mich an meinen Erlöser erinnert. Was die anderen angeht, sie sollen mich nicht belästigen. Ich versuche, die Herrlichkeit dessen aufzuzeigen, der mich aus der Dunkelheit in sein wunderbares Licht gerufen hat. Es ist eine große Arbeit, und ich kann nicht damit aufhören.

Hinweise zu den Quellen

Ein Großteil dieses Buches stützt sich auf zuvor noch nicht ausgewertete Primärquellen, insbesondere auf sechsunddreißig Zeitzeugenbefragungen, die entweder ich oder eine meiner wissenschaftlichen Hilfskräfte durchgeführt haben. Besonders hilfreich waren die Interviews, die ich persönlich mit allen sieben von Tozers Kindern und mit Harry Verploegh, einem von Tozers engsten Freunden, führen konnte.

Harry Verploegh übergab mir seine umfangreichen Akten mit Materialien zu Tozer, darunter maschinengeschriebene Erinnerungen von Francis Chase und Essie Tozer und eine große Sammlung von originalen Briefen und Dokumenten, die R.W. Battles zusammengetragen hatte, der vorgehabt hatte, eine Biografie von Dr. Tozer zu schreiben. Die Sammlung Battles enthielt auch persönliche Briefe voller Familiengeschichten von Ada Tozer Odam sowie weitere Materialien, die Ada Battles übergeben hatte, um ihn bei seiner geplanten Biografie zu unterstützen.

Meine persönliche Sammlung der *Alliance Weekly* (später *Alliance Witness*) über die vierzig Jahre, die Tozer für die *Christian and Missionary Alliance* tätig war, ist eine Quelle von unschätzbarem Wert. Durch diese Zeitschrift lässt sich zurückverfolgen, wann er wo predigte, und sie enthält zahlreiche von ihm verfasste Artikel und Leitartikel.

Die Statistiken, die sich auf die Orte beziehen, in denen die Tozers lebten, stammen aus der offiziellen Statistik der US-Volkszählung, sowie aus Daten, die von verschiedenen staatlichen und kommunalen Stellen zusammengestellt wurden.

Die Originalpredigten von A.W. Tozer waren eine sehr wertvolle Quelle. Die von Ruth Ranshaw aufbewahrten Sammlungen waren äußerst hilfreich, ebenso die vom Radiosender des *Moody*

Bible Institute (WMBI) archivierte Sammlung von Rundfunksendungen.

Die beiden bereits veröffentlichten Biografien von Tozer – David J. Fant: *A. W. Tozer: A Twentieth Century Prophet* (1964), und James L. Snyder: *In Pursuit of God: The Life of A. W. Tozer* (1991) – sind wichtige Bücher, die sich als sehr hilfreich erwiesen haben.

Schließlich kann der interessierte Leser für jedes Kapitel die Anmerkungen am Ende des Buches lesen, da sie Aufschluss über eine Menge weiterer Primär- und Sekundärquellen geben, auf die der Verfasser zurückgegriffen hat.

Verzeichnis von Büchern von A. W. Tozer

The Attributes of God, 2 Bde.
Born after Midnight
Christ the Eternal Son
The Counselor
Echoes from Eden
Faith Beyond Reason
Fellowship of the Burning Heart
Gems from Tozer
God Tells the Man Who Cares
How to be Filled with the Holy Spirit
I Call It Heresy!
I talk back to the Devil
Jesus, Author of Our Faith
Jesus Is Victor
Jesus, Our Man in Glory
The Knowledge of the Holy
Let My People Go. A Biography of Robert A. Jaffray
Man: The Dwelling Place of God
Men Who met God
The Next Chapter After the Last
Of God and Men
Paths to Power
The Price of Neglect
The Pursuit of God
The Pursuit of Man. Alter Titel: The Divine Conquest
The Radical Cross
Renewed Day by Day. 2 Bde.
The Root of Righteousness
Rut, Rot or Revival

The Set of the Sail
The Size of the Soul
Success and the Christian
That Incredible Christian
This World: Playground or Battleground?
Tragedy in the Church: The Missing Gifts
The Warfare of the Spirit
We Travel an Appointed Way
Whatever happened to Worship?
Who Put Jesus on the Cross?
Wingspread. A Biography of A.B. Simpson

Auf Deutsch lieferbar

Gegründet im Wort, brennend im Geist. Hamburg: C. M. Fliss, 2007 (Originaltitel: Fellowship of the Burning Heart)
Gottes Nähe suchen. Holzgerlingen: SCM Hänssler, 2. Aufl., 2008 (Originaltitel: The Pursuit of God)
Muss man Gott fürchten? Das Gottesbild der Postmoderne. Bielefeld: CLV, 2001 (Originaltitel: I Call It Heresy!)
Wie kann man Gott gefallen? Erweckung und geistliches Wachstum. Bielefeld: CLV, 2001 (Originaltitel: The Size of the Soul)

Anmerkungen

1 Interview mit James F. Hay sen durch D. Shepson, 10. Oktober 1995.
2 Siehe Lyle W. Dorsett, »Introduction«. Tozer Speaks to Students. Camp Hill: Christian Publications, 1998, S. 19.
3 Beispiele für Tozers prophetische Botschaft finden sich in seinen Predigten und Artikeln im Anhang.
4 Interview mit Harry Verploegh durch L. Dorsett, 27. September 1996.
5 Eine hervorragend knappe Kritik an der marktorientierten Kirche findet sich in John Parker, »Guide for the Cineplexed«. Touchstone. Juli/August 2006, S. 19-20. Siehe Tozers »Gebet eines Propheten«. Gott liebt keine Kompromisse. Neuhausen: Hänssler, 1977, S. 99-103.
6 Charles Hummell, Fire in the Fireplace: Charismatic Renewal in the Nineties. Downers Grove: InterVarsity Press, 1993.
7 Oden hat eine dreibändige Systematic Theology verfasst: Band eins »The Living God« (1987), Band zwei »The Words of Life« (1989), Band drei »Life in the Spirit« (1992). Siehe beispielsweise Bd. 3 New York: HarperCollins, S. vii.
8 A.W. Tozer, »The Blight of Hillbillyism in Religion«. Alliance Weekly. 13. Oktober 1954.
9 Akte Battles, Verploegh-Unterlagen.
10 Die Angaben zu Clearfield County und seiner Umgebung sowie die Daten und Geschehnisse, die die Familien Tozer, Weaver und Jackson betreffen, stammen in dem gesamten Kapitel (wenn nicht anders angegeben) aus der Akte Battles, den Archiven von Clearfield County, Jane Ellings Artikel über A.W. Tozer in The Progress, einer Zeitung für Clearfield und seine Region vom 26. Februar 1993, und den Biografien von Fant und Snyder. Einige Daten wurden auch dem Buch Pennsylvania: A Guide to the Keystone State (1940) entnommen, das von dem Writer's Program der WPA herausgegeben wurde. Daten von amerikanischen Volkszählungen in Pennsylvania wurden ebenfalls herangezogen.
11 Tozer, Alliance Weekly. 13. Oktober 1954.
12 a.a.O.
13 Die Quelle für diese und weitere Anekdoten über die Jahre im ländlichen Pennsylvania ist ein Manuskript mit Erinnerungen der Familie Tozer, das Arlene J. Davis, die Tochter von Essie Tozer, von ihrer Mutter erhielt.
14 Predigt von A.W. Tozer, »The Second Coming«. Mahaffey Camp, 1957.
15 Essies Erinnerungen, S. 21.
16 Ada Odam an R.W. Battles, Akte Battles, Brief vom 1. August 1978.
17 Brief von Jane Kenney an Lyle Dorsett, 8. April 1997.

18 Verploegh-Unterlagen. Bd. 4, S. 28.
19 Essies Erinnerungen, S. 2-3.
20 a. a. O., S. 3.
21 Wenn nicht anders angegeben, habe ich für die folgenden Seiten über McGuffey und seinen Einfluss auf Lewis Atherton, Main Street on the Middle Border (1954) und dessen Verwendung von Harvey C. Minnich, William Holmes McGuffey and His Readers (1936) und Richard D. Mosier, Making the American Mind: Social and Moral Ideas in the McGuffey Readers (1947) zurückgegriffen.
22 Essies Erinnerungen, S. 5-6.
23 Lewis Atherton, Main Street on the Middle Border. Bloomington: Indiana University Press, 1954, S. 65.
24 a. a. O., S. 67.
25 a. a. O., S. 66-68.
26 a. a. O., S. 69.
27 Essies Erinnerungen, S. 6, 7, 21, 22.
28 Zitiert in Atherton, Main Street, S. 69.
29 James L. Snyder, In Pursuit of God: The Life of A.W. Tozer. Camp Hill: Christian Publications, 1991, S. 25.
30 Essies Erinnerungen, S. 12.
31 a. a. O., S. 29.
32 a. a. O.
33 Fred Shannon, The Farmer's Last Frontier. New York: Harper & Row, 1968.
34 Lyle W. Dorsett, Billy Sunday and the Redemption of Urban America. Grand Rapids: William B. Eerdmans Publishing, 1991, S. 109-110.
35 Daten aus der Volkszählung der USA.
36 Snyder, In Pursuit of God, S. 3-34; Essies Erinnerungen, S. 30.
37 Snyder, In Pursuit of God, S. 34.
38 Essies Erinnerungen, S. 30.
39 a. a. O.
40 Snyder, In Pursuit of God, S. 35.
41 Verploegh-Unterlagen.
42 a. a. O.
43 a. a. O.
44 David J. Fant jun., A.W. Tozer: A Twentieth-Century Prophet. Camp Hill: Christian Publications, 1964, S.15.
45 Essies Erinnerungen, S. 31.
46 Verploegh-Unterlagen.
47 Essies Erinnerungen, S. 31.
48 Frank B. Miller gegenüber R.W. Battles am 21. August 1973, Akte Battles.

49 In manchen Berichten heißt es, er sei in der Brüdergemeinde getauft worden (siehe Snyder, In Pursuit of God, S. 41). Doch in der Ausgabe von Alliance Witness vom 24. Juli 1964, S. 7, heißt es Christian Church. Möglicherweise wurde er zweimal getauft.

50 Die Daten, an denen er offiziell der methodistischen Kirche und der Alliance Church beitrat, sind 1915 bzw. 1916, laut der Ausgabe von Alliance Witness vom 24. Juli 1963, S. 7.

51 Ada Tozer Odam zu R.W. Battles am 21. Juli 1973.

52 Die Informationen über die Familienverhältnisse von Ada Pfautz stammen aus ihren Briefen an R.W. Battles (Akte Battles) und aus Kapitel 4 in Snyder, In Pursuit of God. Sehr hilfreich war für mich außerdem ein Interview mit Rebecca Tozer Michaels vom 1. November 2000.

53 Ada Tozer Odam an R.W. Battles am 21. Juli 1973.

54 A.W. Tozer, Tragedy in the Church: The Missing Gifts. Camp Hill: Christian Publications, S. 37.

55 Ada Tozer Odam an R.W. Battles am 21. Juli 1973. Ada brachte in diesem Brief die Daten etwas durcheinander. Eigentlich heirateten sie am 26. April, fünf Tage nach Aidens 21. Geburtstag. Ich habe die Daten in dem Zitat korrigiert.

56 a. a. O.

57 a. a. O.

58 Ada Tozer Odam an R.W. Battles, undatiert.

59 a. a. O.

60 Ada Tozer Odam gegenüber R.W. Battles am 5. August 1973, Akte Battles.

61 a. a. O.

62 a. a. O.

63 John Keegan, Der Erste Weltkrieg: Eine europäische Tragödie. München: Kindler, 2000, Kapitel 10.

64 Tozer ist in der Offiziellen Liste der Soldaten, Matrosen und Marineinfanteristen aus Ohio im Weltkrieg 1917-1918 verzeichnet. Aufnahmen und Ausschnitte aus den öffentlichen Bibliotheken von Chillicothe und Ross County beinhalten viel wertvolles Material und Fotografien, die zahlreiche Aspekte des Lagerlebens zeigen.

65 Ada Tozer Odam an R.W. Battles am 5. August 1973, Akte Battles.

66 a. a. O.

67 Ein typisches Beispiel dafür, wie Tozer seine ländlichen Wurzeln gegenüber Leuten vom Lande pries, ist die Predigt »The Second Coming«, die er 1957 bei einer Versammlung in Mahaffey hielt. Eine Kopie befindet sich in der Privatsammlung des Verfassers.

68 F. Bertram Miller gegenüber R.W. Battles am 17. September 1973, Akte Battles.

69 Snyder, In Pursuit of God, S. 53-54 und Ada Tozer Odam gegenüber R.W. Battles am 11. September 1978, Akte Battles.

70 Ada Tozer Odam, 11. August 1978.

71 a.a.O.

72 a.a.O.

73 Interview mit Raleigh Tozer durch Dorsett am 7. September 2000. Er berichtete, seine Mutter habe immer gesagt, dass sie bis zu Raleighs Geburt 1928 44 Kilo gewogen habe. Dann legte sie über 15 Kilo zu, die sie nie wieder abnahm. Ein Foto, das von ihr in West Virginia gemacht wurde und sich nun in einer Akte des Verfassers befindet, zeigt ihren Körperbau.

74 Interview mit Rebecca Michaels durch Dorsett am 1. November 2000.

75 Dieses Gebet wurde am 6. Mai 1950 in Alliance Weekly veröffentlicht, der ersten Ausgabe, nachdem Tozer Herausgeber dieser offiziellen CMA-Schrift geworden war. Deutsche Fassung aus A.W. Tozer, Gott liebt keine Kompromisse. Neuhausen: Hänssler, 1977, S. 99-103.

76 Interview mit Wendell Tozer durch Dorsett am 27. Februar 1997.

77 Interview mit Rebecca Michaels durch Dorsett am 1. November 2000 und Brief von Ada Tozer Odam an R.W. Battles vom 1. August 1978.

78 Siehe die Briefe von Ada Tozer Odam an Battles in den 1970er-Jahren in den Akten des Verfassers.

79 a.a.O.

80 Diese allgemeine Beobachtung ergab sich daraus, was ich in den mündlichen Befragungen aller sieben Tozer-Kinder erfahren hatte.

81 Interview mit Stanley Tozer durch Dorsett am 19. Oktober 1999.

82 Wendell und Forrest Tozer erzählten mir dies in einem Interview am 27. Februar 1997.

83 Verploegh-Unterlagen. Akte Predigten.

84 Stanley Tozer gegenüber Dorsett am 19. Oktober 1999.

85 Siehe E. M. Perkins, Fred Francis Bosworth: His Life Story, 1927 und C.D. Weavers Eintrag zu Bosworth und der Eintrag von B. Barons zu J.A. Dowie in D.G. Reid u.a., Dictionary of Christianity in America. Westmont: InterVarsity, 1990.

86 a.a.O.

87 A.E. Thompson, The Life of A.B. Simpson. New York: The Christian Alliance Publishing Company, 1947, und A.W. Tozer, Albert B. Simpson, ein Berufener Gottes. Lahr: St. Johannis, 1987 (engl. Original 1943), Charles W. Nienkirchen, A.B. Simpson and the Pentecostal Movement. Peabody: Hendrickson, 1992.

88 Lyle W. Dorsett, A Passion for Souls: The Life of D. L. Moody. Chicago: Moody Publishers, 1997, Kapitel 11.

89 Siehe z.B. The Light of Life, 1. Jahrgang, Januar 1925.

90 H.P. Shelly, »Paul Daniel Rader«. Reid u.a., Dictionary of Christianity in America.

91 Dorsett, Billy Sunday and the Redemption of Urban America.

92 Über Greenwald, Tozer, Bosworth, Shuman und die Gemeinde in Indianapolis findet sich einiges in The Light of Life, 1. Jahrgang, Januar 1925.

93 Harry Verploegh erzählte mir, dass dies A.W. Tozers Einstellung in der Gemeinde in Chicago war. Und sowohl Wendell als auch Forrest Tozer erwähnten die Geringschätzung ihres Vaters für Geld und die Belastung, die dies für ihre Mutter darstellte, während sie versuchte, eine wachsende Familie zu ernähren.

94 Siehe z.B. Band 1 von The Light of Life, Januar 1925.

95 Rolland änderte seinen Namen später in Raleigh.

96 Interview mit Raleigh Tozer durch Dorsett am 7. September 2000.

97 Das ist die Aussage von Harry Verploegh, der sowohl Tozer als auch Chase persönlich kannte. Mehrere von Tozers Kindern sagten mir wie Verploegh, dass Chase der vielleicht engste Freund ihres Vaters war, dass er außergewöhnlich geistvoll war und sich nie von Tozers messerscharfem Geist und Verstand einschüchtern ließ.

98 J.F. Chase an R.W. Battles, Juli 1974, Akte Battles.

99 Snyder, In Pursuit of God, Kapitel 7.

100 a.a.O., S. 75.

101 Für Hintergrundinformationen über Chicago als Ausbildungszentrum für junge Menschen siehe Dorsett, A Passion for Souls: The Life of D.L. Moody.

102 Snyder, In Pursuit of God, S. 74-76.

103 Viele Jahre lang behauptete die Allianz, sie sei keine Konfession, sondern vielmehr eine Allianz von Christen aus vielen Traditionen, die sich dafür einsetzten, andere Menschen für die Evangelisation sowie für innere und äußere Mission zu mobilisieren. Indem sie sich nicht sonntagvormittags trafen, vermieden sie die Konkurrenz zu anderen Gemeinden.

104 Chase an Battles, Juli 1974; Snyder, In Pursuit of God, S. 76.

105 Chase an Battles, Juli 1974.

106 Snyder, In Pursuit of God, S. 78.

107 a.a.O.

108 Interview mit Verploegh durch Dorsett am 26. März 1997 und Auskunft von Lowell Tozer im Jahr 2007.

109 Catherine Sorich war die Eigentümerin von 10735 Prospect, als ich sie im Oktober 2006 interviewte. Als Bewohnerin/Eigentümerin des Hauses seit

40 Jahren erzählte sie mir großzügigerweise die Geschichte der Immobilie inklusive einer detaillierten Beschreibung der Zimmer und Anbauten.

110 Interview mit Stanley Tozer durch Dorsett am 19. Oktober 1999. Er hatte schöne Erinnerungen an die sonntäglichen Mahlzeiten mit Gästen, die »arme Leute waren, die Mama eingeladen hatte.«

111 Interview mit Wendell und Forrest (Bud) Tozer durch Dorsett am 27. Februar 1997 und ein Interview mit Rebecca Tozer Michaels am 1. November 2000.

112 Interview mit Verploegh durch Dorsett am 26. März 1997.

113 Eine Ansprache von Ray McAfee bei einer CMA-Versammlung am 29. September 1987. Kopie in Dorsetts Unterlagen.

114 Dies erzählte mir Verploegh, und in einem Interview fand ich ähnliche Äußerungen (Robert Henry mit Ruby Huston am 9. März 1999).

115 McAfee, »Tozer Reflections«.

116 Interview mit Bernard King durch Don Shepson am 16. Oktober 1995.

117 Mehrere seiner Kinder haben mir dies berichtet.

118 Predigt mit dem Titel »Above all«. Sie wurde 1957 bei einer Zeltveranstaltung in Mahaffey gehalten.

119 Interview mit Forrest und Wendell Tozer durch Dorsett am 16. Oktober 1995.

120 Siehe beispielsweise seine Äußerungen in Alliance Weekly vom 1. Juli 1944. Sie sind typisch für seine Einstellung gegenüber Methoden, die große Menschenmengen anlocken sollten. Mehrere der befragten Personen erwähnten ebenfalls, dass ihn manche Menschen zu unsensibel fanden. Dieser Artikel und mehrere ähnliche Texte sind in Anhang zwei nachgedruckt.

121 Harry Verploegh hat mir bei mehreren Gelegenheiten Tozers Einstellung erklärt. Er sagte auch, dass es nicht allen gefiel, dass Tozer die Leute nach dem Gottesdienst nicht verabschiedete.

122 Alliance Weekly, 31. Mai 1941.

123 Alliance Weekly, 22. Januar 1944. Der Kern seiner Lehre über Lehrer findet sich zusammengefasst in diesem Artikel und in »What's in the Bible That People Ought to Know About?«, einer von Christian Publications vertriebenen Broschüre.

124 Interview mit David Enlow durch Robert Henry am 6. April 1999.

125 Siehe Briefverkehr in der Akte Verploegh.

126 Billy Graham an V.R. Edman am 6. Oktober 1952. Sammlung Edman, Off Campus Box Nr. 2, Ordner BGEA Correspondence, 1952–1959.

127 Interview mit G. Carlson durch Don Shepson am 6. November 1995.

128 Enlow Interview am 6. April 1999.

129 Interview mit Mrs. Louis King durch Don Shepson am 26. September 1995.

130 Interview mit Louis King durch Don Shepson am 26. September 1995.

131 Lyle W. Dorsett (Hg.), Tozer Speaks to Students. Camp Hill: Christian Publications, 1998, Einleitung.

132 a. a. O.

133 Verploegh gegenüber Dorsett am 27. September 1996.

134 Die Informationen im Zusammenhang mit den sieben Kindern und dem Familienleben im Allgemeinen stammen aus meinen persönlichen Interviews mit jedem Einzelnen: Lowell (7. September 2000), Forrest (27. Februar 1999), A.W. jun. (21. Mai 2001), Rolland (7. September 2000), Wendell (27. Februar 1999), Stanley (19. Oktober 1999), Rebecca (1. November 2000).

135 Lowell Tozer gegenüber Dorsett am 7. September 2000.

136 Verploegh gegenüber Dorsett am 27. Februar 1997.

137 Raleigh Tozer gegenüber Dorsett am 7. September 2000.

138 Akte Battles, Verploegh-Unterlagen.

139 Forrest Tozer gegenüber Dorsett am 27. Februar 1997.

140 Lowell Tozer gegenüber Dorsett am 7. September 2000.

141 Diese Erkenntnis habe ich aus Interviews mit allen sieben Tozer-Kindern gewonnen. Lowell erwähnte, dass ihnen beigebracht worden war, »das Lernen zu lieben«, 7. September 2000.

142 A.W. Tozer jun. gegenüber Dorsett am 21. Mai 2000.

143 *Word of the Father*

Word of the Father! Light of Light;
Eternal praise is Thine alone;
Strong in Thy uncreated might,
Sweet with a fragrance of Thine own.
The dark beginnings of creation
Had their first rise and spring in Thee;
The universe Thy habitation,
Which art and evermore shalt be.
Word of the Father!

Word of the Father! Truly God,
And truly man by incarnation,
Born to endure the thorns, the rod,
The shameful cross, for our salvation.
Our sins, our woes come all before us.
We have no friend – no friend but Thee;

Oh, spread Thy sheltering mantle over us,
And speak our mourning spirits free,
Word of the Father!

Word of the Father, hear our prayer,
Send far the evil tempter from us,
And make our souls Thy tender care
Lest sin and Satan overcome us.
O conquering Christ, deep hell despairing
Shall bow and own Thy right to reign
When Thou, with joy beyond comparing,
Shall bring Thy ransomed ones again.
Word of the Father!

144 Lowell Tozer gegenüber Dorsett am 7. September 2000.

145 Diesen Informationen liegen Interviews mit Wendell, Lowell, Forrest und Aiden zugrunde.

146 Chase zitiert von Snyder, In Pursuit of God, S. 97.

147 a. a. O., S. 96-97.

148 Raleigh Tozer gegenüber Dorsett am 7. September 2000.

149 Bernard King gegenüber Don Shepson am 16. Oktober 1995.

150 Chase-Manuskript, Akte Battles, November 1973.

151 Samuel M. Zwemer, »Introduction«. The Pursuit of God. Camp Hill: Christian Publications, 1948, S. 5-6. Tozers eigene Worte stehen auf S. 7.

152 Diese Information erhielt ich von Harry Verploegh Anfang 1997.

153 Clara Moore gegenüber Robert Henry am 4. Mai 1999.

154 a. a. O.

155 Siehe die Briefe von Ada Tozer Odam an R.W. Battles von 1973 und 1974.

156 Clara Moore gegenüber Robert Henry am 4. Mai 1999.

157 Meine Informationen über Edman stammen hauptsächlich aus Earle E. Cairns, V. Raymond Edman: In the Presence of the King, Chicago: Moody Press, 1972.

158 Die Artikel erschienen im Mai, August, Oktober und Dezember 1957 in Christian Life.

159 Diese Ansprachen wurde von Lyle W. Dorsett unter dem Titel »Tozer Speaks to Students« herausgegeben (1998).

160 Christian Life, August 1957.

161 Akten zu all diesen Gottesdiensten befinden sich in der persönlichen Sammlung des Verfassers.

162 Meine Frau, Mary Dorsett, war in den 1980er-Jahren Archivarin in der Buswell-Bibliothek des Wheaton Colleges. Ich habe die Akten zwar nie

untersucht, doch sie erwähnte mir gegenüber das Zitat von Graham, und sie fand auch Kopien von elf Predigten, die Tozer in den 1950er-Jahren in Wheaton gehalten hatte.

163 J. Julius Scott gegenüber Dorsett am 1. Mai 1997.

164 Bernard King gegenüber Don Shepson am 16. Oktober 1995. Ich habe Dr. King im November 1990 ebenfalls getroffen und mit ihm gesprochen.

165 Siehe die Bekanntmachungen in Alliance Weekly vom Juli und August 1937, vom 15. Mai 1949, vom 4. März 1950 und vom Dezember 1958.

166 Zitiert in The Alliance Witness, 24. Juli 1963, S. 13.

167 Robert G. Flood und Jerry B. Jenkins, Teaching the World, Reaching the World. Chicago: Moody Press, 1985, S. 72-73.

168 Zitiert in The Alliance Witness, 24. Juli 1963, S. 13.

169 David J. Fant, A.W. Tozer: A Twentieth-Century Prophet (1964), erwähnt Tozers »Gesellschaft« junger Menschen ähnlichen Herzens auf S. 147. Verschiedene Menschen aus der Mitte des zwanzigsten Jahrhunderts beanspruchen, Urheber des Ausdrucks »Gesellschaft des brennenden Herzens« zu sein. Tozer selbst verwendet in »Gottes Nähe suchen« die Formulierung »Kinder mit einem brennenden Herzen«.

170 Die folgenden Absätze stammen, wenn nicht anders angegeben, aus Interviews mit Harry Verploegh Ende der 1990er-Jahre, einer 20-seitigen »Betrachtung« über Tozer, die McAfee 1987 erstellte (eine von Verploegh erhaltene Kopie findet sich in Dorsetts Unterlagen), und einem von McAfee verfassten Artikel für die Zeitschrift »Power for Living«, den der Verfasser von Jim Adair erhalten hatte, dem Herausgeber von »Power« und einem Bekannten von Tozer und McAfee.

171 Clara Moore gegenüber Robert Henry am 4. Mai 1999.

172 Raymond McAfee in dem in Anmerkung 170 zitierten Artikel aus »Power«.

173 a. a. O.

174 McAfees in Anmerkung 170 zitierte »Betrachtung«.

175 V. Raymond Edman, Sie fanden neues Leben. Leun: Herold Schriftenmission, 1987.

176 Clara Moore gegenüber Robert Henry am 4. Mai 1999.

177 Ira Gerig gegenüber Robert Henry am 20. Februar 1999.

178 Gerald Smith gegenüber Don Shepson am 11. Dezember 1995.

179 Gordon Cathey gegenüber Dorsett am 4. Oktober 2004.

180 Ed J. Maxey gegenüber Lyle Dorsett am 6. Juni 1997.

181 a. a. O.

182 A.W. Tozer, »A Word in Season«. Alliance Weekly. 1. Juli 1944.

183 A.W. Tozer an die Union Gospel Press am 11. April 1956. Eine Kopie ist in den Verploegh-Unterlagen, die dem Verfasser übergeben wurden.

184 Alliance Weekly, 30. März 1946 und 11. Mai 1946.
185 Ira Gerig gegenüber Robert Henry am 4. Mai 1999.
186 A.W. Tozer, »A Word in Season«. Alliance Weekly, 10. März 1945.
187 Predigt mit dem Titel »Das Wort«, gehalten im Mahaffey Camp am 28. Juli 1951.
188 In den 1950er-Jahren von Christian Publications (undatiert) unter diesem Titel veröffentlicht: »Die Gefahr des religiösen Films«.
189 a. a. O., S. 3.
190 A.W. Tozer jun. gegenüber Lyle Dorsett am 21. Mai 2001.
191 Interviews: Verploegh mit Dorsett am 26. März 1997; Gerald Smith mit Don Shepson am 11. Dezember 1995; Bernard King mit D. Shepson am 16. Oktober 1995.
192 Rebecca Tozer Michaels gegenüber Dorsett am 1. November 2000. Die folgenden Absätze stammen, falls nicht anders angegeben, aus diesem Interview.
193 Harry Verploegh und auch mehrere von Ada Tozers Kindern erwähnten, wie freigebig und gerne sie diese Arbeit tat.
194 R.S. Brown gegenüber Robert Henry am 24. Mai 1999.
195 Mrs. Louis King gegenüber Don Shepson am 28. September 1995.
196 Ethel Wolfe gegenüber Robert Henry am 9. April 1999.
197 James Hoy gegenüber Don Shepson am 10. Oktober 1995.
198 Siehe Tozers Predigten und Artikel im Anhang für Beispiele seiner Überzeugungen.
199 R.W. Battles ist einer der vielen, die Tozers Sensibilität gegenüber Bettlern und anderen leidenden Menschen erwähnten.
200 Harry Verploegh gegenüber Dorsett in mehreren Gesprächen in seiner Wohnung 1997.
201 Eleanor Howell an Tozer am 10. Dezember 1958. Kopien einer Sammlung von Briefen erhielt der Verfasser von Harry Verploegh.
202 a. a. O., Tozer an Howell am 12. Dezember 1958.
203 a. a. O., Helen Epperson an Tozer am 11. Februar 1959.
204 a. a. O., Melvin Leidig an Tozer am 25. März 1959.
205 William Tuttle, Race Riot in Chicago in the Red Summer of 1919. Urbana, IL: University of Illinois Press, 1970; Allan Spear, Black Chicago: The Making of a Negro Ghetto, 1890–1920. Chicago: University of Chicago Press, 1967.
206 John Hope Franklin, From Slavery to Freedom: A History of Negro Americans. New York: Knopf, ^{3}1967, S. 610.
207 Chases Erinnerungen in der Sammlung R.W. Battles, S. 4.
208 a. a. O., S. 5
209 Zitiert in Snyder, In Pursuit of God, S. 217.

210 a. a. O., S. 216-217.
211 a. a. O., S. 217.
212 a. a. O., S. 218.
213 a. a. O., S. 218-219.
214 a. a. O., S. 219-220.
215 A.W. Tozer, Of God an Men. Harrisburg: Christian Publications, 1960, Vorwort von A.W. Tozer, S.1.
216 A.W. Tozer, The Pursuit of God. Harrisburg: Christian Publications, 1948. Vorwort, S. 7.
217 A.W. Tozer, Das Wesen Gottes. Neuhausen-Stuttgart: Hänssler, 1985, S. 7 und Untertitel des Buches.
218 A.W. Tozer, The Christian Book of Mystical Verse. Harrisburg: Christian Publications, 1963, S. v-vi.
219 Keith A. Price, »Thirsting after God«. Alliance Life. 9. April 1999.
220 Der Lizenzvertrag befindet sich in einer Akte mit dem Etikett »Lizenzen/Vertrag«. Und weitere Details stammen aus Ada Tozers Korrespondenz mit R.W. Battles 1976 und 1977. Diese Dokumente sind im Besitz des Verfassers.
221 Ethel Wolfe gegenüber Robert Henry am 9. April 1999.
222 Harry Verploeghs Frau, Ethel Wolfes Mutter und mindestens zwei der Tozer-Kinder berichteten von derselben Antwort. Ich erfuhr dies durch Zeitzeugenbefragungen mit Verploegh, Wolfe und Wendell und Forrest Tozer.
223 Nortons Ansprache beim Gedenkgottesdienst für Tozer in Chicago, gedruckt in The Alliance Witness vom 24. Juli 1963, S. 13.
224 Siehe The Alliance Witness, 24. Juli 1963, S. 13.
225 a. a. O., S. 2. Ähnliche Erkenntnisse ergeben sich auch aus Chases Briefen an R.W. Battles aus den 1970er-Jahren, jetzt im Besitz des Verfassers.
226 Zitiert von H.W. Norton, Alliance Witness, 24. Juli 1963, S. 13.
227 Tozer, The Pursuit of God, S. 10. Wer sich ernsthaft mit Tozers Mystizismus beschäftigt, sollte E. Lynn Harris, The Mystic Spirituality of A.W. Tozer: A Twentieth-Century American Prophet, Lewiston: Edwin Mellen, 1992 lesen.
228 Goldsmith, Oliver. Das verlassene Dörfchen und der Reisende. Zwey Gedichte. Übersetzt von Samuel Gottlieb Bürde. Breslau: W.G. Korn, 1802, S. 23-24.